内村和至

異形の念仏行者

もうひとつの日本精神史

青土社

異形の念仏行者　目次

異形の念仏行者　もうひとつの日本精神史

父と母に

まえがき

この本で私が論じているテクスト群は、一般にはあまりなじみのないものばかりだろう。特に『五十音和解』などは、私が偶然手に入れた幕末明治期の片々たる新写本であって、どこを探しても書名すら見当たらないに違いない。また、江戸中期の浄土僧宝洲槃譚も、宗派の研究者ですら知らないような人物である。それゆえ、この本が何を意図して編まれたものかわかりにくいだろうと思う。私にもはっきりわかっているわけではない。あえて言えば、わかりたくないような気持ちもある。しかし、私の混濁した頭にもそれなりの理屈がないわけでもないから、ここで本書の一応の見取り図を示しておきたい。

序章「メディアと他者」は、メディアについて考えたことをエッセイ風にまとめてみたものである。私は表向き、大学で文学を研究していることになっているが、未だにテクストを読むことにどれほどの意味があるのか量りかねている。そして、「文芸メディア概論」という授業を持つことになって、半ば已むを得ずメディアについて考えなければならなかった。それを大雑把にまとめてみたのが、この序章である。ここで私は、文字がメディアの原基であり、それは文字を通じて不可視の他者にコミュニケートすること、つまり、なんら成算のない未完のプロジェクトであることを、私なりに確認してみたかったのである。どうやら私は、それを「文学」及び「文学行為」と捉えているらしい。それゆえ、以下の論考も、その主題は、「文学」をめぐる私の堂々巡りの軌跡であり、また、でしかない。

第Ⅰ部は、私が宗教テクストについて書き始めた頃の論考を集めたものである。雑多な題材を貫くアリアドネの糸は、表音文字文化圏の音声中心主義《フォノセントリスム》に対して、日本語は文字中心主義《グラモセントリスム》に傾斜し過ぎているのではないか、という仮説である。その淵源として、私は空海を取り上げ、第一章「空海・メディアの形而上学者」を書いた。そして、第二章「〈五十音思想〉素描」では、浄土系音義言霊派とでも言うべき『五十音和解』を論じ、第三章「フィクションとしての妙好人」では、「妙好人」概念のメディア的形成過程を追ってみた。私の目論見では、これらの論考は国学論に接続していくべきものだったが、その方向は頓挫したまま、私は次第に浄土系思想に興味を持つようになっていったのである。

第Ⅱ部の第一章「忘却の反復」は、『春雨物語』「二世の縁」を論じた本書唯一の作品論である。私が『上田秋成論』を上梓した後に書いた論考で、本来は私の秋成研究の文脈にあるものである。ただ、「二世の縁」は、往生に対する国学的反応を示す物語であって、私の浄土系思想論とも重なっている。というか、私はこの論考を書く過程で土中入定行について調べ、待定に行き当たった。その意味で、「二世の縁」が私を待定に導いてくれたのである。第二章「ある念仏行者のドキュメント」は、そのために書かれた。そして、私は待定を論じる中で、以前出会っていたにもかかわらず見過ごしていた評注者宝洲槃譚を再発見したのである。そこから私は宝洲の著作を調べ始めた。

そのたどたどしい足取りの記録が、第Ⅲ部第一章「地獄極楽見聞記・注釈」、第二章「捨聖《すてひじり》と学僧の境界線」である。その中で、私が気を惹かれたのは、宝洲の文献学的精細さと信仰の疎隔感というか違和感だった。それは、私が大学業界の中で感じ続けている居心地の悪さとシンクロナイズしているように思えたのである。この違和感は、より根源的には、私がテクストを読むたびに感じている疎隔感に通じている。私は何か具体的なもの、あえて言えば生存の事実そのものを希求しているのだが、どのようなテクストもそれを与えてくれはしない。テクストという物在は実存そのものではないのだから当然である。しかし、テクストを生きること、つまり、それが端的底の具体であるような生き方はありうるのではないか。それが結局は頽落へ至るほかないものだとしても。私は、そのような危機的《クリティカル》なものとして、あるいは、その可能性であるようなものとして、テクストを読み、また、書きたいのである。

第Ⅳ部第一章「宝洲槃譚」は、宝洲の経歴をまとめたもので、宝洲についてはこれが初めてのまとまった記述だろう。だからと言って、私が宝洲を再発見し再評価したなどと思っているわけではない。江戸時代のそんな人物は掃いて捨てるほどいる。ここでの私は、一見実直そうな文献学者の相貌を備えているかもしれない。私は、宝洲の文献学の方法論に従って、宝洲の事跡を辿った。その人を知るには、その人をなぞってみなければならないからである。そして、私は、宝洲の文献学的方法が、宝洲の信仰に対する疑念を生むのはなぜなのだろう、と考えていた。

その問いに対して、別の角度から接近すべく書かれたのが、第二章「「横超」論」である。私はここで親鸞について述べているが、親鸞を論じることが私の目的ではなかった。私はそれほど大胆でも無責任でもない。私は、親鸞の発明した「横超」という言葉が、私を惹きつけ、また、疎外する理由について考えてみたかったのである。この言葉は、宝洲とは逆の方向から私にやってくる。親鸞は『愚禿鈔』に「賢者の信は、内は賢にして外は愚なり。愚禿が心は、内は愚にして外は賢なり」と言う。宝洲のような「賢者」は、現在でもいくらでもいる。私が私の生存に関して何かしらなじめずにいるのは、私が賢でも愚でもないからなのだろう。このどっちつかずが、テクストの不可能性についての堂々巡りを私に繰り返させるらしい。そして、おかしなことに、それが私のやりたい仕事らしいのである。

その意味で、これらの雑多な文章は、全て「〈テクストを読む〉とは何か?」をめぐって書かれたと言ってよい。終章「〈よむ〉をめぐって」は、その締め括りの、あるいは、終わりの始まりのつもりでここに置いた。発表時、たまたまこれを読んだ家内は、「こんな気障なことを臆面もなく書けるのは、あなたが田舎者の証拠ね」と一笑に付した。私はひどく楽しい気持ちになった。私の文章に対して、これほど適切な批評はないように思えたからである。

私はこれまで論文めかしき文章を何十編か書いてきているが、そこには統一的な研究目的もなければ意図もなかった。私は、たまたま手にした本に導かれて、その都度々々に、その場しのぎの理屈を付けて書いてきた。それが私にとって一番面白いことだったからである。

私は言葉にならないものの実在を言葉によって指し示すという、当初から無理難題の作業に心惹かれているのだろう。たぶん、多くの人にとっても、それが「文学」というもののありようなのではないだろうか。そんな私にとって、宗教をめぐるテクストは、文学から最も遠いものであるがゆえに、文学を逆照射するテクストのように見えるらしいのである。それゆえ、私は、この本が仏教そのものを主題化した論考群と思われることを怖れている。

私は研究者としての歩みを草双紙の研究から始めたが、それは、毎丁ごとに絵のある草双紙が、「文学であること」と「文学でないこと」の境界にあるテクスト群だったからである。この本においても、私はその問題の境界線上に佇んでいるだけだろう。それは私にのみ内属する問題であり、人に理解されたり、また、共感されたりする性質のものではない。もちろん、独自性などを誇っているのではない。単に、これは「私の問題」であり、「あなたの問題」ではないというだけのことである。私は、この奇妙なサンドイッチのような本を読んでくれる人がいるなら、望外の僥倖だと思っている。しかし､私はここで私なりの「まこと」は尽くしたつもりである。読者へ、ではない。ここで扱ったテクストに対してである。私にできることは、ただそれだけでしかないのだから。

序章　メディアと他者――テクストのアルゴナウティカ

プロローグ――コルキスの王女

ロードスのアポロニオスによれば、英雄イアソンはアルゴー船を仕立て、金羊の毛皮を求めて旅をし、艱難の末、目的の地コルキスに辿り着いた。コルキス王アイエテスは面従腹背、難題を持ちかけてイアソンを殺そうとしたが、イアソンに恋をした王女メディアの手助けによって、イアソンは金羊の毛皮を手にし、メディアを伴って、コルキスを逃れ去ったのである（『アルゴナウティカ』）。

というだけでは、何のことはないような神話だが、私がこの話に心ひかれるのは、実はメディアは恋する乙女というだけではなく、魔女でもあるということである。メディアは地母神ヘカテを呼び出して魔術を行う。ヘカテが魔術を施すのは夜道の十字路や三叉路で、そのため、ヘカテは月の女神に因んで「三叉路のアルテミス」とも呼ばれる（大修館『ギリシア・ローマ神話辞典』）。ギリシア神話の神々の系譜は、伝承ごとに異なっているから、複雑すぎて到底覚えられるものではないが、魔術が十字路や三叉路と関係しているのは興味深い。日本でも、人が行き交う峠道や橋のような場所は、幽霊が出たり、鬼に襲われたり、橋姫が立っていたりして、怪しい出来事がおこるものである。

メディアの語義

現在、世の中には「メディア」という言葉や「○×メディア」「メディア○×」などの言葉が溢れかえっている。今更ながらだが、メディア（media）は英語メディウム・ミディアム（medium）の複数形である。辞典類の説明を便宜的にまとめてみれば、おおよそ次のようなことになるだろう。

medium［名詞］（複 media,mediums）①中位、中間、中ほど、中庸。②中程度の物、中間物。③伝達などの手段、媒介、媒体。④生物の生息場所、生活環境。⑤標本の保存液、封入剤。細菌の培地・培養基。⑥絵の具を溶く媒材・展色剤。⑦霊媒・巫女。

①・②は、ステーキの焼き加減のミディアムや、洋服のMサイズでおなじみだし、③は、それこそ現在の主立った用法だろう。④・⑤も面白い。たとえば、魚にとっては水が、ガラス瓶入りの生物標本にとってはホルマリンが、メディウムになるわけである。⑥は、たとえばアクリル絵の具には画面のテクスチャー（風合い・手触り）を作るための様々なメディウムがある。⑦は、あまり見慣れない用法だが、霊媒師は人と精霊・霊魂の仲立ちをするわけだから、確かにこれもメディウムではある。

こう見てくると、メディアとは、一般に何かと何かの間にあると考えられるものであり、なおかつ、それ自体は無色透明というか意識されないものと言っていいだろう。普通、人は空気を吸っていることを意識しないし、魚は水の中にいることを意識しないだろう。つまり、メディアは言わば触媒のようなものなのである。触媒は物質の化学変化を促進させるが、それ自体は変化しない。絵画の場合、画布（漆喰・板・キャンバス・絹布）と顔料（絵の具の原料）を固定するメディウムが異なれば、それはフレスコ（漆喰画）になり、卵テンペラになり、油絵の具になり、アクリル絵の具・透明水彩・ガッシュ・岩彩などになる。つまり、画面のテクスチャーはそれぞれ異なってくる。

同様に、我々がどのようなメディアによって媒介されるかによって、我々の関係性もテクスチャーを変えていくだろう。言葉を通じての対他者関係に限ってみても、会話・手紙・電話・メール・ツイター・ラインなどなど、現在様々なコミュニケーション手段がある。そして、それらのメディアを通じての複合的コミュニケーションは、それに媒介される人間関係自体を変容させていく。だいぶ以前、初めて「オフ会」という言葉を聞いたとき、ひどく驚かされた。ネットでつながっているのがオンラインだから、直接会うのは確かにオフラインだ。しかし、人と直接会うことをオフと表現することへの違和感は今でも拭えない。つまり、コミュニケーションのテクスチャーが変わるとは、こういうことである。

コミュニケーション

コミュニケーションはメディアに媒介されている。逆に、コミュニケーションの成立する場をメディアと定義することも可能である。それゆえ、劇場・映画館、あるいは、もっと広く、街や都市をメディアということもできないわけではない。一方、通常の会話はもっとも一般的なコミュニケーションだが、普通これをメディアを通じたコミュニケーションとは言わない。なぜか？　そこには自己および他者の身体のみが介在し、道具（紙・筆記用具）や装置（電話・テレビ・コンピューター端末）を必要としないからである。しかし、通常の会話もメディアによるコミュニケーションと定義しようと思えば、できないわけではない。会話は、発声器官（身体的道具）と、空気という媒質（メディウム）なしには現象しえないからだ。その意味では、言語そのものがもっとも本質的な意味でのメディアだとも言えるのである。

ともあれ、メディア概念はコミュニケーション概念と不可分である。そこでは、「対話者A―メディア―対話者B」という関係性が仮想されている。たとえば、メディアがテレビだった場合、対話者Aが送信者であり、対話者Bは受信者である（図Ⅰ）。ラジオ・新聞・書籍といったメディアもこれと同様だが、これらは片貿易的であって、相互交通的なコミュニケーションではない。それがマスコミュニケーションの基本的性格をなしている。

近年、テレビや新聞に対するニーズが逓減してきていると言われる。それは片貿易的マスコミュニケーションに対して、SNS（ソーシャル・ネットワーキング・サービス）に代表されるような、よりプライベートで双方向的なコミュニケーションが容易になってきたことが挙げられるだろう。個人のホームページやブログなどは比較的単方向的な発信中心型のネットワークと言えるが、現在はミクシーやフェイスブック、また、ツイッターやラインなど、双方向的ネットワークがより優勢になってきている（図Ⅱ）。もちろん、それは単に双方向的というにとどまらない。それだけならば、友人と会話をしたり電話をかけたりするのと変わらない。双方向的ネットワークに人々が参加するのは、そこでに不特定多数の人間への発信というマスの要素が含み込まれているからであり、そこにこそ人々は魅力を感じている。アンディ・ウォーホルが「未来には、誰でも一五分間は世界的な有名人になれるだろう」と予言したのは一九六八年のことだったが、現在インターネットを通じて、それはほぼ現実化されていると言ってよい。ユーチューブにアップされた素人動画に何万何十万ものアクセスがあったりするのは、その好例だろう。

確かに、インターネットは個人的発言が容易に公共化可能になるという、今までのメディアになかったメリットを持っている。しかし、その反面、それはプライベートな出来事が自らの意志と無関係に一挙に公共化される危険性をも孕んでいる。ツイッターに自分の反社会的行為を書き込んで、勤め先に被害を与えた店員や処分を受けた大学生の事件はしばしば耳にする。それは自業自得の愚行でしかないが、悲惨な事例も増えてきている。二〇一三年秋に三鷹市の女子高生がストーカーに殺害された事件では、犯人によって被害者の画像がネットに投稿され、それが瞬く間に拡散した。御両親の心情は思いやるだに痛ましい。このように、ネットは私的領域と公的領域の境界を、当人の意志とは無関係にごく容易に破壊する。ネットは双方向的コミュニケーションを容易にもするが、際限のない公私混同をも蔓延させるのである。

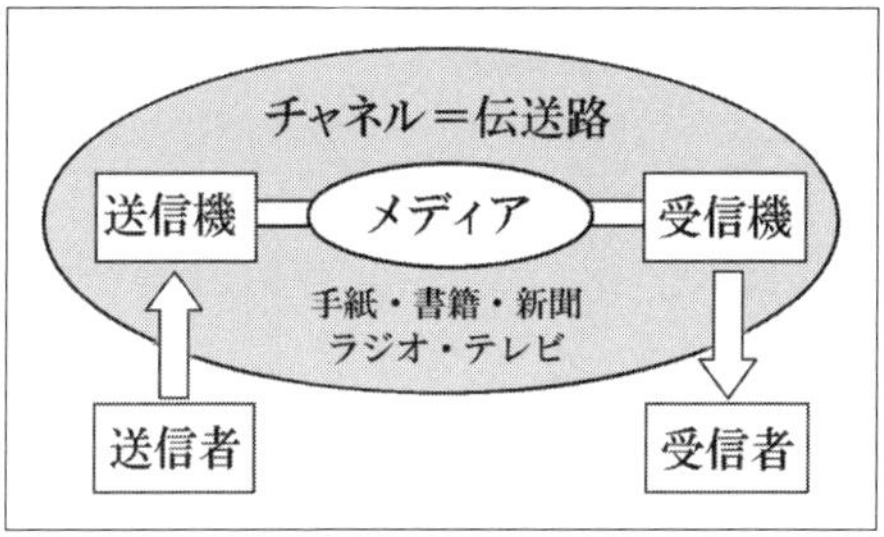

図Ⅰ：単方向モデル

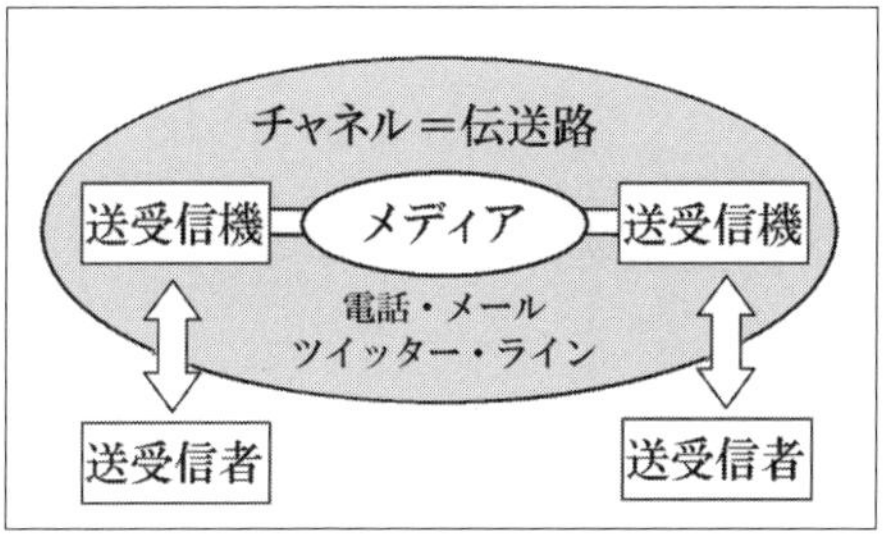

図Ⅱ：双方向モデル

私のささやかな体験も記しておこう。何年か前、各大学で学生のツイッターによる不祥事が多発した際、私は授業で「ツイッター利用時の注意」というプリントを作成して注意を促した。すると、あるボットに「明大のある先生は、〈未成年が飲酒喫煙してもいいが、それをツイッターに書くな〉みたいな指導してる（笑）」といった記事がアップされた。それに憤慨した学生が教えてくれたのだが、私はしばらく憂鬱な気分にさせられた。このように、双方向的インターネットは、悪意の第三者によるデマゴギーの温床ともなりうる。

しかし、私はこれをメディア・リテラシーや表現倫理の問題として論じたいわけではない。ここで私が取り上げたいのは、より基礎的な問題、コミュニケーション概念そのものが孕む虚構性についてである。それを言うためには、コミュニケーション概念と対をなす情報概念について検討してみなければならない。

情報

西垣通は、情報を「それによって生物がパターンをつくりだすパターン」と定義している（『基礎情報学』）。よりかみ砕いて言えば、情報とは「ある生物が自己の生存にとって有利な環境や戦略を構築するためのパターン（認識・行動）を誘発あるいは形成するパターン」ということになるだろう。つまり、生物の「刺激—反応」体勢における「刺激」が情報なのである。ミドリムシは光合成を行うために光のあるほうに向かい（走光性）、エビの幼体は安全確保のために水圧の高いほうへ向かう（走圧性）。この場合、光や水圧が、ミドリムシやエビの幼体にとっての情報である。また、蛾のオスにはメスの放つフェロモンが、また、犬には他の犬の尿の痕跡が、自らの生存戦略を構築するための情報となる。しかし、メスの蛾のフェロモンは、犬にとって何の意味も持たないだろう。情報とは、「誰にとって何の役に立つのか？」という観点なしには成立しえない。万人にとって意味を持つ情報など存在しない。逆に言えば、情報を意味として捉えるのは、そこに意味を読み取ろうとする者にとってでしかないということである。

しかし、前掲のメディア図式においては、ややもすると情報＝意味が実体化される恐れがある。つまり、送信者がメディアの回路を通じてパッケージされた情報＝意味を伝達し、受信者は受け取ったパッケージを開けて、情報＝意味を取り出すという誤解である。しかし、情報に実体はない。それはあくまでも受信者による意味構築作業の後、その残滓として事後的に物象化されたものに過ぎない。しかし、一方で、この物象化は避けがたいものでもある。なぜならば、情報＝意味は、メディアの中において物質化された記号としてしか現象しないからである。逆に、通常の会話をメディアと言わないのは、そこには音声が物質化される契機を欠いているからである。しかし、そこに録音機器が介在すれば、それは電気信号に変換された音声として物質化される。すなわち、会話もメディア化される。

この意味において、メディア化されるとは、その情報が物質化された記号表現の形態を取るということだと言えるだろう。物質化された記号表現とは、端的に言って、文字のことである。何らかの物質に依拠しない文字は存在しないからである。記録された音声や映像は文字ではないと思うかもしれない。現象的には確かにそうだが、しかし、その音声や映像がテレビやパソコンなどメディア機器の中で流れているということは、その背後で電気信号という記号＝文字が働いているということにほかならない。つまり、メディアとは、ある装置の中を記号＝文字が流れているということなのである。そして、通常、この装置の中の記号を、我々は情報と見なすことに慣らされている。数年前に近所で火事があったが、ニュースにも地方紙にも出なかった。近隣の人達にとっては生存に関わる重大事件だったにもかかわらず、それは情報＝文字にはならなかったのである。

言うまでもなく、情報は記号＝文字そのものではない。ミドリムシは光を記号＝文字として解読しているわけではない。ミドリムシは、火災現場から人が逃げ出すように、単に光＝刺激に対して反応しているだけである。しかし、「ミドリムシは光を情報として捉えている」と我々が解釈することによって、その生息環境をメディアと見なすことが可能になる。同様に、たとえば遺伝子情報という概念は、必然的に生命体をメディア＝装置と見なしていくだろう。「生命体は遺伝子の乗り物である」（R・ドーキンス『利己的な遺伝子』）といった言説が説得力ありげに見えるのは、実は人々が文字＝意味に捕らわれている証拠にほかならない。DNAがA（アデニン）―G（グアニン）、C（シトシン）―T（チミン）の塩基配列から成ると言っても、それは科学者が名付けた文字でしかない。もちろん、それが間違っていると言いたいのではない。単に、塩基配列そのものは元来文字ではないと言っているだけである。わかりにくいだろうか。もっと簡単な比喩で言おう。ティラノサウルスが、自分から「オレ…ティラノサウルスなんだけど……」と名乗ったことはただの一度もないということである。

閑話休題《あだしごとはさておきつ》。さて、情報は実体ではなく、あくまでも解読される記号＝文字として、メディアを流れていく。そして、メディアは常に何らかの物在（手紙・書籍・電話・テレビ等）に依拠するがゆえに、その中を流れる情報＝文字も物在であるかのように実体視される。それが情報＝文字＝実体という錯視を引き起こす（A・G・C・T）。私はこの錯視を否定しているのではない。むしろ、この錯視こそが文字の誘惑であり、その本質なのである。

インタールードーーメディアのトポス

そもそもメディアは、常に、ある項Xとある項Yの中間にあるから、それ自体として実体的に存在するものではない。中間それ自体というのは存在しないからである。その意味で、メディアとは実体概念ではなく関係概念である。しかしながら、この関係概念も、「関係概念」という文字によって物象化されてしまう恐れが常に存していている。たとえば、「無意味」とは〈「意味がない」という意味〉だが、これが文字＝物在を経由すれば、「〈『意味がない』という意味〉がある」ことになってしまうだろう。これを脱しようとしても、それは無限ループを描くほかはない。

仏教思想において、この言語化の孕む問題は極めてクリティカルな部分である。シャーキャムニがグリドラクータ山上で沈黙したまま花を拈ったところ、カッシャッパだけがその意味を悟って微笑した。こうして禅の法門はカッシャッパに伝わったとされる（「拈華微笑」）。この沈黙こそ言語化不能なもののありかを示すのだが、しかし、「沈黙」という文字も言語であることを逃れられない。ヴィマラキールティが仏法を問われて、ただ黙したままだったという『維摩経』のエピソードは、「維摩の一黙、雷の如し」という成句になっているが、この「一黙」も同断である。

この言語的物象化を徹底的に主題化した哲学者は、ナーガールジュナだったと言っていいだろう。ナーガールジュナは『中論』観如来品第二二に、「空なれば則ち説くべからず、空に非ざるも説くべからず、共も不共も説くべからず、但だ仮名《けみょう》を以って説くのみ」と言っている。中村元によるサンスクリット原典訳はこうである（『龍樹』）。

「空である」と言ってはならない。そうでなければ、「空ではない」とか「空であって空でない」両者であるとか、または両者（空でもなく不空でもない）とか言うであろう。しかし、それらはいずれも仮説のために説かれるのである。

クマーラジーバの漢訳と中村の現代語訳はちょっと違うが、ここではそこまで問う必要はあるまい。ナーガールジュナは、物事は「無自性」であるがゆえに「縁起」する、すなわち、実体を持たないがゆえに、原因のない偶有的な縁によってのみ起こるとする(『中論』観顛倒品第二三)。それがすなわち「空」である(と言ってはならない)。「色即是空、空即是色」(『般若心経』)とはその謂だ。縁起は無自性であり空である。それは「仮名」であり「仮説」である。

そして、この「仮名」こそが「中道」なのである(と言ってはならない)。「衆因縁生の法、我即ち是無なりと説く。また是仮名と為す。また是中道の義なり」(『中論』観四諦品第二四)。「中間《メディア》」という「場所《トポス》」は、そこに「仮名」され「仮設」される。

我と非我——幻影としてのメディア

仮設された「送信者A—メディア—受信者B」図式、すなわち、メディアを経由するコミュニケーションにおいて、もっとも基本的問題は、この送信者と受信者は互いに隔離されているということである。いかに双方向的インターネットと言えども、それがメディアを介している限り、相互の顔や声は直接には与えられていない。

P・リクールは、対話状況で示される指示はすべて状況的《シチュエーショナル》であって、このような対話の基盤が「書くことによって粉砕される」と言う(『解釈の理論』)。それゆえ、人々はメールやツイッターに(笑)(白目)(棒)などと文脈補完のコメントを付加して、対話状況を復元しようとする。すなわち、「そうだよね(笑)」と「そうだよね(白目)」の意味は全く異なるのである。

しかし、対話状況を粉砕するのは「書く」に限ったことではない。メディアは全て、対話状況を粉砕することによって成り立っているからである。逆に言えば、「書く=文字を記す」ことこそがメディアの源基なのである。それゆえ、対話状況の粉砕はメディアの宿命であり、また、その可能性の端緒である。すなわち、メディアは、「対話状況なき対話」を生み出す。

メディアを介して人が空間と時間を超え出て行くことができるのは、そのため以外ではない。電話は遠く離れた相手との対話を可能にする。書籍は作者の死後も読者との対話を可能にする。しかし、対話状況はそこには存在しない。この時空を超えるメディアの特性、特に時間のそれは、現在のメディア環境では忘れられがちである。人はラインやスカイプで、あたかもタイムラグなしに同時的にコミュニケーションを行っているかのように考える。しかし、いかに瞬間的とはいえ、そこには必ずタイムラグが生じている。現在、人々が忘却しようとしているのは、このメディアに付随する必然的タイムラグなのである。それは、一方で、時間を超出していくメディアの可能性をも捨て去る危険を孕んでいる。

人々がいかにそれを現実と信じたがろうと、メディアそのものは仮設＝虚構であるほかはない。私＝送信者の前に立ち現れる他者＝受信者は、常にメディアの生み出す幻影である。この幻影としての他者を、安易に具体的な他者＝他人と想定することによって、人々は、その幻影に裏切られる。「理解されない……」「伝わらない……」と。むろん、その逆も、それが喜ばしいことであるにしても、幻影であることに変わりはない。私はコミュニケーションの不毛を言いたてたいのではない。メディアにおける他者は幻影だという事実を言っているに過ぎない。むしろ、この幻影こそがメディアの本質的な可能性なのである。

メディアにおいて、我と他者は時空の壁を隔てている。メディアを通じて、人は直接には見えない他者、不可視の他者とコミュニケーションを試みる。それゆえ、本来のメディア図式は、「我⟷メディア⟷不可視の他者＝非我」と書き替えられなければならない（図Ⅲ）。それによって、この不可視の他者＝非我は、現実の他人から死や霊魂や神といった、我ではないもの、私を超え出ているものを全て含みこむことになる。メディアが超現実へ抜け出ていくのは、この地点においてである。

人はしばしば、嬉しく楽しいときよりも、辛く苦しいときに日記を書いたり、それを文章にまとめようとしたりする。愛する人や親しい人に訴えて、慰めてもらったり励ましてもらったりするほうがより自然ではないか、そもそも、それは誰に何を訴えようとしているのか？　すなわち、不可視の他者に、我ならざる者に。その辛苦を非我にふり向けることによって、人は我を超現実の次元に放散する。それは、今の私を私自身の手でメディアの中に葬りさることである。我はメディアの中で非我に向かって死ぬ。正しくも寺山修司が言ったように、「私の墓は、私のことばであれば、充分」なのである（『墓場まで何マイル？』）。むろん、この「ことば」とは文字のことである。

そして、私達は、このような「ことば」を「文学」と名付けることになるだろう。

エクスタシーとしてのテクスト

我はメディアの中で非我に向かい、非我に出会う。この我の放散による忘我体験こそ、メディアのもたらすエクスタシーである。エクスタシーとは、語源的には「エクス（外に）＋スタシス（置く・立てる）」の意である（『Greek-Engrish Lexicon』Oxford 1996）。まさに我はメディアを通じて我の外に立つ。エクスタシーは恍惚であり快楽であるが、しかし、それは単なる自我崩壊の快楽なのではない。人はその快楽の場所から帰還しなければならない。帰還できなければ人は死ぬだけである。帰還こそ遊びの条件だと言ったのは西村清和だが（『遊びの現象学』）、このエクスタシーからの立ち返りこそ、人間存在のあり方を示すものである。

M・ハイデガーは、人間を「世界の中に住み込んでいる己を見いだす者」、すなわち「世界・内・存在（In-der-Welt-sein）」として定義した。それが、人間の「実存（Existenz）」の仕方だと言うのである（『存在と時間』）。このイグジステンツのラテン語は「exsistere（存在する・現れる）」で、その原義は「エクス（続けて・外に）＋システール（立つ）」の意とされる。つまり、我は我の外に出て行くことによって、世界の内に存在し、世界の内に現れている我を見いだす。

J・ピアジェは発達心理学の観点から、これを「脱中心化」と名付けたが（『発生的認識論序説』）、構造的には同じことだろう。世界があることを知るには、世界の外に出なければならないのだから。エクスタシーとイグジステンツの必然的関係はここに存している。すなわち、我は非我に出会って我を失い、我を知る。何処において？　中間《メディア》において、非在《ユー・トピア》の場所においてである。

この中間《メディア》とは、既に単なるメディア機器や電子回路のことではない。人間存在を人間存在たらしめるものとしてのメディアである。もちろん、世界には無文字社会に生きる人々や識字を持たない人々が大勢いる。世界の非識字者数は七億強とも言われているが（UNESCOウェブデータ）、この識字の問題は、人間がメディア的存在だということと直接の関係はない。文字は、人間が根源的にメディア的存在だということの必然的展開だからである。文字はたまたま誰かが発明したものなどではない。この根源的メディアを、J・デリダのように「原・痕跡《アルシ・エクリチュール》」と名付けることもできよう（『グラマトロジーについて』）。

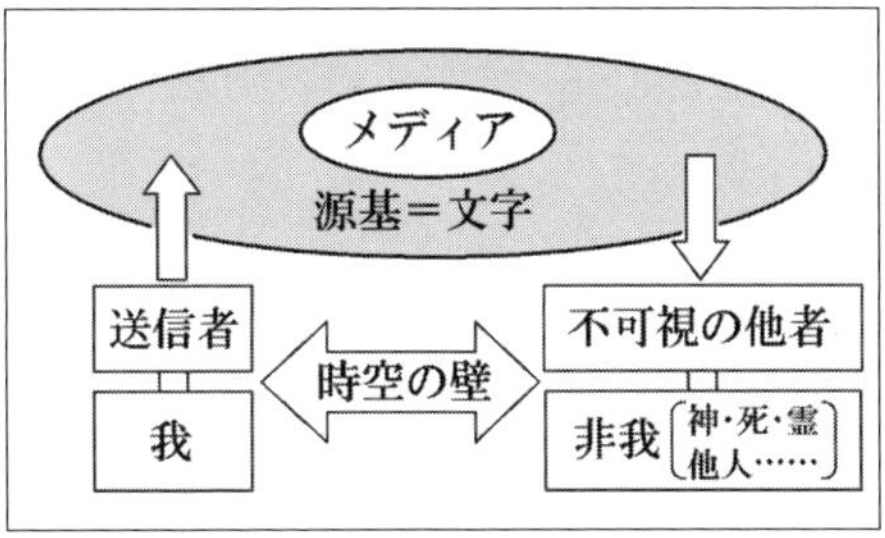

図Ⅲ：不確定モデル

しかし、忘れてはならないが、全ての痕跡は、その痕跡を残したものが既にそこにいないということを意味する。私が文字＝痕跡を記すとき、既に私はそこから立ち去っている。すなわち、文字とは非在の捺印である。それゆえ、J・ラカンは、人間には「父の名《ノム・デュ・ペール》が、その名《ノム》が欠損《ノン》として記されている」と言ったのである（『エクリ』）。いずれにせよ、この原・痕跡、非在の捺印が、ヒトを人＝間にする。その意味で、文字を書くとは、非在の場所における非在の捺印である。この二重化された非在こそ、エクスタシー＝イグジステンツの源泉なのである。空即是色！

歌や詩、物語や小説、いや、全ての文字＝テクストは、その正当な権利として、仮設であり虚構である。しかし、この虚構はメディア的存在としての人間にとっての本質であるほかはない。それらを時間つぶしの娯楽に転落させるとき、人間は自らが人＝間であることを忘れ去る。パスカルが「退屈しのぎ（divertissement）」と言ったのは（『パンセ』）、その頽落のことである。この頽落を「遊び（divertissement）」へ向けて、エクスタシー＝イグジステンツとして、救い出すこと。そのための文字＝テクストを、私達は「文学テクスト」と呼ぼう。

エピローグ――放蕩娘《プロディガル・ドーター》の帰還

金羊の毛皮を手にしたイアソンに伴われて、故国を捨てたメディアは、イアソンの子を二人もうけ、亡命の地コリントスで暮らしていた。ところが、イアソンは、コリントス王クレオンから娘婿に望まれ、権力に目がくらんで、メディアを捨てることを決意する。絶望したメディアは復讐を誓ってクレオン父娘を毒殺し、あまつさえ我が子二人も手にかけた。そして、悲嘆にくれるイアソンを残して、龍車に乗ってアテナイへ向かったのである（エウリピデース『王女メディア』）。

してみると、金羊の毛皮は何の役に立ったのだろう。イアソンはそれを求めて旅に出たが、結局、手に入れたものは不幸だけだったようなのである。伝承によれば、その後のメディアは、アテナイでアイゲウス王の妃となり、王子テセウスを毒殺しようとして果たさず、王との間にできた一子メドスを連れて故国コルキスに逃れ去った。後にメドスはメディア王国の王になったという。メディアの最期については何も知られていない。

メディアの最期が不明なのは当然だろう。なぜなら、メディアは死ぬことができないのだから。それは常に中間項として、項Xと項Yの間に立ち現れ続ける。ギリシア神話において、私達の時代において、また、これから先もずっと。

メディアは人々に魔法を掛け続ける。金羊の毛皮を手に入れさせてあげよう、と。そして、イアソンの末裔達は、自らのアルゴー船を仕立てて、航海に乗り出していく。いそいそと喜んで、不幸を背負い込むことになるとも知らず……。

しかし、たとえそうであっても、私達は航海に乗り出して行かねばならない。いや、もう乗り出している。文学テクストの海へ。〈よむ〉のアルゴナウティカへ。

第Ⅰ部　日本的言語観の基底

第一章　空海・メディアの形而上学者——『声字実相義』

はじめに

私は長らく国学の問題圏を巡っているが、[1]国学史においてはどうにも契沖の座り心地がよくないような気がしてならない。と言っても、現在、国文学研究の枠内では春満などよりも契沖を重んじるのが普通である。つまりは、芳賀矢一のいわゆる「日本文献学」の始祖として契沖を位置付ける見方である。それに異論はないが、契沖が国学思想史とどう関連するのかは、実はそれほど明瞭に論じられてはいないように思う。言うまでもないが、思想史的連関とは、師弟関係や交友関係に還元されるようなものではない。つまり、契沖と国学の関わりは、契沖が下河辺長流を継いで『万葉代匠記』をものしたとか、水戸学派とつながりを持っていたといった水準で済まされる問題ではないということである。

このような観点からすれば、契沖の思想史上の問題は、彼が真言僧であったことと彼の仕事の内的連関がいかようなものであったか、という点に絞られよう。春満や真淵が契沖を忌避したのも、国学四大人（荷田春満・賀茂真淵・本居宣長・平田篤胤）から契沖が除外されてきたのも、契沖が真言僧だったからである。無論、そのことによって、契沖と国学を切断したいのではない。春満や真淵あるいは篤胤が国学イデオロギーの本流意識から真言僧の契沖を快からず思っていたにしても、やはり契沖が国学の源流の一つに位置することは動かしがたい。それは、民族意識の覚醒といった政治的含意や神仏混淆といった宗教的背景を別として、契沖の仕事に国学特有の色合いが見いだされるからである。要するに、そこには、ある種の神秘主義的言語観が底流している。国学は大なり小なり、そのような言語観を分有しているし、逆に言えば、そのような言語観を基底核とするものが国学なのだと言ってもよいように思われる。宮坂宥勝は、密教学者としては稀なことだが、契沖に触れて、こう言っている。(2)

空海の言語観はもとより密教思想そのものに根ざしたものではあるけれども、空海ほどことばについて鋭い形而上学的感覚をもってたものはいなかったといってよいであろう。『万葉代匠記』二十巻の著者、契沖はつとに、わが国古代の〝ことだま〟思想に着目し、それに空海の声字実相の言語哲学を結びつけようとした。しかし、そのほかには密教家たちの教学的研究を除いては、空海の言語哲学に注目した思想家はいなかったように思われる。

契沖が「〝ことだま〟思想に着目し」たというだけでは誤解を招く恐れがないでもないが、宮坂の指摘は卓見と言ってよい。このような契沖の言語観を準備しているものは、宮坂も言うごとく、空海の言語哲学である。確かに「空海ほどことばについて鋭い形而上学的感覚をもってたものはいなかった」であろう。このような「形而上学的感覚」は、近代の国語・国文学者の多くに最も欠けている資質である。というよりも、それを研究に持ち込まないことが学的禁欲であり実証科学であるという、それ自体としては正しい考えが、末流実証主義に至っては形而上学を対象化することさえ封印してしまった。しかも、その実証主義を支える理念は不問に付されたままなのである。したがって、極めて逆説的ながら、そこでは実証主義が形而上学化しているとさえ言える。このような事態は、しかし、何も今に始まったことではない。

時枝誠記は昭和一五年に、従来の国語学は「言語の本質に対する見通しを立てることを寧ろ避けて」おり、それゆえ、「国語研究」に見られる態度は「分析された各要素例へば音声とか文字とか意味とかを、夫々の分野に於いて研究し、最後にこれを綜合して全体の概念を明かにしようとする、いはば「構成主義的態度」」であるとした上で、

この構成主義的態度は、言語本質観を予定しない所のいはば白紙的態度であると考へられながら、実は分析された各要素の構成によつて言語的実体が成立すると考へられる所に、既にかゝる構成的言語本質観が予定せられて居るのである。無意識に予定せられた言語本質観を宛も白紙的態度を以て臨んで居るかの様に誤認する所に、反省と吟味の欠乏が生ずるのである。


と批判している。[3] つまり、この「無意識に予定せられた言語本質観」は、遠近法における消失点として機能しているが、その存在は意識化されないままなのである。この「誤認」のありようは、形而上学化した実証主義にそのまま当てはまる。

ただ多くの場合、このような態度は、単に制度化された自明性へのもたれかかりに由来するものである。簡単に言えば、それら研究者の所属する集団内の作法が現在のところそのようであるから、そうふるまっているだけに過ぎないのである。それは集団の日本的性格として常に批判の対象となってきたし、現にそのような集団に所属している者ですら、その欠点を指摘しさえする。しかし、その性格は一向に変らない。むしろ、私は、この性格の保持にこそ、何らかの力動が働いているのではない

かと考える。つまり、実証主義者は、契沖を日本文献学の始祖として位置付けることによって、その「ことだま思想」なり「形而上学的言語観」なりを捨象してしまうのだが、実はそのことによって、素朴かつ前近代的言語観を保存もするのである。

このような実証主義の形而上学化の一方で、神代文字実在論者に見るような、あまりにも形而上学的な言語観は、いまだにアンダーグラウンドを大量に流れている。奇妙なことに、このような形而上学的言語観の持ち主に限って、自らが極めて科学的態度をもって事に臨んでいることを標榜する。それをプソイド・サイエンスと侮蔑することはたやすいが、この形而上学と実証主義の混淆こそ、実は極めて日本的な言語感覚であるように思う。つまり、その根底には、形而上学と実証主義をコインの両面とするような言語観が伏在しているように感じられるのである。契沖において結合されているのも、まさに形而上学的・音声中心主義的な「ことだま思想」と、実証主義・文書中心主義の文献学であって、その結合の様態は、以上のような問題意識の中では論じられてこなかったように思う。

おそらく、このような癒着構造を剔抉することが、国学的ないしは日本的言語観を解明することにつながるはずである。本章では、そのような問題設定の上で、契沖に接続してくる空海の言語観、極めて形而上学的でありつつ、また、実践的でもあった言語観を考察してみたい。そのことは、また、日本的言語観に占める文字メディア＝文字テクストの独特な位置を考察することともなるはずである。

『声字実相義』——言語・声字・宇宙的振動《コズミック・ヴァイブレーション》

空海の言語観を対象化するには、まず『声字実相義』（以下『実相義』）に就くのが至当であろう。『実相義』では、はじめに「叙意」が置かれる。短いものなので全文を掲げておく（以下、『実相義』本文は『弘法大師空海全集』第二巻により、語釈は那須正隆『声字実相義の解説』を参照した(4)。

初に叙意とは、それ如来の説法は必ず文字による。文字の所在は六塵その体なり。六塵の本は法仏の三密すなわちこれなり。平等の三密は法界に遍じて常恒なり。五智四身は十界に具して欠けたることなし。悟れるものをば大覚と号し、迷えるものをば衆生と名つく。衆生癡暗にして自ら覚るに由なし、如来加持してその帰趣を示したもう。帰趣の本は名教にあらざれば立せず。名教の興りは声字にあらざれば成ぜず。声字分明にして実相顕わる。いはゆる声字実相とはすなわちこれ法仏平等の三密、衆生本有の曼荼なり。故に大日如来この声字実相の義を説いて、かの衆生長眠の耳を驚かしたもう。もしは顕、もしは密、あるいは内、あるいは外の所有の教法誰かこの門戸によらざらん。今、大師の提撕《ていぜい》によってこの義を抽出す。後の学者もっとも研心遊意せよのみ。大意を叙すること畢んぬ。

これに沿って、細部を肉付けする形で論が展開されるのだが、冒頭に「それ如来の説法は必ず文字による」と説き起こされるように、『実相義』の主題は端的に言って「文字」にある。それゆえ、空海言語論への接近は、「それはなぜ文字なのか」をめぐって展開されねばならないだろう。

この「叙意」の次には「釈名体義」の章が置かれ、「声字実相」の「釈名」と「体義」の二つが論じられる。「釈名」では「声字実相」の字義を二段に分けて説明する。第一段の大要は以下のごとくである。

（身体の）内外の風気、纔かに発すれば、必ず響くを名づけて声といふなり。（中略）声発つて虚しからず。必ず物の名を表するを号して字といふなり。名は必ず体を招く。これを実相と名づく。（中略）また四大、相触れて音響必ず応ずるを、名づけて声といふ。五音、八音、七例、八転、みなことごとく声を待つて起る。声の名を詮ずること必ず文字に由る。文字の起りは本これ六塵なり。

この声の発生論（傍線箇所）は常識的と言ってよいが、ここは次の六離合釈（六合釈）とともに導入部とも言うべきもので、空海の真意はまだ秘められている。それというのも、風の音や虫の音までを含めて声を普遍的な現象とするのはまだ理解しやすいが、それらが字でもあるということはそうわかりやすくはないからである。つまり、声の発生論は比較的容易だが、文字の発生論の導出は困難なのである。それは後に詳しく見るが、ここでは、「名は必ず体を招く」という語句に注意しておくに止める。空海は「名」が「体を招く」と言うのであって、「名」は「体を表す」と言っているのではない(5)。しかし、これは唯名論《ノミナリスム》ではない。後段に明らかとなるが、この「名」は実在する「名」、真言である。すなわち、空海の言語論は「名」実在論であると言ってよい。「釈名」の第二段は「声字実相」の語を六離合釈によって解釈するが、六離合釈はあまりにも細部的な議論にわたるので省略する（簡略な説明を本節末の〔補説〕に掲げた）。

次の「体義」が『実相義』の議論の内実をなす部分となるが、この「体義」において「声字実相」の意義を論述するに、二つの方法が取られる。一つは「引証」であり、『大日経』巻二具縁真言品第二が証として掲げられる。二つは「体義」であって、義を論じるにまず頌をもってする。その詩頌に曰く（各句に便宜的に番号を付す）、

①五大に響きあり　②十界に言語を具す　③六塵ことごとく文字なり　④法身はこれ実相なり

①五大は「地・水・火・風・空」で、顕教では万物の構成要素のことだが、「密の五大とは、五字五仏、及び海会の諸尊」の謂である。つまり、五大は五仏の三昧耶身（象徴）である。「内外（身心と外界）の五大にことごとく声響を具」し、「一切の音声は五大を離れ」ない。「五大はすなわちこれ声の本体、音響はすなわちその用」である。

②十界は「仏・菩薩・縁覚・声聞・天・人・修羅・畜生・餓鬼・地獄」の世界であり、一切の言語は十界以外には発話されない。

③六塵は「色・声・香・味・触・法」。前五塵は非情（外）、法塵のみ有情（内）であるが、一切の文字はこの内外に属し、それ以外には存在しない。

④叙意に言うごとく「六塵の本は法仏の三密」であるから、文字は「法身」の顕現でありそのまま「実相」である。

この頌に言う四句を六塵に即して論じるのが以下の議論だが、色塵以外の残り五塵、すなわち、声塵から法塵については文章を欠いている。議論は色塵で出尽くしているから、他の五塵については、色塵に即して知るべしとの考えによると見てよいのであろう。[6] その頌に曰く、

①顕形表等の色あり　②内外の依正に具す　③法然と随縁とあり　④よく迷いまたよく悟る

①顕形表の三色とは、顕色が眼に映ずる黄・白・赤・黒・青等の色彩であり、形色が長短・麁細・正不正・高下・方円・三角・半月等の形態、表色が取捨屈伸・行住坐臥など色の生滅相続・兼用為作の転変差別を言う。これら三色は別物なのではなく、一物の三面である。これらの差別相は意味を表示するがゆえに、ことごとく文字である。

②内は有情、外は器界。依報と正報はほぼ同じ意味で、生と死の交替のごとく、非情と有情は変転する。この転変の中には必ず顕形色が現れる。色が「内外の依正に具す」とはその謂である。

③法然は法爾・自然の意で、随縁は人為による造作変現。すなわち、自然と人為。真言宗以外の宗派では、顕形表三色は妄仮の随縁にのみ属し、法然に三色法はないとする。真言密教では法然にも三色法があり、それが法身仏の平等三密だとする。

④内外の諸色は、元来法身仏の平等三密なのだが、それが愚においては毒となり、智においては薬となる。すなわち、愚は文字に迷い、智は文字に迷わされない。これをもって智は自利利他を円満する。

あまりにも大雑把だが、おおよそ、このような所が『実相義』の骨格である。その論理を追ってみれば、空海は宇宙の構成要素である「五大」に音響を、宇宙に存在する世界である「十界」に言語を、そして、その言語の現象面である「六塵」に文字を配当する。すなわち、響き—言語—文字という位階がここに示される。しかし、これは段階的な発展形態ないしは包含関係として定位されているのではない。これらはそれぞれ別の物ではなくて、響き＝言語＝文字を貫通して同一の物であって、それゆえに、「法身の実相」なのである。

常識的な理解からすれば、一切の音響は、物理学的に言えば、物質の振動が媒質を通じて伝達されるものであろうから、音響は地・水・火・風・空の五大を離れないと言えるし、また、それゆえに、天地宇宙の響きでもあろう。しかし、空海はこれを単なる音響とするのではなく、音声とする。音声すなわち言語である。なぜなら、五大は五仏の三昧耶身なのだから、五大の響きは五仏そのものの顕現だからである。それゆえ、「五大はすなはちこれ声の本体、音響はすなはちその用」という体用論を表面的に受け取ってはならない。ここで言われていることは、実は奇妙なことだからである。

というのは、「声」の「用」が「音響」なのだから、この「声」とは「音響」そのものではない。すなわち、「声の本体」は「声を発する本体」＝音源ではなく、「声という本体」と解されねばならない。ゆえに、この「声」は「五仏が発する声」ではなくて、端的に「五仏＝声」なのである。また、「密の五大とは、五字五仏」であるから、この「五仏＝声」はそのまま「五字＝声」でもある。「声字実相」の焦点は、実に、この声＝文字という定義にかかっている。ともあれ、「五仏＝声」である以上、仏ならざる響きはない。すなわち、宇宙は響きであり、それがそのまま仏である。空海が見ているのは、この宇宙それ自身の振動《コズミック・ヴァイブレーション》としての音声なのであって、空海自身は明言していないにしても、それは原理的に、人間の可聴領域に限定されるような音響世界ではありえない。

こうして宇宙は既に五仏の音声に満たされているが、この仏の声がより具体的な言語として現れるのは十界においてである。すなわち、言語は、仏・菩薩・縁覚・声聞・天・人・修羅・畜生・餓鬼・地獄の十界に備わっている。ただ、ここには真妄の別があるのであって、一切仏界の言語のみが秘密真言であり、他九界の言語は皆妄言である。しかし、後に見るように、この顕教的観点からする九界一密は、密教の立場から最終的には九界十密に包摂され、妄言すらも真言への契機を孕むものとして肯定される。

この場合、十界は人間界との比喩において、例えば、人間界では人間語が、地獄界では地獄語が交わされるといったように、つまり、仏から地獄までそれぞれの世界において言語コミュニケーションが成立しているかのように考えられやすい。しかし、「六塵ことごとく文字なり」と言われているように、空海にあって、十界の言語は色・声・香・味・触・法の六塵において現象するものであって、これら全てが文字である。この六塵は六識（眼・耳・鼻・舌・身・意）によって感覚されるものだから、例えば、香塵においては匂い、味塵においては味、触塵においては手触り、法塵においては意識が文字である。

しかし、空海は言語とは感覚刺激一般のことだと言っているのではないし、また、言語行為には身振り言語《ボディ・ランゲージ》のような非言語《ノンバーバル》コミュニケーションも含まれると言いたいのでもない。コミュニケーションには、それが言語的であれ非言語的であれ、そこに共通のコードないしは文法が介在するが、六塵には確立された文法がないからである。すなわち、この「言語」は主体間（修羅や餓鬼も主体であるとすればの話だが）の言語ないしは非言語コミュニケーションではない。無論、空海における言語は、そのようなコミュニケイティヴな言語をも包摂しうるが、コミュニケイティヴな間主観的な出来事には限定されないのである。

また、六塵は現象界にあって、我々に感受されると言っても、空海は〈六識によって受容され意識されるものが文字だ〉と言うのではない。仮にそうだとすれば、〈受容されず意識されざる物＝非文字〉が存在するはずだが、宇宙が五仏の声に満たされている以上、文字ならざる物などないのであってみれば、そこに〈意識されざる物＝非文字〉は存在しないのである。この意味において、空海的文字とは意味作用の全てを包含するものであり、なおかつ、宇宙にはその意味作用から脱出する何物も存在しない。つまり、「六塵ことごとく文字なり」とは、「あらゆる感覚与件は差別相の下にあり、その差別相そのものが文字だ」ということである。[7] 換言すれば、宇宙は無尽の差別相を開陳しているのであって、声字とはその形相性・関係性の総体、すなわち、宇宙の謂なのである。その意味で、空海的言語には、音声から文字へといった発達論的もしくは歴史的展開の余地などない。声字は不二である。すなわち、それが宇宙の実相なのである。

※補説　六離合釈《りくりがっしゃく》について

略して六合釈《りくがっしゃく》。サンスクリット語の名詞合成語の意義を解釈する方法。語構成の分類法。相違釈＝並列的複合語。例―声聞縁覚・黒白。依主釈＝格関係限定複合語。後の語が前の語に形容されるもの。例―仏国土・天授。持業釈《じごっしゃく》＝同格限定複合語。前後の語が同格関係にあるもの。例―大乗・極楽浄土。帯数釈＝数詞限定複合語。例―十八界・六道。有財釈＝所有複合語。前の語が所有し〈能有〉、後の語が所有される〈所有〉という関係。例―無量寿・私物。隣近釈《りんごんしゃく》＝副詞的複合語あるいは不変化複合語。例―毎日・終日・各自。（以上、主として『岩波仏教辞典』による）。

私が目睹しえたものに過ぎないが、江戸期の六合釈研究では真言宗豊山派の法住に『分別六合釈』（寛政九年刊）、同じく快道に『六合釈精義』（寛政一〇年刊）の著がある。なお、この二名に戒定を加えて豊山派「天明の三哲」と称し、この時期、智豊二山において倶舎・唯識の性相学は隆盛となったが、「宗乗の研鑽においては疎であるといはれ」ている（宇井伯寿『日本仏教概史』、岩波書店、一九五一、一五九頁）。

宇宙的身体としての声字

空海にあって宇宙はそのまま声字なのだが、これは直接的に意味作用が音声記号・文字記号として現れるということではない。記号を意味作用全般とするならば、M・メルロ＝ポンティも言うように「暴風は嵐のシーニュである」だろう。しかし、記号論的な見地からすれば、コミュニケーションにおける情報の発信者と受信者は記号の解読コードを共有していなければならないが、「風」は情報発信者の意図を欠き、解読コードを持たない。しかし、空海にあっては、この〈嵐のシーニュとしての暴風〉もまさに「文字」なのである。と言っても、それは事物全般から我々が受け取る徴候《シンポトム》や信号《シグナル》なのではない。というか、それが情報の発信という態勢で働く信号や記号であるかぎり、空海的な文字ではない。つまり、発信と受信という態勢においては解読という行為が必然的に発生せざるをえないが、この解読行為の位置づけが空海的言語観の焦点となる。

言うまでもなく、文字＝記号は解読されるものだから、文字が文字＝記号であるかぎり、そこでは解読対象たるテクストとその解読者の分離が不可避となる。しかし、空海的な言語観からすれば、このテクストと解読者の分離が生じてはならない。なぜならば、分離するものは一者としての仏ではありえないからである。すなわち、文字＝種字である仏がテクストであるならば、その解読者は仏ではありえないし、逆に、解読者が仏であるならば、テクストは仏ではない。また、その両者が仏であるならば、仏が仏を解読するということはありえない。ある仏が別の仏にとって未知の意味を含むはずはないからである。ということは、空海的意味での文字に対するアプローチは、テクストとその解読という体勢をとりえないものである。ゆえに、いささか奇妙に見えるにしても、空海の論理からすれば、空海的文字とは文字でありながら解読対象とならず、また、解読されない文字でなければならない。とすれば、この解読対象ならざる空海的文字へは、いかにして接近することができるのであろうか。

論理の必然上、それは解読行為を受け入れないものでなければならないが、解読行為が不可能であるならば、それはそもそも文字ではない。とすれば、それが解読行為を受け入れず、なおかつ、文字であるための条件は、文字とその解読という態勢を停止すること、すなわち、テクストと解読者の分断を乗り越えることでなければならないだろう。つまり、解読者であることから自らを解放するためには、自らが文字にならなければならないのである。換言すれば、それは、文字＝記号を蝉脱して、自らが文字＝象徴を体現することである。その方法論的基礎は身口意の三業に置かれている。すなわち、身に印契《ムドラー》を結び、口に真言《マントラ》を唱え、意（心）に仏を行ずる（三摩地《サマディ》）ことである。ゆえに、この三業は仏の実相であり、そのまま仏の三密である。なぜならば、私が仏だからである。

道元はこれを「三業に仏印《ぶっちん》を標し、三昧に端座する」と言っているが[8]、宗派は異なるにしても、その構造は同じである。道元風に言えば、「即身成仏」とは、即であり身であり成であり仏である一刹那である。すなわち、それがそのまま久遠成仏であって、そこに寸毫の時間差もない。「毫釐も差有れば天地懸に隔たる」である[9]。また翻って、これを空海的に翻訳すれば、道元における「身心脱落」とは文字＝記号を脱することであり、その脱落の当体そのものが文字＝象徴なのである。それは自らが振動する宇宙＝仏＝文字だということにほかならない。この地点において、仏は文字＝象徴でありながら、解読不能な文字として露出する。その文字＝象徴の全面的な蜂起が大日如来の自己展開だと言ってよい。

ただ、私＝仏が、文字＝象徴であるとき、私＝仏をテクストとして解読し始める他者が否応なく現れるであろう（例えば、達磨の壁観は「面壁九年」というテーゼ化を、また、馬祖道一の「即心即仏」は「非心非仏」へのパラフレーズを免れない）。私が解読を停止したにしても、他者がそれを停止する保証はなさそうだからである。しかも、仏ならざる他者などないのであってみれば、それは仏が仏を解読し始める自己矛盾に陥るのではなかろうか。しかし、空海の論理からすれば、おそらく、このとき、私＝仏と、他者＝仏は、意味の解読という関係性においてではなく、意味の戯れ、自在な遊戯として対話を行うことになるであろう。そもそも、仏の世界において、私と他者は分節されえないのであって、それは全て大日如来に包摂されている。それゆえ、仏と仏の対話は、解読行為によって橋渡しされるのではなく、互いに自己言及の快楽であるような説法、すなわち、自受用法楽としての説法の交歓として行われる。一遍は「となふれば仏もわれもなかりけり南無阿弥陀仏南無阿弥陀仏」と詠んだが、[10] 密教的に言えば、この六字名号が真言の体露であり、自受用法楽としての如来による如来への説法だということになろう。それは文字＝象徴による仏と我の相互浸透である。そこは既に「仏もわれもなかりけり」という世界となって、「南無阿弥陀仏（アミターバ如来に帰依し奉る）」の言語的意味さえも失われる。すなわち、「ナ・ム・ア・ミ・ダ・ブ・ツ」という声字＝仏のみが戯楽《けらく》するのである。

　しかし、このように、解読行為を超越する文字＝象徴の可能性を根拠づけてみるにしても、やはりそれは文字であることに変りはない。というか、より正確には、「なぜそれは文字でなければならないのか」という問いが残る。とすれば、そもそも、この文字＝象徴はどのような分節において文字たりうるのであろうか。ゲシュタルト理論風に言えば、およそどのような文字であれ、そのゲシュタルト（形態素）は「地と図」の分節を持つだろうからである。つまり、空海における文字＝象徴の、その「地と図」の分節はいかようなゲシュタルトをなしているのであろうか。例えば、両義図形としてよく知られた「ルビンの壷」は、どちらを地ないしは図と見るかによって〈向き合う顔〉にも〈壷のシルエット〉にも見える。この場合、「地と図」は互換的両義的であるが、空海の文字は「地と図」が互換的両義的だというのではないだろう。なぜなら、空海の文字は「どこに書かれるか？」という問いを持たないからである。文字＝象徴そのものが仏の如々たる体露であるとき、それが現出するのは「どのような空間においてか？」という問いは意味をなさない。強いて言えば、それは本不生不可得、すなわち、〈空において空として現れる〉であろうが、このとき「地と図」の分節を失った文字＝象徴は表出不能な力動性そのものであるほかはないだろう。

逆に言えば、空海的文字は力動的な場の渦巻きとして出現するのであって、それゆえに、その文字は力動的ゲシュタルトの象徴として無空間的に濃密に現れる。無空間的とは、その場そのものとしてということであり、ある物在が空間（虚空）内において現象するということではない。それは比喩として語るほかないのであって、二次元的あるいは三次元的に図示可能なものではない。曼陀羅の稠密な空間は、その象徴の象徴であるほかはないだろう。その意味で、空海的宇宙は潜勢的な言語エネルギーが渦巻く力動的な場であり、そこにおいてその時々にその場そのものであるような仏が文字＝象徴として露見してくることになろう。より簡明に言えば、この宇宙的力動の均衡点である文字＝象徴としての仏こそが「この私」でなければならないのである。そこでは、私＝仏が宇宙の末端であると同時に宇宙の内実なのであって、偶数と自然数の可算濃度が一致する無限集合のごとく、部分と全体が一致している。

仏のモナドロジー

宇宙が仏によって満たされている、あるいは、宇宙が仏の自己展開であるというだけならば、それは華厳の世界像でもあって、ことさらに空海的と言うわけではない。空海は『秘密曼陀羅十住心論』巻第九に『華厳経』小相品の「因陀羅珠網」について語っているが、[11]この「因陀羅珠網」は『即身成仏義』詩頌第四句「重重帝網名即身」に主題化され、また、『大日経解題（法界浄心）』や『吽字義』においても語られている。簡便のため、『吽字義』の詩頌を引く。[12]

心王心数主伴無尽なり。互相に渉入して帝珠錠光の如し。重重難思にして各五智を具す。多にして不異なり不異にして多なり。故に一如と名つくれども、一は一にあらずして一なり。無数を一となす。如は如にあらずして常なり。同同相似せり。

この無限に反映し合う重々無尽の仏の世界は、G・W・ライプニッツの単子論に極めて近い。ライプニッツは、

「一」すなわち単一な実体において、（瞬間ごとに）多をはらみ、多を表現している状態、その流れが表象（perception）である。

と言う。[13]この表象はモナドの知覚・認識（perception）であると同時に、モナドの自己表象である。つまり、モナドは内部に概念（conception）を孕むものではなく、知覚表象の流れであって、そこには下

意識や無意識も反映されている。[14]すなわち、このモナドの反映は極めて表現的だということである。モナドと因陀羅珠網の本質的な共通性は、そこに存している。

ただ、「モナドには窓がない」という定義は、[15]モナドの自己閉塞として誤解あるいは非難の対象ともなってきた。例えば、V・E・フランクルは、従来の心理学はモナドロジーであり、それは「人間を閉じたひとつのシステムとして、窓も扉もない一つのモナドとして考えている」（傍点引用者）といった文脈でモナドを批判している。[16]また、E・シュレーディンガーは「ライプニッツの恐るべきモナドの学説に述べられた世界の多数性」を批判し、「すべてのモナドはそれ自体が世界なのでありまして、互いに何も伝達されません」と述べている。[17]しかし、「因陀羅珠網」を綴りなす「珠」＝モナドは、それ以上分割できないものなのだから内実はあってもその内部構造を持たない（内部構造があれば分割可能である）。だから、モナドはフランクルの言うように「閉じたひとつのシステム」ではない。また、モナドは反映においてしか自己表出しないのだから、それは、他のモナドなしにはありえないのであって、シュレーディンガーの言うように「それ自体が世界」なのでもない。モナドは他を反映することにおいて世界を表現するが、それはモナドの内部やシステムの自己表現ではないのである。つまり、モナドは多を反映する結節として極めて表出的ではあるが、その表現は自己の内部を外部化する（expression）という形での自己表現ではありえない。別言すれば、モナドは思惟するもの＝レス・コギタンスとしての主体ではない。おそらく、フランクルやシュレーディンガーがライプニッツのモナディックな世界を否定的に語るのは、それが西欧近代の主体にとってなじみがたいものに感じられるからであろう。

無論、私はライプニッツを殊更に擁護したいわけではない。単に、そのモナド的世界が仏教的世界観に近しいものであることを再確認しておきたいのにすぎない。ライプニッツのモナドロジーは西欧哲学の中でも、ことに日本の仏教学者・哲学者の興味を惹いてきたものだが、その原因はこのモナドが華厳的世界に類似していたから以外ではないだろう。おそらく、問題の核心は、モナドの表現的世界がレス・コギタンス＝主体の自己表現とは別種の表現だという点にあるだろう。

この間の事情は、宮沢賢治が「インドラの網」に文学的に語っている[18]。そこに描き出された世界では、天人が一瞬にして百由旬を翔けながら「少しも動いてゐない」。また、天空の「風の太鼓」は「鳴ってゐながらそれで少しも鳴ってゐな」い。そして、「天鼓のかなた」に尾ばねを広げて鳴く蒼孔雀は「たしかに空には居り」ながら「少しも見え」ず、鳴いていながら「少しも聞こえな」い。賢治の描き出す「インドラの網」の世界では、自らは動かず見えないが、しかし、それは他者からは無限に動き鳴り響いているのである。すなわち、モナドは、その反映において相即即入して世界を表現している。

この意味において、仏は自己表現（expression）をしない。仏の知覚（perception）＝自己表象があるだけである。この表象の無限の反映が因陀羅珠網の世界である。『即身成仏義』の詩頌第四句「重重帝網名即身」の論釈には、こうある[19]。

> 仏法僧これ三なり。身語意また三なり。心仏及び衆生、三なり。かくの如くの三法は平等にして一なり。一にして無量なり。無量にして一なり。しかも終に雑乱せず。故に「重重帝網名即身」といふ。

このモナドは「一にして無量」を反映するが、その反映は「終に雑乱せず」」、すなわち、入り交じって混濁したりはしない。趙州従諗《じょうしゅうじゅうしん》の言葉を借りれば、「如明珠在掌、胡来胡現、漢来漢現（明珠、掌に在るが如く、胡来たれば胡を現じ、漢来たれば漢を現ず）」である。[20]この「明珠」がモナドとしての仏なのだと言ってよいだろう。しかし、既に触れたように、この仏のモナド的世界それ自体は、ことさらに空海的・密教的というわけではない。これは華厳の世界像である。

　そのような仏と仏が相即即入する華厳の事事無礙法界を禅的に展開すれば、蘇東坡《そとうば》の「渓声便チ是長広舌、山色豈ニ清浄身ニ非ズヤ」となるだろう。[21]ただ禅では、直指人心・見性成仏と言うとおり、悟りを言詮の絶する行為的直観において見、その光風清月の境地を柳緑花紅の自然に託して詩偈として表現する。それは文学的な比喩であって、悟りの内実そのものではなく、悟りの立場から見た天地の風光である。つまり、自内証の言語表現は、それが言語表現であるということによって、端的底の具体ではありえない。華厳的に言えば、「因分可説、果分不可説（悟りについては説けるが悟りそのものは説けない）」である。[22]すなわち、事事無礙法界は真如の世界であり、真如であるがゆえに言語的には表出不可能だということになろう。

　空海の独自性は、ここからその自内証の内実を表象の世界にまで奪還してくる、あるいは、奪還可能であると主張するところにあると言ってよい。空海の仏の世界がモナドロジー的様相を呈するのは、この表出の可能性における仏のあり方によってである。すなわち、「重重帝網」がそのまま「即身」と「名」づけられる、その「名即身」の地点が、空海的モナドロジーの焦点である。簡単に言えば、そのモナドの自己表象（「重重帝網」）が既にして自内証の内実（「即身」）だということである。これを言うために、空海はモナドの自己表象が表現的世界の中に露出しうること、すなわち、自己表象（perception）が自己表現（expression）であることを証明しなければならなかった。そこに「如義言説」論の空海的展開があったのである。

『釈摩訶衍論』からの転回——如義言説と即身成仏

空海は『弁顕密二教論』において、自内証の表出可能性について、次のように言う。[23]

いはゆる因分可説とは顕教の分斉なり。果性不可説といつぱすなはちこれ密蔵の本分なり。何をもつてか然、知るとならば、『金剛頂経』に分明に説くが故に。

空海は密教こそ「果性（＝果分）不可説」を超越すると言う。なぜならば、それは『金剛頂経』に説かれているからである。すなわち、表出は既に終了している。終了している以上、それが可能であるのは明白である。ただ、それが可能なのは次の場合のみである。[24]

因位の人等の四種の言説、みな及ぶこと能はず。唯し自性法身のみいまして、如義真実の言をもつて、よくこの絶離の境界を説きたまふ。これを真言秘教と名つく。『金剛頂』等の経、これなり。

つまり、空海は「果分可説」とするが、それは自性法身の如義言説においてだと言う。如義言説は、空海の引く龍樹『釈摩訶衍論《しやくまかえんろん》』（以下『釈論』）の「五種言説」論中、究境位の言説を言うもので、ほかの「四種の言説」、すなわち、相言説・夢言説・妄執（執着）言説・無始言説は、[25]「因位の人等」の言説である。『釈論』の「五種言説」論は、馬鳴『摩訶衍論（大乗起信論）』の本文「一切の法は本より已来、言説の相を離れ、名字の相を離れ、心縁の相を離れ……」を論じた部分だが、『釈論』は、まず、仏の言説を「義語」、衆生の言説を「文語」と区別し、「義語」のみが真理を語りうるとする。[26] 那須政隆は、これを、

義は宇宙大自然そのもの（これを法という）の意味（機能・はたらき）であり、その義に適うた言説が義語である。宇宙大自然の根本真理を悟ることなく、感官に感取される対象の相に執らわれてそれを実在となし、その感受の相に触発されて起る言語を文語と言う。

と論じているが、[27] この如義言説について、『釈論』は、『金剛三昧契経』を引いて、

如義語とは実空にして不空なり、空実にして不実なり。二相を離れて中間にも中らず。不中の法は三相を離れたり。処所を見ず。如如如説なりと云ふが故に。

と論釈している。[28] 如義語は実空（真実の空）にして空実（妙有の空）であり、有空中（有相、空相、中間の亦有亦空・非有非空）の三相を離れているがゆえに、「処所を見」ざる所＝〈場所でない場所〉において、すなわち、認識対象になりえないものとして顕現する。なぜならば、それは「如如如説（真如の顕現である説）」だからである。

そして、『釈論』は、如義言説のみが「如実の説なるが故に、真理を談ずる事を得」るとし、「馬鳴菩薩は前の四つに拠るが故に是の如くの説を離言説相とのたまふ」たと論ずる。[29] つまり、『釈論』は、

馬鳴の「離言説相」を〈馬鳴菩薩は四種言説を指して、「仏説は四種言説の範囲にはない」と言った〉と解したのであるが、この『釈論』の主張を約言すれば、〈「離言説相」の言説が如義言説なのだ〉ということになるだろう。

『摩訶衍論』の文脈に即して言えば、これは議論の方向性が微妙に異なっている。つまり、馬鳴は「仏の言説は言語の水準にはない」と言い、『釈論』は「仏の言説は、如義言説としてある」と言う。この否定表現と肯定表現は同様の事態を指しているかに見えながら、その存在判断の言明レベルは逆方向を向いている。それゆえ、『釈論』は「如義言説はある」とまでは言えても、『摩訶衍論』に基礎を置く以上、その内容がどのようなものであるかを言うまでには至らなかった。というか、それが『金剛三昧契経』のいわゆる「処所を見ず。如如如説なり」であるがゆえに、具体的にそれを示すことは不可能だった。その意味で、『釈論』の如義言説から空海のそれへ至るには、もう一段の飛躍が必要だったのである。

それというのも、『釈論』は龍樹の撰述に擬せられてはいるが、八世紀の中国あるいは新羅の華厳教学を背景に成立したと考えられており、必ずしも密教的な文脈にある著作ではなかったからである。むしろ、空海がその密教的要素に着目し教学上の典拠としたことによって[30]、真言宗において重視されてきた。その密教的要素とは、一に掛かって『釈論』の〈仏の言説は如義言説としてある〉という主張にあったであろう。そこから空海が〈如義語とは『金剛頂』等の経がそれだ〉としたのは、空海独自の展開なのであって、『釈論』そのものの論理ではない。

確かに、『釈論』の論理を展開すれば、仏の言説は義語なのだから、当然その仏の言葉を記した経典は如義言説を伝えたものとなるはずである。とすれば、ここで『釈論』の論理は、馬鳴の「離言説相」と論理的に相容れないものとなる。なぜなら、『釈論』の主張からすれば、仏の義語は経典そのものでもありうるが、経典は名字相・言説相の下にあるわけだから、そうなると「処所を見ず」の言説が「処所」において顕現していることになってしまうからである。つまり、『釈論』は、なお「因分可説、果分不可説」の水準にあって、如義語の存在は主張しても如義語の認識可能性もしくは実践可能性についてまでは踏み込まなかったのである。おそらく、そのあたりに仏教学者達が、『釈論』は華厳教学を背景としていると見なす根拠があるのだろう。ただ、その水準を突破する端緒は示されていたのであって、空海は『釈論』が踏み込まなかった地点から一歩進んで、その論理枠を一挙に拡大したのである。

つまり、空海が踏み込んだのは、〈仏の言説が如義語であるならば、仏の言説を記した経典は如義語である〉という、あっけないほど明解な地点だったのである。これはすさまじいショート・カットである。南都六宗から天台教学までを渉猟した空海にとって、ここに至るまでには自身の心的葛藤から宗派的妨害までを含む様々な抵抗があったに違いない。この超出には野蛮とも言える力業が必要だったように思われる。しかし、空海が至り着いたのは、〈経典に示された如義言説は、経典を読む者なら誰にでも理解できる〉という安易な結論ではない。そうではなくて、空海が見いだしたのは、仏を私へ橋渡しする論理＝倫理である。その論理は、おおよそ次のような径路を辿っていると見てよいだろう。

一、仏は存在した。
二、仏は如義言説を語った。

三、如義言説は経典に示されている。
四、如義言説を理解するのは仏である。
五、私は仏でなければならない。

この「私は仏でなければならない」という倫理の地平を開きうる所に、空海における真言密教の真実性が存したのである。そして、それを要請するものが如義言説の実在にほかならなかった。それゆえ、如義言説論は「即身成仏」論と不可分一体である。空海は『即身成仏義』に、こう言っている。[31]

問ふて曰く「諸経論の中に皆三劫成仏を説く。今即身成仏の義を建立する。何の憑拠か有る」。答ふ「秘密蔵の中に如来是の如く説きたまふ」。「彼の経説云何」。「『金剛頂経』に説かく「此の三昧を修する者は現に仏菩提を証す……

空海は「三劫成仏（永劫の修行によって仏となる）」に対して、「即身成仏（即今この身体において仏となる）」を主張する。なぜならば、『金剛頂経』に「此の三昧を修する者は現に仏菩提を証す」と書かれているからである。これは、「なぜそう言えるのか？」「お経にそう書いてあるからだ」というだけであって、言うまでもなく、循環論法である。しかし、この循環は、形而上学的確信もしくは宗教的信念によって支えられるのであって、そもそも論理学のカテゴリーにはない。それゆえ、この「現に仏菩提を証す」可能性を保証するのは、「現に仏菩提が証」されていること、果分が如実に示されていることでなければならない。すなわち、即身成仏が可能であるためには如義言説が実在しなければならないのである。これを明白に語ったのが、先にも引いた『弁顕密二行論』の言葉である。

自性法身のみいまして、如義真実の言をもつて、よくこの絶離の境界を説きたまふ。これを真言秘教と名つく。『金剛頂』等の経、これなり。

「絶離の境界」とは自内証の内実＝果分そのものである。それは「真言秘教」として『金剛頂経』等に語られている。この「如義真実の言」を悟れるかどうかが、そのまま即身成仏の成否である。『吽字義』には、こうある。(32)

もし未だ諸法の密号名字の相・真実語・如義語を解《さと》らざる者の所有の言説・思惟・修行等はことごとくこれ顛倒なり。ことごとくこれ戯論なり。真実究境の理を知らさるが故に。

「解らざる者の所有の言説・思惟・修行」が「顛倒」であり「戯論」であるならば、「解れる者」のそれらは真実語であり如義語である。(33)

もし人あつてよくこの吽字等の密号・密義を知らば、すなはち正遍智者と名づく。いはゆる、初発心の時にすなはち正覚を成じ、大法輪を転ずる等は、良にこの究境の実義を知るに由りてなり。

空海はここで、「究境の実義を知る」ならば、「初発心」の時が即身成仏の時であるとまで言う。このラディカリズムを支えるのが「吽字等の密号・密義」、すなわち、真言なのである。つまり、自性法身の秘密真言は、私に受胎する。

ここにおいて、顕教的観点からする九界一密は九界十密に包摂されるだろう。私の言葉も如義語となり得るならば、全ての妄言も真言への契機を孕みうるからである。このように空海は「果分可説」、すなわち、「言い得られないものも言い得られる」と言うのだが、それは「全てが言語化可能だ」とか「世界の構造は言語化されている」ということではない。正に逆に、私が仏であることにおいて、宇宙が声字＝真言として顕現するのであり、その声字の具現、すなわち、如義言説の体露が即身成仏そのものなのである。その意味において、空海の思想は極めて実践的な性格を持っている。

真言の構造

空海的声字実相の言語宇宙は、声字が真言として顕現する場である。それは言語論そのものとして自立するような性格のものではなく、あくまでも即身成仏と不可分な真言の世界として展開されている。しかし、妄言も九界十密に包摂される可能性を持つように、声字は日常言語と完全に遮断された世界なのではない。

声字実相の性格については、宗派に属する論者もそうでない論者も、これを教義ないしは宗教学的問題として論じるために、その形而上学的言語論としての特性を充分に対象化しているとは言いがたいように思われる。それは、論者の多くが、言語の発生論について「まず音声があり、後に文字が発生した」という人類史的通念を保持したままだからである。そのような言表化されない自然主義的態度を基底としている限り、声字の同一性についての空海の思考は良かれ悪しかれ御託宣としてしか扱えないだろう。森本和夫はJ・デリダの「アルシ・エクリチュール」論を空海の声字実相と結びつける試みをしている。[34] その当否は別としても、空海における声字実相をそのような存在論的言語論として捉えなければ、声字の持つ意義は失われてしまうだろう。

このような空海的言語論の理解に関しては、井筒俊彦の大乗仏教的言語論が、その手がかりを与えてくれる。井筒は、大乗仏教的な言語宇宙を重々無尽に遍満するシニフィエ（意味されるもの・所記）から、その都度に有力なシニフィアン（意味するもの・能記）が立ち現れるものとして、次のように図式化した。[35]

シニフィアンA（シニフィエａｂｃｄ……）
シニフィアンB（シニフィエａｂｃｄ……）
シニフィアンC（シニフィエａｂｃｄ……）

無論、井筒自身も意識しているように、これは一般的なソシュール理解とは位相が異なる用語法であって、ある意味では曲解にも見えるだろう。しかし、空海的な、あるいは、大乗仏教的な言語宇宙を解釈するには有効な説明である。

つまり、文字＝記号が排される空海的な言語宇宙においては、シニフィエとは潜勢的な言語エネルギーの海そのものなのであって、シニフィアンはその無尽の海からこぼれてきた可能態の一つなのである。別言すれば、可能態としてのシニフィアンが顕在化したところに、それに応じたシニフィエが共継起的に生ずるのであって、その共継起的シニフィアンは既にして言語潜勢体としての宇宙そのものに無尽に収蔵されている。というか、この無尽の収蔵が宇宙の謂なのである。唯識思想から言えば、この収蔵が「一切種子識《いっさいしゅうじしき》」としての「アラヤ識」である。このシニフィアンA・B・C……の系列とは、いわば、宇宙の力動における、その都度々々のエネルギーの湧出系なのである。

この可能態としてのシニフィアンが、縁によって起こる（性起《しょうき》する）ところに随縁の文字＝記号が、すなわち、社会的規約としての文字が孕まれる。この意味で、ソシュール的な文字＝記号の恣意性とは大乗仏教的には縁起＝空だということになるだろう。逆に言えば、この可能態が自然法爾の、つまり、法然の文字であるかぎりにおいて、それは文字＝象徴としての真言となる。つまり、この可能態のありようが随縁であるか法然であるかは、実はその言語形態に規定されない。というか、されようがない。

また、この意味の海にはシニフィエとレフェラン（指示対象）の区別もない。「六塵ことごとく文字」であり、「六塵の本は法仏の三密」だからである（前出『実相義』）。それはシニフィエ＝レフェランとしての大日如来が無限無尽だということである。この大日如来は法界そのものであるが、そこからシニフィアンとして姿を現すのが真言であり、文字＝象徴としての仏にほかならない。すなわち、真言として露出するシニフィアンの背後には無限のシニフィエ＝レフェランの海がうねっている。そして、このレフェラン＝シニフィエ＝シニフィアンの一体化としての真言が、身口意の三密なのである（この場合、身＝レフェラン、口＝シニフィアン、意＝シニフィエ、とも置換できよう）。また、この三密は文字＝象徴なのだから、それはそのままエクリチュール（書かれたもの・書字・書字行為）である。「声字実相」とはその謂にほかならない。無論、シニフィアンがそのままエクリチュールなのではない。また、それは因果関係や社会規約で結合されているのではない。そうではなくて、この場においては、シニフィアンの生成とエクリチュールの生成が同時的だということである。

　そもそも、この空海的なシニフィアン＝エクリチュールの生成は、シニフィアンとシニフィエの関係性によって規定されている。井筒の図式で言えば、シニフィアンAは、シニフィアンの側からすればシニフィエaが有力化したものだが、シニフィエの側からすればシニフィエaが欠落してシニフィアン化したものである。すなわち、

シニフィアンA（シニフィエ𝕒 b c d……）

シニフィアンB（シニフィエa 𝕓 c d……）

シニフィアンC（シニフィエa b 𝕔 d……）


となる（白抜き文字はそこが空隙であることを示す）。この意味において、シニフィアンAに対応するシニフィエaとは、事後的に顕現するものではあるのだが、二次的なものではない。言うなれば、シニフィエの総体とは、どのような意味をもそこに包含している過剰体であって、それは過剰であるがゆえの空白なのである。比喩的に言えば、それはどのような痕跡をも受入可能な白紙であって、全ての表出可能性の源泉である。すなわち、あるシニフィアンとは、潜勢的シニフィエが現実化されたものであり、それが欠落として生じるがゆえに、シニフィエ側の空隙・傷痕が、そのまま痕跡＝エクリチュールとなるのである。

　このシニフィアン＝エクリチュール生成の論理は、量子論におけるP・ディラックの陽子生成説に類似している。[36] ディラックによれば、真空とは、何もない空間なのではなくて、陽電子（反物質・＋の

電荷）によって満たされている。この陽電子の海は観測不能であって仮想的でしかないが、そこに光子が当ると、陽電子は光子のエネルギーを吸収して負エネルギーの海から正エネルギーの空中へ飛び出し、電子（物質・－の電荷）となる。また、その電子が飛び出した海には一個分の穴が空くので、あたかも陽電子が一個発生したように見える。つまり、真空に光子が入るとそこで電子と陽電子が対生成される。この電子の生成は「陽電子の海（Dirac sea）」からの欠落として描き出される。すなわち、量子論的真空とは、この電子と陽電子が仮想的に対生成し対消滅しているゆらぎの空間である。

　この量子論的真空と同様に、全シニフィエは仮想的であるような意味の海、それ自体としては感得できない負エネルギーの言語集蔵体《アーカイヴ》なのである。井筒はこれを「言語アラヤ識」と呼ぶが、(37)それは全体的無意識としての宇宙の謂でもある。シニフィアンは、この宇宙＝無意識の海からの欠落として露出する。そして、そのことによってシニフィアンと事後的シニフィエが対生成され、シニフィアンの空孔が欠落の痕跡としてエクリチュール化されるのである。

　無論、私は空海の言語哲学を量子論に結びつけて正当化したいわけではない。これは単なる比喩に過ぎない。ただ、この比喩によって、シニフィアンとエクリチュールの同時生成の描像を描き出せるはずである。このことは、しかし、私の恣意的解釈ではない。例えば、南方熊楠は、土宜法竜との往復書簡の中で、その独特な曼陀羅観を展開しているが、この事態を次のように表現している。(38)

……四曼陀羅のうち、胎蔵界大日中に金剛大日あり。その一部心が大日滅心（金剛大日中、心を去りし部分）の作用により物を生ず。物心相反応動作して事を生ず。事また、力の応作により名として伝わる。さて力の応作が心物、心事、物名、名事、心物心、心名物（中略）心名名名物事事名物心というあんばいに、いろいろの順序で心物名事の四つを組織するなり。

例（以下、例は略す）

右のごとく、真言の名と印は物の名にあらずして、事が絶えながら（事は物と心に異なり、止めば断ゆるものなり）胎蔵大日中に名としてのこるなり。これを心に映して生ずるが印なり。故に今日西洋の科学哲学等にて何とも解釈しようのなき宗旨、言語、習慣、遺伝、伝説等は、真言でこれを実在と称する、すなわち、名なり。

議論の細部にわたる余裕はないが、熊楠の曼陀羅論の特徴は、世界が大日からの欠落として生じていることにある。すなわち、「大日滅心の作用により物を生ず」るのであり、「事が絶えながら胎蔵大日中に名としてのこる」のであって、この欠落の発動が「力」なのである。その根源を禅的には「絶対無」と呼んでもそう違わないだろう。

熊楠の思想は真言密教にのみ包摂されるものではないが、熊楠が感得している世界は、西欧的もしくはキリスト教的な構成主義的世界ではなく、やはり仏教的と呼ばれるべきものである。そこでは、存在は世界の中に挿入されているのではない。世界の陥没点が存在なのである。その陥没が世界の空隙としてのシニフィアン＝エクリチュールである。つまり、力の発動によって、シニフィエの海からシニフィアンが揺動し、こぼれ落ちてきたときの空隙として「名」＝痕跡が残る。逆に言えば、この欠落が世界を生み出すのであって、欠落なき世界は、物事が生成しない静止した宇宙である。

この宇宙は、いわば物質と反物質が対生成・対消滅を繰り返す物理学的真空であり、大日如来の絶対的な三昧境そのものである。この三昧境＝法界が破られないかぎり、物事は生成しない。つまり、「対」

は破られねばならない。いささか古めかしいが、W・パウリの用語を借りれば、「パリティ（偶奇性・対称性）の破れ」がそこで起る。(39) すなわち、大日が三昧境から立ち上がるのは、この安定的な対の破れによってなのであって、大日が大日であることの自覚を持たないかぎり、この法界は破れない。大日の自己覚醒とは自己矛盾以外の何物でもないが、しかし、この矛盾こそが、鈴木大拙のいわゆる「般若即非の論理」なのであって、「如来は如来でないということにおいて如来である」ということなのである。(40)

この大日の自己覚醒とは宇宙＝無意識の自覚化である。そこでは無意識が無意識を自覚し、無意識がそれ自身として自己を露わにする。このことは形式論理からすれば単なる矛盾でしかないが、しかし、これが仏の慈悲である。つまり、「私がここに存する」ということは、大日の自己覚醒の結果なのである。即身成仏とは、その謂にほかならない。

それは意味（もしくは無意味）の次元の出来事ではない。強いて言えば、それは「非意味」の出来事である。この「非意味」の体露こそ、声ならざる声、文字ならざる文字としての〈声字〉の顕現である。真言とは、すなわち、意味の次元から言えば、「無意味なシニフィアン」であるほかはない。この「無意味なシニフィアン」＝真言に綴り合わされることによって、カルマの巣窟である分断された身口意の三業が、そのまま三密となる。そのとき、世界は意味から解き放たれた声字が戯楽する世界となって展開する。真言とは、このような非意味＝声字の世界なのである。

おわりに——空海言語論のメディア的性格

声字が戯楽する真言の世界では、声字ならざるものはない。雨の声を聞き、石の声を聞く。それは仏の声を聞くことであり、それを聞く私もまた仏である。木々の姿、雲の流れ、全てが仏のエクリチュールであり、それを見る私もエクリチュールなのである。すなわち、あらゆるものは、生きとし生ける声字にほかならない。空海の言語宇宙とは、実は〈生命〉の別名なのであって、声字とはこの生命の海のうねりなのである。空海の宇宙に声字ならざるものがないとは、その謂である。この宇宙の自己表出としての生命＝声字は、意味を持たない。それは「意味」の水準の出来事ではないからである。すなわち、声字が「無意味なシニフィアン」たるゆえんである。

しかし、この「無意味なシニフィアン」である声字も真言＝文字・象徴として表出されるならば、そこにいかなる論理的な網目を張りめぐらしても解読を拒むことはできない。それゆえ、空海は解読を拒むことを貫徹するのではなく、その解読を不確定なものに、つまりは、解読を無限に向けて解放する。逆に言えば、声字は無限の解読を要請する。すなわち、「解読されない」とは、まさにそれが「解読され尽せない」ということである。不可得とはこの無限の解読の謂であり、本不生とはこの無尽の性起《しょうき》の謂であろう。そのことによって、実は、自内証が表出可能であるかどうかという問いも解消される。なぜならば、この宇宙は既にして仏の自内証の内実なのだから、それは隠すところなく開陳されているのであり、既に表出され終っているからである。それがすなわち、宇宙が生命に満たされているということである。

これは極めて流出論《エマナチオン》的な宇宙理解であると言ってよいが、キリスト教ないしは西欧哲学のそれとは大きく異なっている。例えば、現代の宇宙物理学における宇宙開闢説であるビックバン仮説は、「神の一撃」を証明するものとしてローマンカトリックから歓迎された。[41] この仮説に関する特異点定理の証明を行ったS・W・ホーキングは、一九八一年にバチカンで開催された宇宙論会議に招聘され、ローマ法王に謁見している。[42] B・パスカルが「デカルトは神なしに済ませられたらと思ったに違いない」と皮肉ったのは有名な話だが、デカルトにおいて要請されていた宇宙の第一原因としての神は、ホーキング自身の意図とは無関係ながら、現在の量子重力宇宙論にまで揺曳しているのである。

また、このような起源と終末を持つ宇宙論を神学的に展開した論者に、異端の神学者、T・ド・シャルダンがいる。シャルダンは、宇宙を「物質」から「生命」そして「思考（精神）」へと高まりつつ発展するものと捉え、その「人格化する宇宙」の極点を「神秘的な中心」＝オメガ点と名付けた。[43] このオメガ点とは、宇宙の全意味連関が収斂する地点だと言ってよいが、オメガ点がある以上、それはアルファ点を持たざるをえない。アルファ点オメガ点という考え自体が「黙示録」に由来するもので、元来、神による世界の創造と終末を意味している。ライプニッツにしても、そのモナドには「神」から「物質」までの位階が備わっているのであり、このような起源と終末を持つキリスト教的宇宙論には厳然たるヒエラルキーが存している。

しかし、大日如来の宇宙は流出し続ける生命そのものであって、この流出には起源も終末もない。大日如来は流出それ自体なのであって、流出の起源でも終末でもないのである。なぜならば、大日の三昧境である真空が破られる根源的な原因などないからである。大日が法界から立ち上がるのは、大日の慈悲心によってである。それがここに私が存在するということである。すなわち、大日が私を要請する。親鸞の用語で言えば、この要請への回答が「回向」にほかならない。六字名号の往還、往相回向・還相回向とは、その謂である。この親鸞的な名号の往還が、空海的には声字の戯楽であるだろう。それは生命の自受容法楽の世界、禅で言えば「渓声山色」の風光である。

この生命の奔流としての宇宙は、A・ショーペンハウアー風に言えば、「盲目なる意志」に突き動かされている。仏教的に言えば、それが「無明」であり「煩悩」である。その「無明」を「法性」に転じ、「煩悩」を「菩提」に転ずるところに、生命肯定の教義としての大乗仏教の特質がある。「煩悩即菩提」というゆえんであるが、その転回《ケーレ》の挺子として〈声字〉を立てたところに、空海言語論の宇宙論的射程が存しているのである。

それを空海の「人間観」として見れば、空海は人間存在を声字として捉えた。現代物理学には〈人間原理〉すなわち、「宇宙が現にあるような姿で見えるのは、もし宇宙が別の姿であったとすれば、我々が存在して宇宙を観測することはできないためだ」という原理がある。(44) それになぞらえて言えば、空海の思想は、「人間が声字＝仏であるのは、宇宙が声字＝仏だからだ」となるだろう。このような空海の言語思想を端的に言えば、「言葉は存在に先立って在る」ということである。より広くは、それは「はじめに言葉ありき」(『聖書』ヨハネ伝・第一章第一節）という思想の系列に属する。しかし、キリスト教的・西欧的な「言葉」は「神の言葉」であり、その起源において「光あれ」と唱えるのは神である。また、この「言葉」は、特に表音文字文化圏において、陰伏的に音声言語を指し示している。つまり、その表出論は「発話主体が存在し、その主体が音声言語を発する」という水準に基礎を置いているのである。それは「声から文字へ」という道筋であり、確かに人類史的な理解としてはわかりやすい。

これに対して、空海の言語論は、決して音声中心主義的ではない。むしろ、その同時的根源として文字が立てられているところに、空海言語論の最大の特性がある。つまり、空海は、人間存在をエクリチュールとして捉える地平を開いた。そして、漢字文化圏において、この「エクリチュールとしての人間」という定義はさほど突飛なものではない。むしろそれは、書の世界として我々に極めて近しい。この意味において、空海が三筆の一人であったことは、極めて示唆的であろう。「文は人なり」という格言は、漢字文化圏においては、その文のフィギュア自体、すなわち、「書」そのものを含まずにはいられない。それは、表音文字使用圏における装飾としてのカリグラフィーとは一線を画している。

無論、私は音声言語に対する文字言語の優位性を言いたいわけではない。そうではなくて、空海の言語論においては、言葉のフィギュアが音声としてだけではなく、文字としても定立されていることに注目したいのである。おそらく、それが音声中心主義と文書中心主義を媒介する通底器となったのである。契沖が空海の言語観の中から発出したことの意味も、そこに求められるはずである。

このエクリチュールとしての人間とは、その存在自体が表出である。私が、空海を「メディアの形而上学者」と名付けてみるのは、空海における人間が、エクリチュールとしてあるからである。すなわち、この人間は声字であることにおいて、また、それによって仏に媒介されることにおいて、まさにメディアとして存在している。すなわち、このエクリチュール＝人間は、無尽の意味情報であると同時に表出手段そのものでもある。もちろん、メディアそれ自体は「無記」(善でも悪でもない)である。しかし、それはテクノロジカルな場面において、常に手段化されていく危険を孕んでいる。つまり、このエクリチュール＝人間は、その頽落形態において容易に手段化されていくのである。それは、空海の壮大華麗な思想が、ある場面においては極めてオッカジョネールな利用に晒されたことと同義である。次章では、そのエクリチュール＝人間の頽落形態を瞥見してみることとしたい。

第二章　〈五十音思想〉素描――『五十音和解』

はじめに

前章では、私が国学的言語観（より広くは日本的言語観）の基底をなすと考える空海の言語観を探ってみた。そこで明らかになったことは、日本的言語観においては、声と文字が一体化しており、それがエクリチュールとしての人間を生み出すということであった。もちろん、私は、日本語のエクリチュール化機能そのものに、日本固有の文化的価値や倫理的価値があると言いたいわけではない。それは言語一般が持つ特質の一つである（あるいは、一つでしかない）。ただ、日本語においては、そのエクリチュール化がより強く機能していると言えるのではなかろうか。そして、エクリチュールとしての人間は、それ自身が記号として機能しやすいがために、メディアの中で手段化されていく危険がより大きいように思われる。つまり、私の考えでは、エクリチュール人間は制度としてのメディアに取り込まれやすく、ギミック化されやすいのである。

私は、近世期に簇生した秘教的言霊論や神代文字論は、そのようなギミック化された言語観の典型例だと思う。このギミックは、幕末期の尊皇攘夷運動と連動して様々に変奏されつつ、後に天皇帰一思想に帰着していった自民族中心主義と関連していると私は考える。しかし、こうした秘教的言霊論や神代文字論は、近世国学史もしくは国語学史といったアカデミックな研究の文脈の中では、これまであまり問題にされてこなかったと言ってよい。無論、論壇史学あるいは日本思想史研究の文脈では、それはある程度対象化されてはきた。ただ、私は日本思想史研究という立場の有する外在性なり客観性なりが、ある場面においては有効であっても、文学や文献学の実践を中核としてきた国学一般に対するアプローチにおいては、必ずしも当を得ているとは思えない部分も感じるのである。

そうした曖昧な不満を比喩的に言うならば、例えば、日本浪曼派なら日本浪曼派を現時点から批判することは極めて容易であるにしても、その当時、日本浪曼派が持っていたリアリティーは打ち消せないだろうということである。つまるところ、私が感じているのは、小林秀雄風に言えば「歴史を上手に思い出すことは難しい」ということである。それは文学的に過ぎる感想ではあるだろう。しかし、文学を外在的に批判することほど容易なこともないのであって、それが妥当な批判であるにしても、実はそれをすり抜けていくものの方が問題であるように思われる。私には、秘教的言霊論に代表されるような言語観は、過去の奇妙な遺物として軽視されているが、実はいまだに我々の無意識領域あるいは文化のアンダーグラウンドで生き延びているように感じられるからである。

もちろん、ここで私が接近してみたいのは、愚にもつかない秘教的言霊論や神代文字論そのものではない。そうではなくて、それが持っていた「霊的なものの蔓延」とでも言うべき雰囲気であり、それの持つリアリティーである。換言すれば、それは〈前近代のリアリティーをいかに対象化すべきか〉という問題設定である。そうした文脈から、私は、秋成を中心として、その前後に広がる近世国学思想の系譜を辿りかえしていたのだが、その中で注意を引かれてきたのは、〈五十音思想〉とでも言うべき五十音の神秘化過程であった。

ここでは、〈五十音思想〉の近世以降の展開について、その輪郭を素描したのち、ほとんど問題にされたことのないであろう言霊論の浄土宗もしくは浄土真宗的な展開例を具体的に読み解き、その神秘化過程における場当たり的解釈の有様を瞥見し、その深層について考えてみたい。

〈五十音思想〉の輪郭

私が〈五十音思想〉と仮に名付けてみたのは、五十音を言語学的探求の対象とするのではなく、それを形而上学的対象として扱い、その哲学的ないしは宗教的な意味づけを試みようとする思考のことである。といっても、近代以前にあっては、五十音の言語学的性格と形而上学的性格は明瞭に分離してはいなかった。そもそも五十音図そのものが、そうした形而上学と全く無関係にできあがったわけではないからである。

現在、五十音図については馬淵和夫の研究がスタンダードであろうが、馬淵は五十音図の起源について、

> 一つは悉曇、一つは漢字音の世界である。どちらも日本語のためでは無かった。しかしどちらもその本来の音は忘れられてしまい、これを仮名で処理しようとしたことから起きた。ということは、どちらをも国語で覆ってしまった時代に、これらの外国語音を日本語の音韻体系内で処理しようとしたところに発生したということなのであろう。

と述べている。[1] つまり、仮名の音図はもともと悉曇学者や韻学者が学習用に作ったものであり、それが混淆し成長していく中で五十音図が形成されたと言うのである。実証的観点からすれば、おそらくはそうなのであろう。

これに対して、山田孝雄は、悉曇学や韻学の寄与は認めながらも、これをより自然発生的な日本特有のものと考えようとしている。(2)

支那の音韻とわが音韻は組織が著しくちがふものであるから彼の模倣だけで、かやうな図表が生ずる筈は決して無い。それ故にこの音図はわれわれの祖先がわが国語の音韻を認識した結果を統制して図表に表したものと認めねばならぬものであつて……

「最後の国学者」山田孝雄らしい発言と言うべきであろうか。ともあれ、実証的な五十音図形成史について門外漢がつけ加えるべき余地はないが、思想史上の五十音図の問題点は、この音図が日本語のそれとしてではなく、普遍的な一般音声学のそれと夢想されたところにあると言ってよい。馬淵は、このことを次のように言っている。(3)

(五十音図は)結果的にはそれは日本語の音韻組織図となったのだが、それが日本語のものであるということを自覚するのは江戸時代の中期になってからではないか。それまでは、それは「一般音韻」の図であると思っていた様である。

五十音図が「一般音韻」の図と考えられた背景には、悉曇学の母胎である真言密教の宇宙論があったであろう。具体的に言えば、「阿字本不生」や「阿字観」などに見られる、宇宙の根源を「阿」に求めるような思考である。このような仏教的コスモロジーの裏付けがあったために、音図はあたかも普遍原理であるかのごとく思念された。賀茂真淵も、「(音声は)約めのぼれば遂に阿一つにつゞまれる」(傍点引用者)と言っている。[4] 真淵自身はこれを仏教的言語観の影響とは考えなかったであろうが、しかし、「阿」に根源を求めるような思考型が真言密教に由来するものであることは否定できないのである。

こうした悉曇学に由来するコスモロジーとしての音図理解は、空海以来の長い伝統を持っているが、これが国語学的研究と密接に結びついたところに、〈五十音思想〉の近世的展開が始まったと言ってよい。その意味で近世の〈五十音思想〉は契沖に始まる。契沖は、『和字正濫鈔』の仮名序に（以下、原文引用は適宜清濁・句読を施し、振仮名を省くなどする）、

一　仮名の様を知らむと思はゞ、先声の出る初の様を知るべし。……此国(日本)は天竺には遠ながら、声はかへりて能通じ、もろこしには「見―花」「見―月」など、先用をいひて後に体をいふを、こゝには「花を見る」「月を見る」とやうに、先体よりいひ、しかかくさまも、天竺に似たれば……

と、[5] 日本と天竺の共通性をいい、「声の出る初の様」を密教的観点から説明し始める。契沖が「和歌につゞらぬさきの四十七言、早く陀羅尼といふべし」と言うゆえんであるが、[6] 無論、契沖は神秘主義的な言語観を直接前面に押し出したわけではない。それは後世から見て文献学ないしは国語学の概念枠に収まってもいる。それゆえ、三木幸信・渡辺静哉『国語学史』は、

契沖の音声理論は、主として悉曇学からくるもので、ふつうの歌学者の及ぶところではないが、時に真言宗の僧であるところから、密教に付会するような欠点もある。

と言っている[7]。しかし、現在「密教に付会するような欠点」と見えるものこそ、契沖の出発点だったのであり、それは現在の国語学にとっての剰余ではあっても、契沖にとっては本質だったのである。この契沖によって、真言密教に由来する〈五十音思想〉は国語学的研究の精細化に踏み出したのだが、実はこのことが五十音図の神秘化に拍車を掛けもした。日本語の音韻や文法体系に対する知見が深まるほど、その構造性そのものが日本語の優越性を証明する事実であるかのように考えられたからである。そのようにして、五十音図は次第に「神国日本」の観念と癒着していったのである。先に五十音の理解が形而上学と不可分な形で展開されてきたと言ったのは、その意味においてである。

この「神国日本」意識は、契沖にも明瞭に示されている。契沖は『正濫鈔』漢文序に、

和邦ハ、曜霊統ヲ垂ルヽノ秘区、天孫駕ヲ降スノ上域ナリ。僻ケテ東垂ニ逼ルト雖モ、声韻最モ寥亮詳雅ニシテ、能ク華梵ニ通ズ。故《カカルガユヱ》ニ、言ニ霊験有テ、祝詛各々其ノ欲スル所ニ従ガフ。

と言っている[8]（書き下して引用）。ここに見るように、〈五十音思想〉の焦点は、五十音図と日本の優越性の結合にあった。すなわち、それは近世における日本の国家意識もしくは民族的自覚と不可分だったのである。民族主義は近代国民国家の成立とともに始まるのであって、近世の国学を安易に民族主義と名付けることはできないが、〈五十音思想〉が国語組織の自覚化であると同時に、それが民族的

自覚でもあったことは疑うべくもない。

その民族的自覚という点において、荷田春満は契沖よりも意識的であった。それは伏見大社御殿預職という出自によるが、その神道イズムに基盤を置く民族的自覚は賀茂真淵に継承されていく。ただ、契沖の国語学的寄与の大きさに比べれば、春満のそれはほとんどない。また、賀茂真淵が受け継いだとする荷田家伝承の五十音解は、春満学の秘伝的傾向を強く持っており、実証研究においては機能しなかった。つまり、春満の国学史における地位は平田篤胤の『玉襷』によって言説の上で確立されたものであって[9]、実証研究の場面において後世に影響したものはほとんどなかったのである。しかし、その精神主義ないしは神道イズムの基盤は広く国学が展開されていく土壌だったのであり、その意味において、春満が国学史の源流に位置することは紛れもない。すなわち、〈五十音思想〉は、日本語および日本の優越性という前提の上に繰り広げられたのであり、その基盤自体は実証的国語研究を展開していった国学者達にも共有されていたのである。

この自民族中心主義《エスノセントリズム》に根を下ろした〈五十音思想〉は、本居宣長に集大成されたと言ってよい。もっとも馬淵和夫が指摘するように[10]、宣長は五十音を日本語の音韻と意識し、それを普遍的な一般音韻と混同しはしなかった。しかし、宣長にあっても、その語学研究を支えていたのは、やはり日本語の卓越性に対する自負ないしは信憑だったはずである。そこから純粋に国語学的な要素のみを切り出しうるとしても、それはあくまでも現在から見ての話であって、彼等の研究意識が現在と同じだったはずもない。宣長は学問的方法論としては契沖を受け継ぎ、精神論的な部分では賀茂真淵を受け継いだと言ってよいが、ここから〈五十音思想〉は二つに分岐する。国語学的洗練化への道と、宗教的・狂信的な自民族中心主義への道である。つまり、宣長の中では学的方法論と一体化していた〈五十音思想〉

は、実証研究の枠組から離れてより観念的な方向へ進んだのである。それゆえ、〈五十音思想〉の思想的意味は、むしろその観念化・神秘化の過程において本質を露わにする。

ただ、本来的にそれとして自立すべき思弁が実証主義と癒着するのが日本的思惟の特徴でもあって、この思弁は依拠すべき「事実なるもの」を切実に求める。そのため、きわめてオッカジョネールな言説が「事実なるもの」の下支えによって容易に成り立ってしまいもするのである。それは思弁の抽象化過程が薄弱であるに過ぎないのだが、その薄弱性を事実によって置換することで、むしろ逆に、信念が強化されるのである。五十音図はその便法としてきわめて有効だった。すなわち、「一般音韻としての五十音が存在する、その体系は日本語に備わっている、かるがゆえに、日本は世界の中心である」。この図式が確定していれば、およそどのような事象も五十音図にこじつけられる。音義言霊派の展開は、煎じ詰めれば、この図式のヴァリエーションに過ぎないとも言えるであろう。

こうしたアドホックな五十音の神秘化過程は篤胤を貯水池として、そこからより宗教的ないしはプソイドアカデミズムの分流となって現在まで流れ込んでいるが、その神秘化過程のメルクマールとなるのが神代文字存在論である。契沖が「此国に神も人も文字を作り給はぬは、漢士にならひて然るべき故あるなるべし」と言い[11]、真淵が「日出る国はいつらのこゑのまに〳〵ことをなして万づの事をくちづからいひ伝へる国なり」と言ったように[12]、文献学・国語学に足跡を残している国学者は、ほとんど神代文字否定論者である[13]。実証不可能な神代文字はその存在が否定されて当然ではあったが、しかし、そのことによって現在まで続く「神代文字への欲望」が消えるわけではない。今ここで確認しておきたいのは、〈五十音思想〉と神代文字存在論の等質性である。つまり、それは「日本それ自体」「文化的自立者としての日本」への欲望なのである。この欲望は、日本の文化的根拠を五十音図の整合性に求めるところからさらに進んで、日本独自の文字を希求し始めた。神代文字が全て表音文字として構想されているのも、それが音声中心主義《フォノセントリズム》に由来するものだからにほかならない。

この欲望のあり方、すなわち、日本固有の文字への希求は、音声中心主義＝自民族中心主義の日本的表現形態として極めて特徴的である。つまり、彼等は音声中心主義を標榜しながら、その実は幻想の文字を欲望しているのである。それは、文字を中国から移入したことに対する劣等感、あるいは、それを文化侵略とする感覚から発している。幕末期に尊皇攘夷の機運に呼応する形で、言霊論や神代文字論が盛り上がってくるのもそれゆえである。この日本的音声中心主義は、奇妙なことに典拠となる文献を探し求めるのであって、神代文字で記されたことになっている「古史古伝」偽書群は、文献学の水準に達しようと常に画策する。この裏返された文献学のありようは、日本的音声中心主義の内実が極めて文字中心主義的なものであることを物語ってもいる。

その極端な一例は言霊論者の山口志道に見ることができる。志道は、天保五年成立の『水穂伝』の中で、自分の言霊学は文化一二年、自宅を訪れた狂歌師算木有政こと荷田訓之から伝えられた荷田春満の稲荷古伝を踏まえたものと記している。(14) その真偽はさておいて、志道の文字の導出方法は極めて奇妙なものである。志道は、

皇国《ミクニ》は原《モト》より文字ちふものなく、言灵《コトダマ》の佐国《タスクルクニ》にして、五十連《イツラ》十行の形仮名《カタカナ》は神代の御書《ミフミ》なり。

と言う。(15)「文字ちふものなく」んば如何にして「形仮名」があるのか、その論理は混濁しているが、志道は「形仮名」が「神代の御書」であるとして、その字形が生み出される図を様々に説いている。

それは正方形を対角線と縦横十文字の線で一二区画とし、その一辺ずつを適宜に組合せてカタカナができるとしたもので、この正方形が大八島国であり、区切りの線が一二支に該当するらしい(16)。しかし、ソシュールを待つまでもなく、音と字形の結合は恣意的なのだから、〈a〉の音がなにゆえに「a」という形姿を取らねばならないかは、誰にとっても説明できる事柄ではない。一二分割された正方形の区画からカタカナが生成すると言ってみたところで、なぜ「ア」という形が〈ア〉という音を持つのか説明できないのは自明である。つまり、それは同語反復に過ぎず、結局はカタカナフォントの発明でしかないのである。

また、『水穂伝』のところどころにはそれらしい国語学的説明もされている。それは音韻交代の事例観察として必ずしも不当ではない部分を含むにしても、基本的には「延約通略」説の恣意的解釈に過ぎないものである。一例を示せば、

> イ―ヌとは、イ―は気《イキ》なり。ヌ―は貫《ヌキ》のこと。牡牝《メヲ》交合《マジハリ》て気貫《イキヌキ》をして、離かたきを名として、イヌといふ。

といった類である(17)。落語に出て来る「鶴」の語源説、「ツーと来てルと止まったからツル」というのとなんら違いはない。

この山口志道と同根の発想は大石凝《おおいしごり》真素美《ますみ》にも見ることができる。大石凝は五十音に濁音・半濁音を加えた七五音を宇宙図として、その中心に「す」を据え、ここから宇宙が展開するものとしている(18)。また、大石凝は水茎文字なるものを発見(?)してもいるが、これは近江八幡の「水茎の岡」から琵

琶湖を望見するとしばしば湖面に描かれるものであるという[19]。

これらの文字はもはや文献学的な根拠などほとんど問題にしていない。失われた伝承とやらは神意なり修行によって自得するよりほかないからであろう。それはコスモロジカルな幻想であって、いわば「生の芸術《ロウ・アート》」の文学版、つまり、精神病理学的な症例であるほかはないのである。彼等は極めてねばり強く「形仮名」やら「水茎文字」といった原初的文字へ固着するが、そこでは文字が教義と化している。この二例は、神代文字をめぐる言説中の極小の一例に過ぎず、実際はもっと多彩かつ厖大な愚説がさまざまに開陳されている。

ただ、これらの言説に見る日本独自の文字への固着は、日本的音声中心主義の特徴であって、その基本的枠組が漢字の超脱として要請されたものである点においては皆共通している。つまり、それらは何よりもまず「漢字ならざる文字」でなければならなかったのである。この「……ならざるものとしての日本」という強いられた自己認識こそ、国学の中核をなす固定観念である。それは「自己とは何か」を考えたこともなかった者が、突然「お前は何者か」と問われ、困惑した挙げ句に「そう問いかけているお前ではない者だ」としか答えられないような事態である。その不安を解消するために、国学は「……ならざるものとしての日本」の内実を求めて奔走する。つまり、それはあくまでも対外的な圧迫によって引き起こされた事態なのである。その意味で、文化的自己を求めてさまよう、この焦慮は、被圧迫者のルサンチマンだと言ってよい。

ただ、このルサンチマンは国学内部においても階層化されている。その上層には制度化された文献学的国学が位置し、その下層には政治的に先鋭化していった「草莽の国学」や、精神病理学的症例としての国学が位置する。実際に、大石凝真素美は天誅組の陣営を単身訪れて時勢を悲憤慷慨し、かえって呆れられたと言う。[20]幕末の放浪歌人天田愚庵と清水の次郎長の関係なども、[21]下層に位置する国学のあり方を示しているだろう。その意味で、宗教化していった〈五十音思想〉は、幕末期に叢生した新興宗教に強く結びついてもいるのである。つまり、それは民衆の情念を汲み上げる装置としても機能したのであって、こうしたアンダーグラウンドの〈五十音思想〉を集約したのが大本教の出口王仁三郎であったことは、それを如実に物語るものであろう。[22]

そうした民衆の情念は、一方でいとも容易に体制順応的に機能するものでもある。大本教も、弾圧を避けるためとはいえ、一時期「皇道大本」を称したし、[23]戦前の神道系新興宗教が国策補完的に機能したことはやはり否定できない事実である。無論、それを現時点から批判することは、容易な上にも容易なことである。しかし、そうしたルサンチマンは行方を求めて常にさまよっている。この情念は文化的・経済的グローバリズムが進展している今日、その水位を次第に高めているように思われる。ここで誰からも注意されたことがないであろう〈五十音思想〉の一変種を取り上げてみるのも、そのような情念から我々が自由であると楽観することの危うさを再び見直してみたいからなのである。

『五十音和解』について——書誌・翻刻

ここに紹介する『五十音和解』は、明治二七年(一八九四)、無名氏の筆写になる新写本である。写本であるからには原本が存在するはずだが、目録類の検索では同書名の作を見いだし得なかった。そもそも中身は僅々四枚であって、原本も簡単なパンフレットの類だったのであろう。また、その内容も学術的見地からすれば何の価値もない代物である。ただ一つ興味をひくのは、これが浄土宗および浄土真宗の教義に関わる内容を含み、なおかつ、秘教的五十音解釈が施されている点である。一般に五十音への形而上学的アプローチは、前節に触れたように、音義言霊派から幕末・明治の新興宗教に流れ込んでいくのが主流であって、神祇不拝をモットーとし巫呪を否定する真宗の教義とは特に相容れない。その意味で、『五十音和解』は、〈五十音思想〉の変種としていささかの興味をひくのである。この『五十音和解』の筆写は丁寧だが、文意の通じない部分や誤写とおぼしい箇所も散見する。これは原本自体が含んでいる問題でもあって、必ずしも写手の教養レベルの問題とばかりは言えないが、やはり杜撰の譏りは免れない。それは写手の知的水準を反映しているが、このことは逆に、大衆レベルの信仰者に対して、このような五十音解が有した説得性を示している。つまり、こうした著述を丁寧に筆写する信仰者が存在したという事実は、打ち消しようがないのである。

『五十音和解』の成立年代について、確定的なことは言えないが、書写年代と五十音図を本にした議論の展開からして幕末期のものであろう。あるいは、明治期に入ってからということも考えられる。おそらく、幕末期に叢生した創唱宗教や教派神道の周辺で、仏教各宗派の末端でも様々な混淆が起っていたのであろう。この写本の原本著者も、浄土宗や浄土真宗いずれかの分派の末端に位置していたはずである。しかし、このような著作は、宗派内でその存在を認められもしなかっただろう。可能性はかなり低いが、もし宗派内で認識されていたとすれば、異安心《いあんじん》として非難排斥されるよりほかはなかったはずである。そのような歴史的事実については後考を待つこととするが、ともかく、この片々たる写本を一つの手がかりとして、その言説を支える発想方法に垂鉛を下ろしてみたいと思う。

Ⅰ　書　誌

底本　架蔵本。
体裁　写本一冊。一七・二×二五・二糎。大和綴じ。表紙本文とも同紙。
題名　「五十音和解」（参考図版1参照）。読みは〈ごじゅうおんわげ〉であろう。
丁数　表紙一丁・本文四丁・裏表紙一丁。
字数　一行一六――一八字内外（参考図版2参照）。
行数　一〇行。
写年　「明治廿七年十一月写之」（四ウ）。※以下、丁の表裏は、オ・ウと略記する。
写手　不明。

参考図版1　表紙

参考図版2　本文二ウ三オ

Ⅱ　翻　刻

五十音和解（表紙。表紙見返し白紙）
大極一理　儒教一貫／乾坤一舟　諸道一利／天地一理　神仏一心／邪正一如　阿呼一息（一オ）

音音音音音
水火本金土
アイウエオ　喉

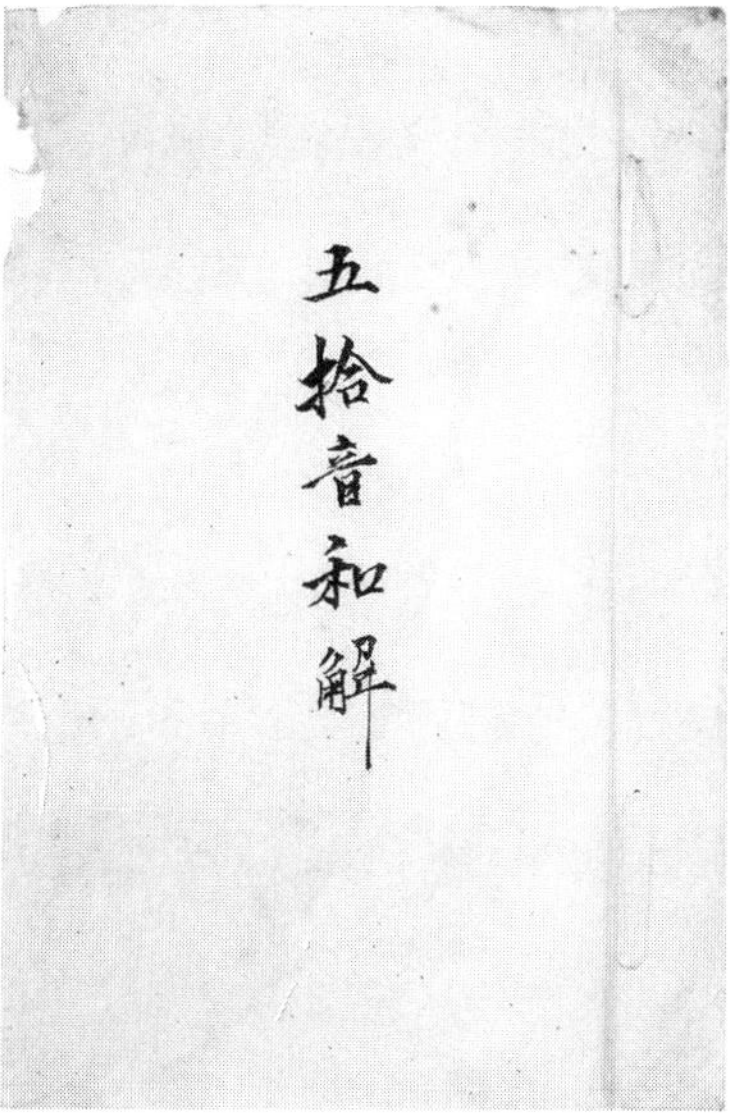
五拾音和解

参考図版１

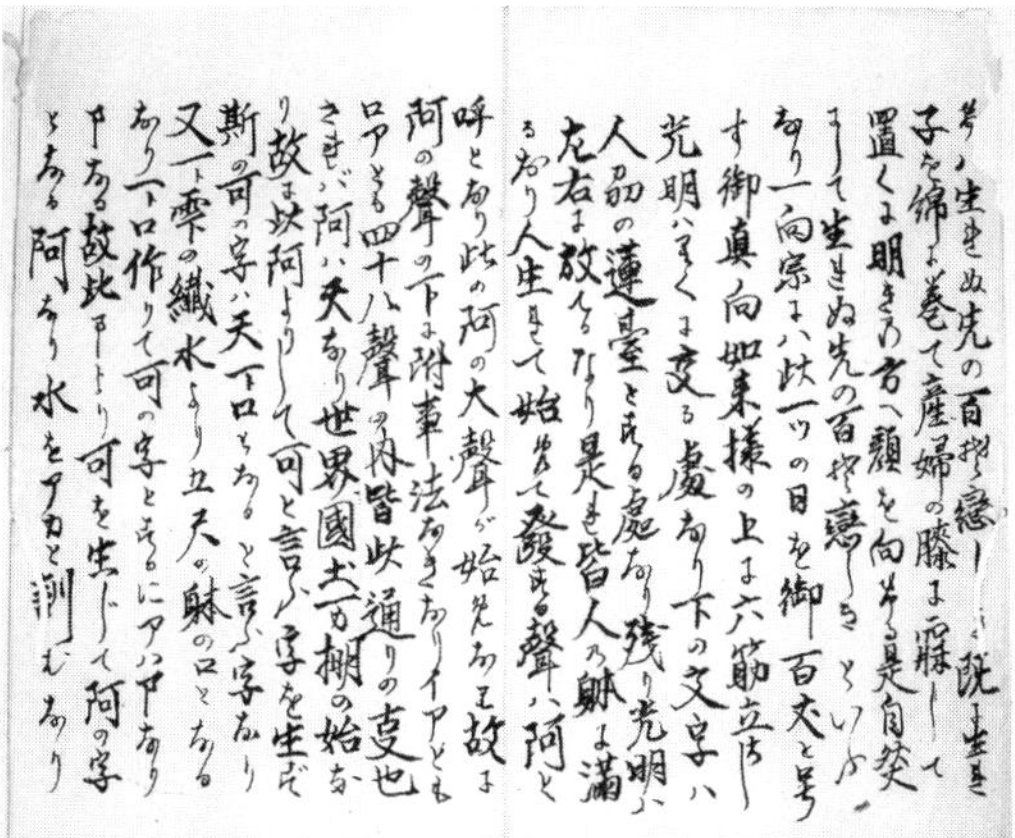

参考図版２

カキクケコ　牙　此五十音之内にて
サシスセソ　歯　アカの音は観音
タチツテト　舌　なり。二音引は残
ナニヌネノ　舌　り四十八音、是を
ハヒフヘホ　唇　弥陀如来四十
マミムメモ　唇　八影とす。
ヤイユエヨ　喉
ラリルレロ　舌
ワヰウヱヲ　喉（一ウ）

此四十八声の闇《ママ》の出るが光明なり。此四十八声の光明を以て、弥陀如来光明として阿弥陀如来の四十八願とする。人は日とゞまる故に、人となるなり。一二三四五六七八九十十《ママ》一タツより拾に止るを、是にて五輪五体満足にて拾月満足は一ッの日なり。日輪様なり。暦道に金烏成り。是則、「闇の夜になかぬ烏」なり。

十を拾ヲ《ママ》合せば百なり。百と言ふ字は百と訓むなり。「闇の夜に鳴かぬ烏の声聞（二オ）けば生れぬ先の百そ恋しき」。既に生れ子を綿に巻て産婦の膝に寐して置くに、明き方へ顔を向ける。是自然にして「生れぬ先の百ぞ恋しき」といふなり。

一向宗には此一ッの日を御百丈と号す。御真向如来様の土に六筋立ちし光明はりく《ママ》に交る処なり。下の文字は人刕の蓮台とする処なり。残り光明は左右に放てるなり。是れ皆人の体に満るなり。

人生れて始めて発する声は阿（二ウ）呼となり。此の阿の大声が始めなり。故に阿の声の下に附事法なきなり。イアともロアとも四十八声の内、皆此通りの事也。されば阿は天なり。世界、国土万棚の始なり。

故に此何よりして可と言ふ字を生ず。斯の可の字は天一卜口となると言ふ字なり。又、一卜雫の織水より五尺の体の口となるなり。一卜口作りて可の字とするに、アは阝なり。阝なる故、この阝より可を生じて阿の字となる阿なり。

水をアカと訓むなり。（三オ）水より棒フリ虫生ず。垢より虱を生ず。斯垢と言ふ字を后と訓む。后とは女なり。女は水なり。アカの二音、水音なり。此アカよりイの字を生ずる。カと言ふよりウの声を生ず。イとウとよりヱの声を生ず。ヱとウよりヲの声を生ず。是五音の内アイウエオの仮名がやし《ママ》なり。此音は五十声の親声なり。

アの闇より十声を生ず。イを十声、ウを十声、エを十声、オを十声なり。（三ウ）

ア	水音	アカサタナハマヤラワ
イ	火音	イキシチニヒミイリヰ
ウ	木音	ウクスツヌフムユルウ
エ	金音	エケセテ子ヘメエレヱ
オ	土音	オコソトノホモヨロオ

右五十音の中、アとカの親声引、残り四十八声の闇を以て、弥陀の四十八影とする処なり。亦、四十八影と申原員《ママ》合して影《ママ》。此アとカの合してイの声（四オ）を虫〈朱注「生之誤リ也」〉ず。イは日なり。〈二行割「イキシチニ／ヒミイリヰ」〉の心なり。アと力は天音にしてアカヒの三ッは一体なり。造作のなして日となるなり。元に帰すれば阿の体なり。赤は日より世界中を照らすなり。此の日止メて人となり、天に口なし人を以ていわしむると日人忠《ママ》体に止まり、人の口より言葉をいわず。則心となるも是にて知るべし。

明治廿七年十一月写之（四ウ）」

『五十音和解』解読

本書冒頭には、「大極一理　儒教一貫云々」と千字文めいた文句が書かれている。これを見れば、この著者が陰陽五行説から神儒仏までを皆一緒くたにしているのが見当が付く。これを混乱と見るのは容易だが、これを述べている当人にとっては、三教一致なり諸教一致なりの信念の披瀝のつもりであったろう。こうした混淆は、しかし、何も民衆レベルの専売特許なのではない。「一即多」の論理は、仏教論理の最も得意とする所である。山内得立のいわゆる「イッショクタ」の論理である。否定の契機を孕まない弁証法が混沌に陥ることは当然だが、この混沌の中心には空虚点のようなもの、あるいは、盲点の如きものがあって、それが日本的思惟の本質として存在しているように思われる。

最初に掲げてある五十音図の中で、アイウエオに水火木金土の五行を当てているのは、陰陽五行説と五十音を結びつけたもので、言語学的に何の根拠もないが、仏教系の五十音図の流れを汲むもののようである。[24] また、各行に喉・牙・歯・舌・唇音を配するのは、悉曇学以来の五音五位の記述を踏襲したもので、特に「牙音」を立てているあたりにそれが窺える。その意味では、この配置自体はありふれたものである。つまり、これは江戸時代の国語音韻研究の成果とはほとんど関係がないのであって、この五十音図自体が時代錯誤と言えば時代錯誤なのである。無論、本書の意図は、そうした点にはあるわけではなくて、五十音の「アカの音は観音」とし、残り四八音を「弥陀如来四十八影（願）」とするところに、すなわち、五十音と真宗の教義を結合するところにあった。つまり、阿弥陀の四八願を導出するためには、五十音からどうやって二を引くかという論理が焦点となるのである。その論理は後に示されているが、ともかく、本書はこの四八をめぐって展開されることになる。

　その意味で、「四十八声の闇《ママ》の出るが光明なり」という文言からが語呂の論理の展開である。ことさらここに「闇」と言う文字を使って、その「オン」という音読みを「音」に掛けた所がミソである。つまり、音が闇から出て光明となり、また、それが四八音であるところが阿弥陀の「四十八願」に結びつく。こうした操作は法談や説経に発し、落語や講談に引き継がれた話芸の技法でもある。光明が重要なのは、阿弥陀如来は尽十方無礙光の無量光仏（アミターバ）だからであるのは言うまでもない。

　その次には、この光明からの連想で、日輪に議論が結びつけられる。「人は日とゞまる故に、人となるなり」。これも落語にありそうな話で、「日が止まる」ので「ヒト」という語源説である。また、妊娠して月経が止まることを俗に「火が止まる」とも言うから、[25] ここにはその連想も働いているのであろう。そして、人は十月十日で産まれるというところから、「一タツより拾に止るを、是にて五輪五体満足にて拾月満足は一ッの日なり」となる。写手はこの十月十日の論を理解できなかったらしく、「十一」まで書いてしまっている。おそらく原文は「一二三四五六七八九十、一タツより……」だったのだろうが、写手はこの「一タツより……」を次の文の始めとは読めずに、「一………十十一タツより……」と「十」を衍字にしてしまったらしい。ここに端なくも、写手が原本の論理についていけなかったことが示されている。

それはともあれ、「拾月満足は一ッの日なり」というところから「日輪様なり」と展開されるのだが、これはあまり上手な理屈ではない。「ひと」は「日止」であるという説はおいても、なぜ「拾月満足」が「一ッの日」であるのか、その論理は明確でないからである。強いて言えば、日が十月十日とどまって「ヒト＝日止」となるゆえに、「ヒト」は「日＝日輪様」と同義である、ということであろうか。こんなことを言っても始まらないが、ここでは論拠と結果が混同されているのであって、これは疑似論理ないしは修辞の常套である。

次に、この「日輪」が「暦道に金烏なり」とされる。「日輪」が「金烏」であるのはよいとしても、「是則、闇の夜になかぬ烏なり」となる論理はめざましい。「闇の夜に鳴かぬ烏の声きけば生まれぬ先の父（母）ぞ恋しき」は出典がはっきりせず、足利義政の詠とも一休の詠とも伝え、中には白隠の作とする説もあるようである。[26]「鳴かぬ烏の声を聞く」といい「父母未生以前事」といい、確かに禅坊主の御託宣めく歌ではある。ところが、この『五十音和解』では、そうした文脈とは全く異なる説明がなされている。すなわち、「闇の夜に鳴かぬ烏」とは「日輪・金烏」のことだと言うのである。闇の夜に金烏（日輪）は出ないからという理屈である。これは意想外の発想であり、妙に理屈がついているだけによけいに笑わしい。

この歌の下の句の解釈がまた意表を突く。それは、まず、「十を拾ヲ《ママ》合せば百なり。百と言ふ字は百と訓むなり」と展開される。ここは「十を拾合せば……」の誤写であろう。それはよいとしても、「百と言ふ字は百と訓むなり」では何と読むのかわからない。すぐ後の「鳴かぬ烏」の歌に「……生れぬ先の百そ恋しき」とあるから、「百」を「母」の意に読ませたいらしい。というのは、「生れ子を綿に巻て産婦の膝に寐して置くに、明き方へ顔を向ける。是自然にして「生れぬ先の百ぞ恋しき」といふなり」とあるからである。すなわち、母の膝に抱かれた赤子が明るい方へ顔を向けるのは、日輪を望むからだと言うのである。「産婦の膝」がすなわち「百＝モモ＝股」なのかとも思われる。著者にしてみれば、この日輪が全ての人の母、「生まれぬ先の」母であると言いたいのであろう。「闇の夜に……」の歌をこのように解釈したものは他に類例を見ないのではなかろうか。

　ここからまた、日輪が真宗の教義に結びつく。「一向宗には此一ッの日を御百丈と号す」からである。また、「御真向如来様の上に六筋立ちし光明はりく《ママ》に交る処なり云々」とあって（「りく」は「天」のくずし字を誤写したものと思われるが）、結局、光明は「皆人の体に満るなり」というところに至る。つまりは、阿弥陀様は日輪であり、それが人に宿る、ということであろう。ここで、話はまた人に戻って「人生れて始めて発する声は阿呼となり」とされる。「此の阿の大声が始めなり」というのは、この著書に限った説でもないが、こうした原初的音声としての「阿・ア」が、五十音と宇宙論を結びつける原因になっていることは、既に触れたとおりである。次の「阿の声の下に附事法なきなり。イアともロアとも四十八声の内、皆此通りの事也」は、その言語学的な論証のつもりであろう。つまり、「ア」は語頭に立つことはあっても語尾に来ないというのである。言うまでもなく、これは字と音を同一視した考えであり、平仮名・片仮名表記は音節文字であるにもかかわらず、これを表音文字と同一視することによって生まれる解釈＝誤解である。それは無意識的なものであるが、これの辿り着く先は語呂の論理でしかない。つまりは、どのような論理の飛躍も可能になる。また、ここには真言宗の「阿字本不生」も念頭にあっただろう。そうした先蹤もあるので、「されば阿は天なり。世界、国土万棚の始なり」と言えたのである。

こうして極めて安直に設定された世界の根源としての「阿」が、実は音声ではなくて文字だということは、この「阿」から「ア・カ」の二字を導き出す手法に端的に示されている。「可の字は天一ト口となると言ふ字なり云々」。また、「阝より可を生じて阿の字となる云々」。つまり、「阿」字は「阝」と「可」から成っているので、これが「ア」と「カ」の合字だというわけである。確かに、カタカナの「ア」は「阿」の扁「阝」から作られたものであり、「可」は変体仮名の「か」であるから、表面的な理屈は付いているように見える。しかし、言うまでもなく、これは音を文字から説明したもので話が逆である。おそらく、法談や節談説経の聴衆達は、こうした説明にひどく感心したのであろうというか、この種の屁理屈は黄表紙や落語の語源説と同じであって、その差異は、それが真面目に信じられているかどうかにあるだけだとも言える。このアドホックな説明は、ここから佳境に入り、結果原因論的な推進力を加速する。

まず、唐突に「水をアカと訓むなり」と言われる。「閼伽」は梵語の音写で、原義は「価値、あるいは客のために捧げる水」の意である。[27] 確かに「閼伽水」や「閼伽棚」は高校の古文でおなじみの言葉だが、「水をアカと訓む」はやはり突飛のようである。強いて言えば、「閼伽水」の略語で「アカ」なのであろうが、これを「訓む」とは言えまい。

この無理筋の先の展開は、最も意表を突くもので、「水より捧フリ虫生ず。垢より虱を生ず」となる。これは水＝アカから万物が生じると言わんためだが、例がボウフラと虱ではいささか汚い。加えて、その「アカ」は「垢」となり、「垢と言ふ字を后と訓む。后とは女なり」とされる。「垢」の音は「コウ」だが、「后」は漢字であって読みではない。また、「后（きさき・きさい）」が女であることは確かにしても、それをそのまま「女なり」と言われても納得はしがたい。これは漢字の字形と音訓を混同した論法で、本書の基本的手法である。この「アカ」を「女」に結びつける詭弁は面白いと言えば面白いが、不潔に過ぎるようでもある。

ともあれ、こうして「女は水なり。アカの二音、水音なり」の結合にたどり着いた。その後は一瀉千里である。「アカよりイの字を生ずる。カ《ママ》と言ふよりウの声を生ず。イとウとよりヱの声を生ず。ヱとウよりヲの声を生ず」。理屈の上だけから言えば、「ウ」は「アとイより」生じなければならなさそうに見えるが、ここでは「カと言ふより」生ずとされている。もっとも、これらの音がなぜ生ずるのか、何も説明がないことには変りはない。ただ、こうした説明図式はこの著者の独断というわけではなく、当時流布していた考えではあった。要するに、賀茂真淵の「延約通略」説の拡大解釈である。例えば、真淵は『語意』に、

> 阿を延て伊加二音と成より、全て延れば数百の音となり、そを叉末ゆ約めのぼれば遂に阿一つにつゞまれる事ら、あまたの事あれど、そは世人皆知て理りも明らかなれば更にいはず。

と言っている。(28) 真淵の「延約通略」説の悪名が高いのも、こうした恣意的な解釈の温床となったせいだが、とにかく、この部分は「アイウエオ」が「五十声の親声なり」と言えればそれでよかったのである。

ここから話はまた五十音の図に帰って、もう一度「弥陀の四十八影」が念押しされる。「影」はもとより「光」の意もあるので「四十八影」はよしとしても、それが「四十八影と申原員合して影」と

なる所がよくわからない。「原と頁が合して願(四十八願)」となるの意かとも思われるが、仮にそうだったとしても「原」と「頁」がなぜここで出て来るのかは定かではないのである。

そして、これに新たなエピソードとして、「イは日なり」という論点が加わる。先ほどの「水がアカで、アカから棒フリ虫や虱が生じる」という説に引きずられて、写手が「イの声を虫ず」と書いているのも御愛嬌である。この「虫」には「生之誤リ也」と朱注があるから、この写本を読んだ者が私以前にも最低一人いたことは確かである。ともあれ、この「イ」も唐突だが、これが「日」である理由はなおさら明らかでない。「「イキシチニ／ヒミイリヰ」の心なり」と言っているから、無理矢理に解釈すれば、イの段に「ヒ」が所属するというのがせいぜいであろう。この無理は、次の文にも引き継がれる。「アとカは天音にしてアカヒの三ッは一体なり」。「イは日」なので、「アカヒ」は三位一体だというのだが、如何せん「イは日」の説得力がなさすぎる。著者の尻馬に乗って言えば、多分「日」は「アカイ」からということであろう。もっとも真淵も「阿を延て伊加二音と成」と言っていたから、「阿伊加」三位一体説は、あるいは当時の常識的知識だったのでもあろうか。

それにしても、先に「アカの音は観音なり」とあったが、「阿」から「ア・カ」を導き出したものの、なぜこれが観音であるのかは説明がないままである。観音は阿弥陀の脇侍であるから、本書に観音が出て来ること自体は別段不思議でもないのだが、そうすると、もう一方の脇侍である勢至菩薩の居場所がないことになる。あるいは、『法華経』に言うごとく、「観音」は「音を観る」菩薩ゆえにということかもしれない[29]。この著者が頻繁に字音と字形を一緒くたにする手法の根拠は、そこらにあったとも考えられる。

それはともあれ、ここで語呂の論理の打ち止めとなり、最後の締め括りに入る。「造作のなして日となるなり。元に帰すれば阿の体なり」。「阿」が「ア・カ」となって、「ア・カ・ヒ」となるので、「赤は日より世界中を照らす」のであり、そして、「日止メて人」となるのである。ここまでは、これまでのまとめと言ってよいが、最後の一文がまた問題含みである。

「天に口なし人を以ていわしむる」はよいとしても、「日人忠体に止まり人の口より言葉をいわず」がわからない。文字は「忠」としか読めないが、「忠」は「中心」の誤記で、意としては「日（が）人中（の）心体に……」かもしれない。とにかく、「日」が「日止」に宿るという話であることは確かなのだが、これを「人の口より言葉をいわず。則心となる」と言われると、最前の「人を以ていわしむる」とどう関係するのか不分明である。強いて合理化すれば、天が人をもって言わしめ、なおかつ、人は口から言葉を言うのではない。とすれば、人はどうやって言葉を言うのか、すなわち、「心」を以て言う、ということになるであろう。結局は、「天即ち心」という結論である。こうして、語呂合わせと文字分解の展開である『五十音和解』は、その循環を閉じるのである。

以上、『五十音和解』の大体をなぞってみた。『五十音和解』の論説が浄土宗や浄土真宗の教義の許容範囲にあるのかどうか、また、それぞれの分派にこうした教義を容れるものがあるのかどうか寡聞にして知らないが、しかし、どうひいき目に見ても正統的なもののようには思われない。これを教義上の問題だけから言えば、誤解ないしは異端であるほかはないだろう。

『五十音和解』が写された時代は、真宗大谷派に属する清沢満之（一八六三―一九〇二）が宗門改革運動を展開した時代でもあった。清沢は『歎異抄』評価に決定的な転回をもたらしたが、その原理主義的な親鸞回帰運動は真宗の近代化へ向けての思想的格闘だったと言ってよい。ただ、その一方には、

『五十音和解』のような滑稽な論議も存在したのである。しかし、それは事の両面ではあっても、矛盾面ではない。なぜならば、この『五十音和解』も真宗における信仰の一側面を構成していたはずだからである。

その意味で、『五十音和解』末尾に「心となる」という言葉が記されているのは極めて示唆的である。日本の近世は「心」の時代と言っていいくらいに「心」が宣揚された。「心学」はその一例だが、そこには神儒仏の雑多な要素が混入している。[30]こうした「心」に対する嗜好は近世国学の理念である「まごころ」に集約的に表現されているが、これは近現代まで引き続き持ち越された嗜好である。それは思弁としての抽象性は低いが、実践的な倫理としては広汎に機能していたように思われる。そして、この非論証的思惟の深層には、きわめて古代的な心性が横たわっている。それを純朴無垢なものとして価値づければ、そのまま「まごころ」の宣揚となるはずである。

『五十音和解』も、その表面に現れているのは無量光如来としての阿弥陀仏であるが、内奥にはより古代的な日輪崇拝が凝固している。闇から日輪が出てくるイメージには、天岩戸開きが重なるように思えてならない。また、「日輪」からの「人」への橋渡しが、「母・女」をめぐって展開されるところも古代的ないしは日本的であろう。それゆえ、この表面上は汎・浄土宗的な教義とみえるものも、神儒仏の三教一致といった一見包括的な主張と結託すれば、ごく容易に天皇帰一思想に吸収されていくだろう。特に真宗においては、蓮如の「王法為本」の教えを世俗優先に解釈する可能性はより高かったのである。無論、真宗の信者のみが天皇帰一思想に吸収されやすかったとか、真宗の歴史を通してそうであったと言いたいのではない。ただ、近世後期から近代にかけて、真宗において妙好人のごとき存在がクローズアップされてきた事実は、宗派的価値付けは別としても、「まごころ」を中心化する国学的人間像とそのまま重なっている。

その意味において、汎・浄土宗的文脈の中にあるはずの『五十音和解』が、〈五十音思想〉と親和性を持っている点に注意が引かれるのである。この『五十音和解』を書写した人物はおそらく実直な生活人でもあったに違いない。ただ、この〈五十音思想〉への親和性からして、それが容易に国家主義や戦争賛美に転化し得たであろうことも確かなことのように思われる。

おわりに

これまでごく大雑把ながら、仮に〈五十音思想〉と名付けてみた事柄の周辺を辿ってみたのだが、私はここで〈五十音思想〉を拡張して、国学運動や幕末期から戦前にかけての新宗教の動き全てを覆うものと規定したかったのではない。ただ、〈五十音思想〉という観点を設けることで、それらの運動の背後にある日本の自己同一性への欲望を切り出し、また、近世国学における国語学的研究がその欲望の上澄みであることを認識できるのではないかと考える。また、〈五十音思想〉を日本的音声中心主義の表現と捉えることによって、それが天皇帰一思想へ転化する可能性を剔抉することもできるであろう。

ただし、見逃してならないことは、その欲望は必ずしも天皇帰一思想にのみ収斂するのではないということである。神代文字存在論者の一部は、正史上の天皇をはるかにさかのぼる古代にまで、その幻想の触手を伸ばしていった。戦前における大本教への大弾圧は、そうした動きに対する当局の恐怖心の現れであったが、それもそのような幻想が民衆のルサンチマンを吸収する装置として機能していたからにほかならない。狩野亨吉が天津教の偽文書を批判したのも[31]、それが権力と結びついて政治的な力を持ち兼ねなかったから以外ではないだろう。つまり、近代における〈五十音思想〉は、ナショナリズムと結びついて天皇帰一思想に容易に転化するものでもあったが、その一方で民衆のルサンチマンの表現形態でもあったのである。そのことは、新左翼運動の終焉後に、その一部が危うさを孕みつつも「古史古伝」研究や神代文字存在論へ傾斜していったことと無関係ではないはずである。

つまり、私は〈五十音思想〉の両面性を指摘しておきたいのであって、それは国語学研究から民衆の欲望装置までの振幅を備えたものなのである。それゆえ、私はこうした精神が決定的に過ぎ去ってしまった前時代の遺物だとは思わない。その疑念はここ十数年における社会状況にも由来している。私は一九八九年、昭和天皇の死に際して起った自粛や見舞記帳ブームにも少なからず驚かされたが、何よりも一九九五年のオウム真理教の衝撃を忘れることができない。オウムは直接的には〈五十音思想〉に関連はない。しかし、その「オウム」は「真言」の最初に唱える「唵《うん》」のことだったのである。当時、宗教ブームと言われ、その頃から近世国学を調べだしていた私は、国文学者が触れたがらない近世国学の宗教的心性をどのように意味づけるべきかについて考えていた。そして、近世国学の出発点として契沖を見るときに、真言密教との関連は避けて通れないだろうと思い始めていた。そうした時の出来事であっただけに、オウム事件は、抑圧されていた古代心性がポッカリと水面に浮かび上がり、閉じこめられていた有毒な気体を発散させてしまったように感じられたのである。比喩ではなく、正にそれはガスであったのだが、その時以来、私は大本教などに集大成されていった近世国学のアンダーグラウンドの潮流によけいに注意を向けるようになった。

オウム真理教もヨーガを取り入れインド系ないしは仏教的文脈の中にあるかに見えながら、諸書に指摘されるように実はＧＬＡや阿含宗などの教義をも雑多に取り入れた新宗教である。それら新宗教の出自はさまざまだが、教組の天啓の授かり方などを見てみると、ある種の類似性が感じられる。無論、そのことで日本を特殊化するつもりなのではない。キリスト教やヒンドゥー教などの文化圏においても新宗教ないしはカルト教団は様々に存在するが、それらも無意識レベルでそれぞれの民族的文化的な背景を背負っている。そうした文化的差異という点で、日本のカルトムーブメントにおける〈五十音思想〉の潮流はいまだに存在するのである。というか、より正確に言えば、文化的自己同一性への欲望のはけ口として、〈五十音思想〉がその拠り所となる可能性はいまだに存しているということである。そして、私のそういう懸念は必ずしも私一個のものではないように思われる。

現在（二〇〇五年）、神道の再評価に表裏する形で、一部に偽史ブームとも言うべき現象が起っている[32]。以前に比べても「古史古伝」や神代文字関連の本も増えているように感じられるが、これはゆえなくして現れたものではない。その背景には、ナショナリズムの問題が横たわっている。それには、ソ連崩壊によって唯一の超大国となった米国と、その文化グローバリズムに対する反応ないしは反発が原因しているように思われる。

無論、そうした社会情勢の分析は私の仕事ではない。ただ、〈五十音思想〉には、それが意識化されているかどうかは別としても、鬱屈した大衆のルサンチマンが付随している。それは、第二次世界大戦期における天皇帰一思想の錯乱的言説の素地でもあったはずである。私は、こうした無意識的な欲望を軽視してはならないと思う。それは日本思想史といった言説の裏側で、まだしぶとく生き残っており、様々な場所で露頭をのぞかせているように思われるからである。我々はそのような欲望を見て見ぬふりをして抑圧するのではなく、その存在と向き合わなければならないのである。さもなければ、それは突如として噴出してくる。その時、それは野蛮への退行以外の何物も引き起こさない。既にその予兆のごとき文化的退行は社会のあらゆる場所で始まっているかに見える。

第三章　フィクションとしての妙好人――『崑崙実録』

はじめに

　エクリチュール人間のギミック化は、メディアの中でより加速する。あるいは、メディアの中では、それはギミックにならざるをえないと言えるかもしれない。ここでは、不可視の世界との交通を旨とする信仰者が、メディアの中でどのような変容を遂げていったかについて考えてみたい。

　そもそも江戸時代は、テクストが出版メディアを通じて流通するようになった時代である。このことは、文学の歴史における文学テクストの商品化、専門作者の登場を意味する。読者の側から見れば、書籍の消費、読書の娯楽化が始まったのである。我々はその終極点にいると言ってもよいが、江戸時代はこの消費されるメディアの開幕を告げる時代であった。

　マクルーハンが言ったように、メディアはそれ自体がメッセージである[1]。例えば、テレビはメディア＝情報伝達媒体であると同時に、それ自体がメッセージ＝情報である。そこでは、ある情報がテレビによって伝達されるというだけではなく、テレビに映ること自体が、その情報の価値の一部をなしている。すなわち、情報が情報であり得るのは、それがメディアの中に組み込まれているということであり、メディアと切りはなされた情報それ自体というものは存在しない。それは逆に、情報と呼ばれるべきでないものも、メディアの中では情報と見なされてしまうということである。例えば、「遺伝子情報」という概念は、よかれあしかれ「生命体」をメディア＝装置と見なすことになるだろう。

無論、メディアそのものは善でも悪でもない。仏教用語で言えば「無記」なのだが、問題は、メディアの中の事象が物象化されること、すなわち、「物」ではないものが「物」と錯覚されることなのである。それは、「水」という言葉を実際の〈水〉と同じ物と思うようなものなのだが、事柄が歴史に関わる場合、この錯覚は容易に引き起こされる。というか、この錯覚の秩序化こそが歴史記述なのだとも言えるのである。

例えば、我々は誰一人として実際に見た者などいないにもかかわらず、過去に「豊臣秀吉」と呼ばれる人物が実在したことを知っている（と思っている）。それは様々な場面で「豊臣秀吉」に関する情報に接してきたからである。つまり、「豊臣秀吉」が実在したこと、その「史実」の内実を構成しているのは、実は「豊臣秀吉」に関する様々な文書・絵画・遺跡といった情報の網の目状の連鎖なのだということである。その意味で、「史実」とは様々なメディアによって構成された事実、つまり、メディア的事実のことだと言ってよい。

ここでは、そうした観点に立って、大和清九郎という一人の信仰者をとりあげ、その人間像が出版メディアとの関わりの中でどのように変容していったのかを検証してみたい。

江戸時代における大和清九郎伝

大和清九郎（延宝六年〈一六七九〉―寛延三年〈一七五〇〉）は、江戸時代の中頃を生きたいわゆる「妙好人《みょうこうにん》」の一人である。魯鈍な生まれつきの清九郎は、若い頃は荒れた生活もしていたが、妻の死を機に門徒となり、以後、信心の道に入って、多数の道俗を感化した。その間、母を背負って一八里の行程を本山参りしたとか、泥棒に茶を勧め金品を与えたとか、雪中に裸で横たわり親鸞上人の難儀を偲んだとか、さまざまな逸話が知られている。

この清九郎を含む真宗篤信者の列伝が、仰誓《こうせい》著・僧純編の『妙好人伝』初編である。刊行は天保一三年(一八四二)だが、その原資料自体は既に宝暦三年(一七五三)に成立していた。仰誓の原著が公刊されるまでに、ほぼ九〇年が経過している。その間にも妙好人と呼ばれうる人々は数多く存在しただろうし、妙好人を広義に解釈すれば、真宗以外の信仰者を含めたり、親鸞以前にさかのぼることもできるだろう[2]。ただ、妙好人の名を冠した著作が公刊されたのは『妙好人伝』がその最初であり、これ以後、妙好人という用語が定着したと言ってよい。

仰誓は、寛延二年(一七四九)晩年の清九郎に対面しているが、これと他の篤信者の話をまとめたものが宝暦三年(一七五三)成立の『親聞妙好人伝』であり、これをさらに増補したものが天明四年(一七八四)成立の『妙好人伝』第一・二である[3]。仰誓にとって清九郎との出会いが大きな意味を持っただろうことは、この二著ともに清九郎の記事が最も分量が多いことからも窺える[4]。しかし、それは仰誓が実際に清九郎と面談したことだけが原因なのではない。清九郎が逸話に富む人物であり、また当時既に有名な人物だったからである。実際、清九郎伝をものしたのは仰誓だけではなかった。ただ、それらは当初写本のまま僧侶間に流布していただけであって、刊本として出版されたわけではない。つまり、それは宗派内にとどまっていたのである。それが次第に出版メディアを通じて一般に広まっていったのだが、その経緯をまとめてみると、次のようになる[5]。

①写本――仰誓『親聞妙好人伝』(宝暦三年〈一七五三〉成立)。
②写本――帰西『孝信清九郎物語』(宝暦六年〈一七五六〉八月四日写)。

③写本―恵俊聞書・秀厳書写『大和国清九郎一期行状記』(宝暦八年〈一七五八〉六月、敬善書写本)。
④写本―覚順『崑崙実録』三巻三冊(宝暦一三年〈一七六三〉写)。
⑤刊本―覚順『崑崙実録』三巻三冊(明和元年〈一七六四〉六月刊。大坂　尼崎屋佐兵衛)。
⑥刊本―帰西『孝信清九郎物語』一冊(明和四年〈一七六八〉九月刊。東本願寺御書物所　浅草御堂前辻村五兵衛。再板―嘉永四年〈一八五一〉十二月刊。浅草玉文堂(玉水屋)清九郎)。(6)
⑦写本―仰誓『妙好人伝』第一・二(天明四年〈一七八四〉成立)。
⑧刊本―釈法安『和州清九郎伝』五巻五冊〈享和元年〈一八〇一〉七月刊。大坂　河内屋喜兵衛・京　菊屋善兵衛・京　丁子屋九郎右衛門・京　出雲寺和泉掾。
※なお、澤田文栄堂が出した二冊本がある。
⑨刊本―仰誓著・僧純編『妙好人伝』初編二冊(天保一三年〈一八四二〉刊。菱屋友五郎)。

これら著作の基本的な相違は、仰誓の著作(①⑦⑨)が清九郎を含む篤信者の略伝集であり、その他(②―⑥⑧)は清九郎のみを取りあげた著作だということである。また、これらの著作にはメディアの差異、写本(①―④⑦)と刊本(⑤⑥⑧⑨)の差異がある。つまり、清九郎は刊本『妙好人伝』中の一人として出版メディアに登場する以前に、五種の写本が存在し、なおかつ、その一代記は既に三種(⑤⑦⑧)も刊行されていたのである。

写本と刊本はともに書籍メディアに属するが、その享受形態や流通範囲は大きく異なっている。すなわち、写本があくまでも親密で私的な範囲にとどまるのに対し、刊本は発行部数の多寡はあっても、いつどこで誰に読まれるか不確定な要素を孕む。つまり、刊本は好むと好まざるとにかかわらず、不特定多数の読者に向けられてしまうのであって、それが刊本の大衆報道機関《マス・メディア》としての基礎的性格を形作るのである。確かに、近世における写本は、「実録」などのように貸本屋を通じて流通したものもあるから、マスの要素を全く含まないわけではない。しかし、それは公刊できない要素を孕むがゆえに写本で流通したのであって、私的かつ親密な性格を残している。その意味で、清九郎は明和元年刊『崑崙実録』において、地域的・宗派的な存在から、より一般的な存在になったのである。それからまた八〇年ほどを経て刊行されたのが、仰誓の『妙好人伝』である。これ以後、清九郎はさまざまな『妙好人伝』の中に取り込まれ、現代に至るまで語り継がれる人物となった。

仰誓の『妙好人伝』は現在も活字本が出ている。『孝信清九郎物語』が嘉永四年に再刊され、また、『和州清九郎伝』が明治二四年に活字化されて昭和三年までに七版を重ねているのも、結局は『妙好人伝』の影響力と言えるだろう。現代でも清九郎を取りあげた著作は数多い(7)。また、奈良県高市郡高取町には「清九郎会館」があり(8)、今でも清九郎は地元民の誇りとなっているという。

このように、清九郎は妙好人の代表者とも言える人物なのだが、しかし、今見たように最初から妙好人だったわけではない。無論、ここで妙好人概念そのものに疑義を差し挟みたいのではない。そうではなくて、『妙好人伝』刊行以前の清九郎は、妙好人という定義の中にはいなかったという単なる事実を確認しておきたいだけである。これまでの研究は、仰誓の写本『親聞妙好人伝』に根拠を置き、刊本と写本というメディアの違いをほとんど考慮していない。そのため、妙好人を当初から自明の存在であったかのように扱っている。しかし、清九郎は『妙好人伝』刊行以降に妙好人という一般名詞に吸収されたのであって、それは当人の死後ほぼ一〇〇年を経てのことなのである。その間、妙好人という言葉はどこに存在していたのか。それは仰誓の写本、つまり、写本メディアの中を流通していたにすぎないのである。とすれば、その『妙好人伝』以前の清九郎とは、そもそも何者だったのであろうか。

『崑崙実録』の文脈

刊本の清九郎伝として最も早いのは、覚順の手になる『崑崙実録』である。この本は第二次世界大戦以前の清九郎伝にはその名を見かけるが、戦後はほとんど忘れられてしまったらしい。『妙好人伝』研究者で内容に言及しているのは土井順一くらいであって、注意を払う人があまりいないのが現状であろう。「大師は弘法に奪われ、祖師は日蓮に奪わる」と言うが、清九郎伝も『妙好人伝』に奪われてしまったわけである。それはともあれ、現在所在が知られる『崑崙実録』の諸本を掲げておけば、次のようになる。(9)

①明和元年版　三冊――大谷大学図書館林山文庫・西尾市岩瀬文庫。
②明和元年版　合一冊―国会図書館・九州大学図書館・架蔵本（改装）。
③刊年不明　　三冊――九州大学図書館。

本書刊行の経緯は、覚順の序跋に記されている。それによれば、覚順は宝暦一二年四月に知山・明光と共に清九郎没後の旧跡を訪れ、その事績の聞書をものしたが、今年宝暦一三年三月に壮年の知山が急死し、いつをも知れぬ我が身を観じて、今の内に清九郎の行状を後世に残そうと七月に脱稿して刊行に至ったものらしい。

『崑崙実録』の書名は、次のエピソードに由来する（句読点・濁点などを施し、フリガナは適宜省略した。特に断りのない限り、傍線・括弧内は引用者。以下、同様）。

津国小曽根《おぞね》の大徳面談のせつ、彼至誠《しじやう》の領解を随喜して、崑崙山人《こんろんさんじん》とぞ呼せ給ひぬ。ひと〴〵其由をたづねけるに、「去れば崑崙の山は皆玉なり。ほかより石かわらをなげこむに、忽に転じて玉となるは崑崙の山の徳とかや。今清九郎の徳はその崑崙の山のごとし。いかに邪見なる石やかわらに異ならさる根性も一度清九郎の化益《けやく》を受ぬれば、立所に善心を生ずるは、金玉と転ずるごとし。然れば崑崙山人と号してあにたがはんや」とぞ示されける。（巻之下七オウ）

「小曽根の大徳」泰巌による「崑崙山人」の命名は、清九郎の代名詞として当時ある程度は認知されていた。『和州清九郎伝』の序者も『崑崙実録』に触れながら「今茲ニ某氏崑崙山人之伝ヲ著ス」と言っている。一方、仰誓は写本・刊本ともに、このエピソードには触れていない。単に仰誓がそれを知らなかったのだとすれば、この命名は宗派内の師弟関係や親疎の度合いによって流布が偏っていたのであろう。もっとも、仰誓にしてみれば、特定の念仏者が崑崙山人という漢文学臭・自力聖道門臭がする異名を持つことは好ましくなかっただろうから、あえて触れなかったとも考えられる。

しかし、覚順にとっては、この命名が清九郎の定義であった。書名を『崑崙実録』としたのが何よりもそのことを物語っているが、覚順は文中にもしばしば清九郎のことを「崑崙師」と記している。その意味で、清九郎はまず崑崙山人という表徳をもって出版メディアの中に現れたのである。この崑崙山人はどのような性格を与えられていたのであろうか。『崑崙実録』の表紙見返しには、左のごとく記載されている（九大一冊本画像データによる）。

南泉佐野覚順師編／和州鉾立《ほこたて》清九郎行状
孝／忠信　崑崙賓録《こんろんじつろく》　全三局
大坂甲谷磧礫堂蔵

ここに見るように、清九郎は、宗派の人間である覚順によって記されたが、それは「孝忠信」の人物としてである。『崑崙実録』に次いで刊行された帰西の作がやはり『孝信清九郎物語』と名付けられているように、清九郎は「孝忠信」もしくは「孝信」の人物として位置付けられている。これが宗派の啓蒙を目的とする以上、「信」が含まれるのは当然にしても、それはあくまでも「孝」と平行するものなのである。それというのも、親孝行の人物の伝を記した「孝子伝」ならば、江戸時代を通じて途切れることなく生み出されていたからである。[10] つまり、『崑崙実録』や『孝信清九郎物語』は、より広くは実録体「孝子伝」の文脈の中で考えられる著作なのである。

実際、心学者の布施松翁は『松翁道話』三篇巻之上に、清九郎のエピソードを心学道話の材料として教訓的に記している。[11] 松翁は『西岡孝子儀兵衛行状聞書』（明和七年〈一七七〇〉）を出版してもいるが、[12] この儀兵衛と清九郎はよく似ている。二人ともバカが付くほど実直そのもので、その純粋さゆえに村人から敬意を払われている。異なるのは、「信」の面において、儀兵衛が神仏一般を尊崇したのに対し、清九郎は純粋な門徒だったという点だけである。もちろん、個々の事例において世人への感化力に違いが見られるのは当然だが、「孝忠信」は「孝子伝」中の人物全てに共通しているのであって、その点で清九郎や儀兵衛のみが突出しているわけではない。逆に言えば、「孝子伝」中の人物であり、なおかつ、真宗の篤信者であるような者が、仰誓によって妙好人として切り出されたのであって、それ以前において、清九郎のような存在は「孝子伝」一般の中に埋没していたのである。

このことは後にもう一度触れるが、メディア的事実という観点からすると、面白い問題を含んでいる。妙好人を論じる者の多くは、批判的であれ擁護的であれ、妙好人が「孝忠」の実践者であった点をとらえ、彼等が基本的には徳川幕藩体制に組み込まれた体制順応的な被治者であったことを指摘し、そこに彼等の「信」の限界なり狭量さなりを見るのが常である。それは鈴木大拙が妙好人を再発見して以来[13]、常に問題化されてきたところだが、清九郎をより広い「孝子伝」の文脈の中においてみれば、その体制順応的な存在様態、すなわち、「孝忠信」の実践者という性格はむしろ当然のことなのである。というか、彼等はまず何よりも徳川幕藩体制の順応者であるがゆえに「孝子伝」に描かれたのであって、そこでは信仰者であることが第一義的に取り出されるものではなかった。つまり、「孝忠信」は不可分一体であり、むしろ「孝忠」があって「信」が成立すると言ってもよいのである。そこから妙好人における「信」のみを切り出すのは、「信」それ自体の自立を暗黙に前提する見方である。それは無意識的にもせよ、あまりにも近代主義的な妙好人理解と言わねばならない。

こうしたことになるのは、刊本『妙好人伝』を起点として歴史をさかのぼるところから生じている。しかし、清九郎伝の刊本は、『崑崙実録』から『孝信清九郎物語』『和州清九郎伝』へと続いていったのであり、『妙好人伝』から始まったのではない。つまり、『妙好人伝』以前の清九郎は「孝子伝」中の人物だったのだが、仰誓『妙好人伝』以降、そうした文脈が後景に押しやられてしまったのである。それを確認するためには、『崑崙実録』がどのような出版メディアの文脈に埋め込まれていたのかを見ておく必要があるだろう。

『崑崙実録』の周辺——尼崎屋の活動から

『崑崙実録』を刊行した尼崎屋佐兵衛は、書目類に見る限りでは、その活動期に一三点を刊行している（付表参照）。『崑崙実録』は、その処女出版であった。著者覚順は、その序に「泉州佐野明厳寺覚順」とあり、巻末附言にも「閣筆于明厳寺寂照室」とあるので、この著作をものした当時は明厳寺（現在の大阪府泉佐野市本町）の往職だったらしい。同序に覚順は「書林某きたりて此記を公にせんことを望む」と記している。つまり、尼崎屋が覚順に刊行を慫慂したわけである。

覚順は、『崑崙実録』のほか、『真宗《しんしゅう》安心法《あんじんのり》の手爾波《てには》』・『法《ほう》の助語《じょご》（法助語《ほうじょご》）』を尼崎屋から刊行している（二著とも原本所在不明）。こうして見ると、尼崎屋は覚順と親しい関係だったのであろう。尼崎屋は知章の『真宗俗談』（原本所在不明）も出しているから、佐兵衛自身が門徒だったのかもしれない。また、尼崎屋か

尼崎屋佐兵衛刊行本一覧

刊年	西暦	書名	著者
明和元年	一七六四	崑崙実録	覚順
二年	一七六五	長恨歌手本	桑原為渓書
三年	一七六六	問屋往来	甲谷
		真宗安心／法の手爾波	覚順
五年	一七六八	安心故実／真宗俗談	知章
		和漢故人書画一覧	尚古齋
		法の助語(法助語)	覚順
七年	一七七〇	勧孝篇	桑孝寛
		板橋雑記	山崎蘭齋訳・桑孝寛句読
八年	一七七一	狂歌／まことの道	如雲舎紫笛編
九年	一七七二	狂歌画賛／たからふね	如雲舎紫笛・楚雲堂山丘
安永二年	一七七三	似雲上人遺詠集	茅淳知秋
刊年不明		狂歌／こゝろのたね	紫笛・山丘・呉雲館山岐

※明和九年一一月一六日改元＝同安永元年

付表

ら本を出している著者には「泉州佐野」住の者が目立つ。覚順の他、『勧孝篇』『板橋雑記』の訓点者桑寛（桑孝寛）と『似雲上人遺詠』の集者茅淳知秋がそれである（『大阪出版書籍目録』）。あるいは、尼崎屋は泉州佐野に地縁があって、それでこうした人脈を持っていたのでもあろうか。

それはともかくとして、『崑崙実録』は、この尼崎屋の活動の中に位置付けてみることで、その文脈がいささか明らかになる。その意味で、九州大学附属図書館蔵の刊年不明三冊本に付された尼崎屋蔵板目録は（参考図版参照）、『崑崙実録』の位置がよく示されている（①―⑥上段、⑦―⑪下段。／は改行、括弧内は引用者）。

①狂歌／まことの道　如雲舎紫笛翁編
②同／画賛／たからふね　仝録（如雲舎柴笛）／楚雲堂／山丘集
③同／こゝろのたね　同上（如雲舎柴笛）／呉雲館山岐／楚雲堂山丘／集／近刻
④同／言葉のたね　即吟舎／放過選／近刻
⑤長恨歌手本　桑原／為渓書
⑥問屋往来　甲谷／浪華堂書
⑦書画一覧　此書ハ和漢儒家書家画／家号字ヲ集メ部分ケニシ／テ其住スル所ヲ記／ス両面一枚／摺片仮名附
⑧板橋雑記　南京《ナンキン》廓《イロザト》中《ノ》光景《アリサマ》名《スイナ》 士《キヤク》名《ヨイ》／妓《ヲヤマノ》伝記《テンキ》詩《シ》文章《ブンショウ》等《トウ》 悉《クハシク》 記《シルス》／清曼翁先生著新刻／全二冊
⑨崑崙実録　和州鉾立村／清九郎行状／泉南覚順師著平仮名全三冊

⑩真宗／安心／法のてには　此書ハ歌一巻のてにはにて老／女童《わらべ》にても安心解し安／くあらはす／
同上（泉南覚順師著）平仮名全二冊

⑪勧孝篇　此書ハ児童教訓ノ書／唐王中書著／半紙本一冊　訳文附

　これらの刊年について簡略に触れておく。(14) ①は明和八年、②は明和九年の刊行である。近刻とある③は、刊年・所在不明ながら「如雲舎紫笛」編として『大阪名家著述目録』にその名が見える。同様に近刻とある④は、『狂歌言葉の道』のことらしい。これは、即吟舎放過編、大阪河内屋喜兵衛・金屋喜右衛門板、安永七年の刊行である。つまり、何らかの事情で別の板元から刊行されたとおぼしい。⑤は明和二年五月に出版が出願されており、⑥は甲谷慶兼の著で明和三年四月に出願されている。蔵板者名「甲谷磧礫堂蔵」（『崑崙実録』表紙見返し）、「甲谷尼崎屋佐兵衛」（同刊記）などの記事からして、甲谷慶兼は佐兵衛本人かその係累であろう。⑦は『和漢故人書画一覧』の書名で明和五年七月に出願されている。

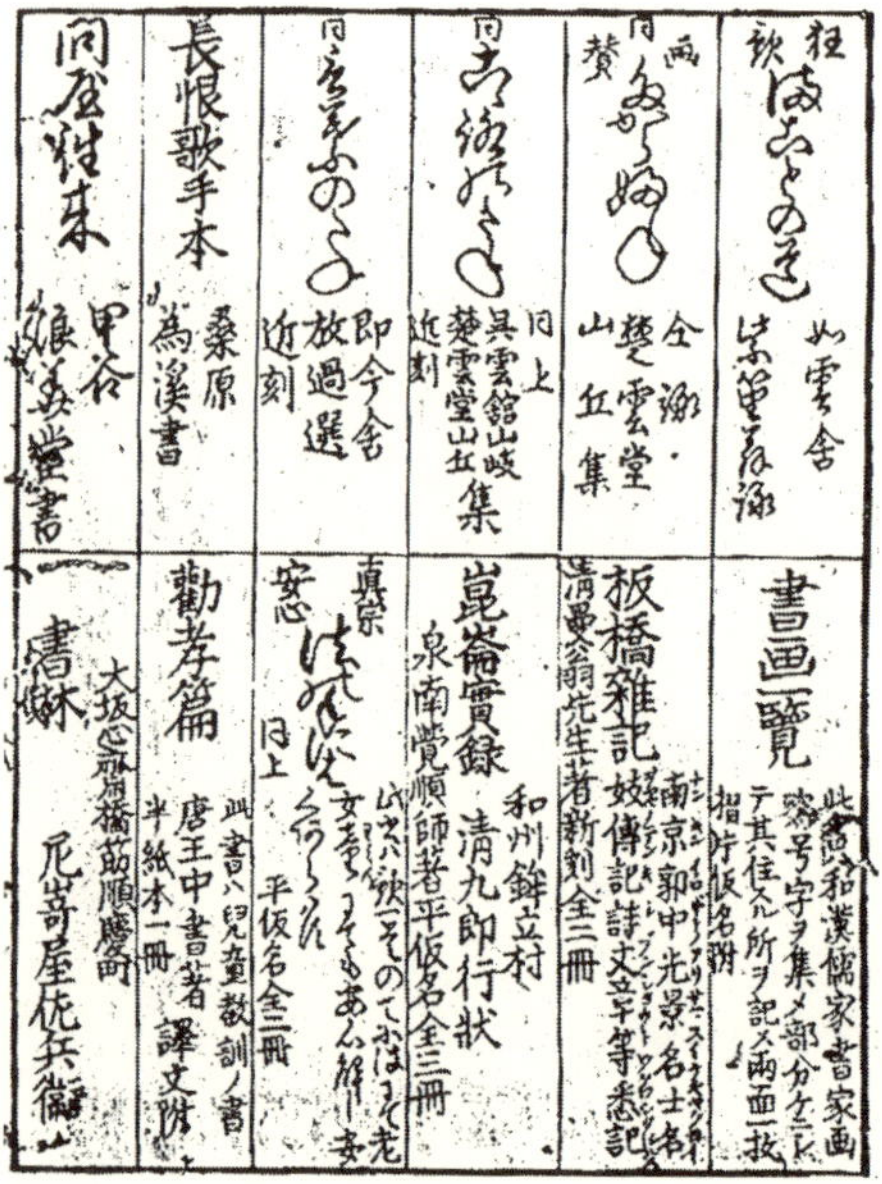

参考図版

「新刻」とある⑧『板橋雑記』は、初期洒落本に影響を与えた著名な作だが、これはその和訳本で明和九年の刊行である。⑨本書『崑崙実録』が明和元年刊であることは既に述べたとおりである。[15] 本書と同じく覚順の著である⑩は、『崑崙実録』跋文にも近刊広告があり、明和三年の刊行とされている。⑩は大坂でも江戸でも明和七年中に刊行されたものと知られる。

以上、この目録には、近刊とある書籍を除いて、明和三年から明和九年までに刊行された著作が含まれている。また、④『言葉のたね』は、『言葉の道』として他書肆から安永七年に刊行されたとおぼしいから、これらを勘案すれば、刊年不明三冊本『崑崙実録』は、その幅を最大限に見積もって、明和九年（一一月一六日、安永に改元）以降、安永六年以前の刊行ということになる。『大阪出版書籍書目』による限り、尼崎屋は安永二年以降その名が見えず、また、目録中に『板橋雑記』が「新刻」とあるから、この刊年不明本はおそらく明和九（安永元）・安永二両年中の刊行であろう。つまり、明和元年に刊行された『崑崙実録』は、その後一〇年を経ずして再刊されたわけである。

この目録に『法の助語』と『似雲上人遺詠』の二作を加えれば、これが現時点で確認できる尼崎屋の刊行書の全てである。書目類から漏れている刊行書があることは当然考えられるが、これだけでも尼崎屋の活動のおおよそは見てとれる。つまり、尼崎屋が手がけた書籍のほとんどは、狂歌本と実用書・通俗啓蒙書の類なのである。後発の小規模書肆としてはこんなところが相場であったろうが、『崑崙実録』は尼崎屋のこのような出板活動の中に位置付けられる。つまり、それは通俗啓蒙書の文脈上に置かれているのである。覚順が『崑崙実録』の序に、

ふたたび草書を正《ただす》のみぎり、世に似よりたる故事文章なども思ひ出るに任て書加へぬ（序文二オ）

と記しているのも、そうした知的な意味での啓蒙意識を示している。また、それが崑崙山の故事に因む書名を覚順に選ばせた理由でもあったろう。

同じく覚順の著である『法のてには』は、『崑崙実録』下之巻最終丁に、

> 右の書は一流の安心、古歌一首の手尓波にてくはしく論じ、いかなるおろかなるおんなわらべにも能領解せしむる書なり。（下之巻一七ウ）

と紹介されているが、ここで啓蒙の対象として設定されているのは、「おんなわらべ」である。また、そうした顧客を想定するのは、小規模書肆の尼崎屋としてはごく普通の販売戦略だったはずである。そして、この「おんなわらべ」に対する啓蒙が「孝忠信」を中心化したものとなるのも当然であろう。「孝」の鼓吹を主眼とする『勧孝篇』広告に「此書ハ児童教訓ノ書」とあるのは、端的にそれを示している。[16]

このような啓蒙意識から書かれ、また、それが出版書肆の販売戦略でもあった著作を、あまりにも宗派的な観点から取り扱うことは、かえってその理解から遠ざかるだろう。無論、それが門徒を念頭において書かれたことは疑いないにしても、しかし、それはより広い「おんなわらべ」を読者対象にしているのである。とすれば、このような文脈に置かれた『崑崙実録』は実際どのように読まれていたのであろうか。

「読み物」としての清九郎伝

『崑崙実録』の読者が門徒に限らなかったであろうことは、これが不特定多数の目に晒される刊本である以上、当然のことである。中には、これを茶化しながら読んだ者もいたのである。架蔵本『崑崙実録』には貸本屋の黒印が押されているが、元の所蔵者のものらしい書入れが一三箇所ほどある。どうやらこれが不謹慎な文句だったらしく、おそらく貸本屋の手によってであろうが墨や胡粉で丁寧に消されている。それでも読める箇所が二箇所ある。一つは、清九郎を敬った同行達の記事で、

（清九郎が）やまひの床にふせしを心をつくしていたわりし事、さながら子の父母につかへ、弟子の師につかへしごとし。平生の教の施せる所あつきよりあらはるゝなるべし。（巻之下一〇オ）

という文面の末尾に「キツイアホウ」と書き込んである。もう一つは、清九郎が見舞金を断って、それを宿坊因光寺に収めてくれるように頼んだ話の末尾の、

まことに一家縁《ゆかり》あれば一国縁《ゆかり》をこすと、いづれも〱有がたき心なるかな。（巻之下一三ウ）

という箇所に「ナンノイナ」とある。意地の悪いことをしたものだが、こういう読まれ方を拒むことができないのは刊本の宿命である。これが写本であったなら、こうしたことはまず起らない。読みにくい写本を読もうとするのは熱心な読者であって、こんな悪ふざけのためにわざわざ写本を手にしたりはしないはずだからである。つまり、この書込をした読み手は、暇つぶしにこれを読んだのであっ

て、精神修養のためでも宗派への興味からでもなかった。

しかしまた、この「キツイアホウ」は悪ふざけにしても、「孝忠信」の徳目化、その教訓性に対する揶揄的な気分の表出である。それは、「孝忠信」の徳目化があきるほど繰り返されていたことを示しているだろう。『孝信清九郎伝』も、その名のとおり清九郎の「孝信」に主眼を置いたものだが、そのような美徳を説く教訓的「孝子伝」は写本・刊本ともに数限りなく生み出されていたからである。

例えば、『日本教育文庫』「孝義篇」は全六四編を収めているが[17]、その内「孝」の字を冠した著作を拾い出してみると四一編を数える。また、『国書総目録』『古典籍総合目録』で「孝子……伝」「……孝子伝」といった書名を数え上げてみると、同一書名を省いて三〇種ほどを見いだし得る。説話文学史的な観点からすれば、中国文学の影響下に成った「孝子伝」は古代にまでさかのぼれるが、「孝子伝」の名を冠して刊行されたものとしては天和四年（＝貞享元年〈一六八四〉）刊の藤井懶斎『本朝孝子伝』が最初期のものであろう。これも中国の「孝子伝」を意識したものであることは「本朝」の題名に明らかだが、この孝道が江戸時代を通じて鼓吹された美徳の一つであったことは今更言うまでもない。

そして、孝道は、それが神儒仏のいずれであるかは場合によって異なるにしても、ほとんど常に宗教的敬虔の態度を伴う。というか、そこでは、父母に仕える態度が神仏に対する態度にも反映していると言った方がいいだろう。その意味で「孝忠信」はそれぞれの要素を明確に分離できるものではない。つまり、「孝子伝」の内実には「忠信」の要素が既に存在している。むしろ、「孝」の基盤がないところに「忠」も「信」も成立しないのである。

そのような観点からすれば、『崑崙実録』以前の浄土宗系「孝子伝」として、直往談・厭求記『孝子善之丞感得伝』（享保八年〈一七二三〉成立・同一九年〈一七三四〉刊）が注目される（本書第Ⅲ部第二章参照）。

本書はある程度の需要があったらしく、天明二年に増補版が出ており、その複製が明治二九年に刊行されてもいる。内容は、貧窮の「孝子善之丞」が、その孝徳によって八幡大菩薩に救われ、また、地蔵菩薩に伴われて地獄極楽を実見し、後に剃髪して直往と名乗るまでを本人が語った実録である。きわめて空想的な内容だが、「虚言を以て加添仕らざる事は、両人（直往・厭求）誓辞を以て申し上げる事如左」といった誓文が付されており、これが事実譚であることが何度も強調されている。本書の原題は「孝感冥祥録」であるが、それはすなわち「孝行に感じた神仏による冥途と極楽＝祥の記録」の謂である。この作品は神祇不拝・巫覡否定をモットーとする真宗の立場から見れば、八幡大菩薩が登場し、また、奇祥奇瑞を信仰せしめる点において不純である。おそらく、浄土宗に属する「孝子善之丞」は真宗的な妙好人とは認知されないだろう。しかし、この奇譚的な『孝子善之丞感得伝』は、あくまでも「孝子」の行状記なのであって、その契機は「信」よりもむしろ「孝」におかれている。つまり、善之丞は念仏信者であっても妙好人とは認知できないが、「孝子伝」の枠組においては清九郎伝とその基盤を同じくしているのである。

　実のところ、妙好人論者はあまり触れたがらないが、清九郎伝にも枯竹が芽吹く奇瑞が二度あったことが記されており、多かれ少なかれ「孝子伝」には奇譚的要素と教訓的要素が混在しているのである。また、その教訓となるべき行動も人並み外れた突飛なものであって、話題としては奇事以外の何物でもない。例えば、清九郎が雪中に裸で横たわり親鸞上人の苦難を偲んだといった話は、信者でもない人物にとっては単に一つの奇話である。布施松翁が清九郎のことを『松翁道話』に記していることとは既に述べたが、こうした教訓的奇話は心学道話とも交錯している。心学は天明（一七八一—）から寛政（一七八九—）・享和（一八〇三—）に掛けて隆盛となるが[18]、法安の『和州清九郎伝』五巻五冊が享和二年（一八〇二）に刊行されたのは、そうした時代背景もあってのことだったように思われる。[19]つまり、奇譚的であれ教訓的であれ「孝子伝」は奇話集としての性格を有しているのであり、それは純粋な意味での文学作品ではないにしても、読み物としての性格を備えている。それを文学史と照らし合わせてみれば、談義本あるいは読本の周辺に位置する著作と見なすことができる。九州大学附属図書館が『崑崙実録』と『和州清九郎伝』を同館の「読本コレクション」に加えているのは、そうした読み方がありえたことを示している。『妙好人伝』であったならば「読本」に分類したことは確かであって、これが『妙好人伝』であったならば「読本コレクション」に収蔵されることはなかったに違いない。つまり、『妙好人伝』以前の清九郎伝はより広い文脈から見れば、読み物としての「孝子伝」の枠内にあったのであり、それは談義本や読本の一変体として存在していたと言ってよい。

その意味で、仰誓の意図はどうあれ、『妙好人伝』も一種の奇話集と見られることを拒めないのである。小西輝夫は『妙好人伝』と伴蒿蹊の『近世畸人伝』との類似性を指摘しているが、[20]確かに『畸人伝』には、市井無名の孝子達が数多く登場するから、清九郎が『畸人伝』中の人物であったとしても、何ら不思議はない。実際に、『妙好人伝』続編の編者象王は、附録の「京都西六条非人」の話を『畸人伝』巻一の桃水和尚と比較してもいる。『畸人伝』の著者伴蒿蹊は題言で、「徳行の人をも畸人と称するは如何」という問いに答えて、「忠孝の数子のごときは、世の人にたくらべて行ふところを奇とせる也」と言っているが、蒿蹊の言う意味では、清九郎に限らず妙好人は「孝忠信」における畸人なのである。母に孝養を尽くした中江藤樹は『畸人伝』巻頭に置かれているが、この藤樹を富士川游は広義の妙好人に数え入れている。[21]富士川の解釈の当否は別としても、その選択の背景にあったのが藤樹の孝道であったことは確かであろう。

このように見てみると、仰誓の『妙好人伝』は『畸人伝』の念仏者版であったとも言える。それは、蒿蹊が「畸人」概念の下に多数の人物を集積したように、仰誓が「妙好人」概念の下に念仏者を集積したということである。ただ仰誓の「妙好人」概念は妥当する範囲がより限定されていただけに、善之丞がそうであるように、振り落とされてしまう部分が大きかった。そのため、逆に、清九郎伝の背景となっていた「孝子伝」の要素は『妙好人伝』以降、次第に忘れ去られていったのである。しかし、『妙好人伝』以前の清九郎は、幾多の「孝子伝」中の一人物だったのであり、そうした背景を捨象したところに、「信」に局限化された妙好人達の近代的理解が開始された。ここで確かめてみたかったのは、清九郎伝の背後にある、読み物としての「孝子伝」の雑多な世界である。すなわち、妙好人という定義によって清九郎伝から失われてしまったのは、その後景をなしている民衆世界だったのである。

おわりに

江戸時代、妙好人は宗派の周辺的存在にとどまっていた。それが教学上の問題として宗派内で認識され始めたのは近代になってからである。それには宗派外からの刺激、具体的には鈴木大拙や柳宗悦の妙好人再評価の動きが大きく影響している。現在、妙好人は宗教的存在としてゆるぎない位置を占めているし、近代の妙好人達の掘り起こしも盛んに行われている。元来、妙好人という言葉は、諸書に指摘されるように、『観無量寿経』や善導『散善義』、親鸞の『正信念仏偈』『御消息』などに由来する。また、法然が『一枚起請文』に言う「一文不知の尼入道」も妙好人に結びつけられている。その妙好人の具体像を蓮如に付き従っていた「赤尾の道宗」に求めることも普通に行われている。つまり、妙好人は経典成立や真宗の歴史の当初から観念として存在し、その具体的な人間像も既に蓮如の時代から存在したかのように考えられているのである。

しかし、妙好人という言葉を念仏の篤信者を概念化する用語としたのは、あくまでも仰誓の発明である。「石州学派の祖」仰誓の教学上の事績について、私はなんら知るものではない。『妙好人伝』以外には、仰誓と嗣子履善の『安心法話手鏡』に目を通したくらいだが[22]、仰誓が真宗における信仰的確信である「安心」問題をめぐって精力的に活動したことは確かなようである[23]。そこに宗派内の力学がどう働いていたかはともかくとしても、仰誓が妙好人解釈における認識論的枠組を整備したことは動かしがたい。つまり、妙好人という用語は、仰誓による一つの歴史解釈なのである。その意義は意義としても、その概念化によって、個々の人物が類型化されたことも否定はできないように思われる。

くどいようだが、私は清九郎が妙好人ではなかったと言いたいわけでは全くない。ただ、清九郎を妙好人の定義から少しばかり解放し、清九郎その人として眺めて見たかったのである。というのも、宗派的文脈の中で語られている清九郎は、著者の善意にもかかわらず、あるいは、それゆえに、あまりにも徳目化されていてゲンナリさせられることが多い。それは、著者達が無意識の内に妙好人概念を超歴史的なものとして拡張しているせいのように思われる。

私がそれにこだわったのは、『妙好人伝』の影響力、つまりは、出版メディアの力を言いたいがためではない。むしろ、我々の生存を抽象化するメディアの威力から自由でありたいからである。芭蕉は「文台引き下ろせば、すなわち、反古」と言ったが、文学を行為するとは、この文字メディアの抽象化に対して、その当の文字メディアを通じて抵抗することなのである。文学におけるメディア・リテラシーとは、その謂にほかならないと私は思う。私はここでは、清九郎を妙好人の垢から洗い出し、それが本来置かれていた文脈に置き直してみようとしたに過ぎないのである。

第Ⅱ部　往生する身体

第一章　忘却の反復——『春雨物語』「二世の縁」

はじめに

上田秋成『春雨物語』の「二世の縁」は、「土中入定」した男が発掘されて蘇生する物語である。「土中入定」は主として真言宗系および修験道系の行ということになるだろうが、秋成はこれを後世願いの行として批判的に描き出している。秋成の面白いところは、極楽往生という後世願いを批判するために、入定行から蘇生した男の奇譚を持ってきたことである。ここでは、蘇生譚そのものはむしろありうべきこととして語られている。秋成自身が、このアンバランスに無自覚的であるのもまた興味深い。

無論、これは虚構であるが、往生に対する秋成の考え方が示されていることは確かだろう。また、それは往生に対する反措定として、往生の性質、あえて言えば、その日本的性格をも逆照射するかのように思われる。ここでは「二世の縁」を取り上げて、その往生のありようを考えてみたい。

「二世の縁」の構成が前後二段に分かれることについては、ほぼ異論はないであろう。すなわち、前段は石棺から掘り出された「入定の定助」の蘇生譚であり、後段はその後日譚である。また、文中「さても、仏のをしへは、あだあだしき事のみぞかし」とあるように、(1)「二世の縁」の主題が一種の仏教批判にあることも贅言を要しない。しかし、こうした議論では何かがこぼれ落ちてしまっているのではないだろうか。「二世の縁」における仏教批判の契機が、定助の存在にあることは言うまでもない。しかし、その事件は奇怪であるにもかかわらず、話はその奇怪さを非中心化するかのように展開されていく。言うなれば、定助の体験は忘却としてのみ取り扱われるのである。この定助の忘却は、「二世の縁」の何かが言い落とされているような印象と同義ではないのか。そして、「二世の縁」論においても、この忘却はいまだに反復され続けているのではないか。私にはそのように思われる。ここで私が試みようとするのは、その忘却の反復構造をテクストそのものから抽出すること、つまり、定助を思い出すことである。

中断された即身仏行

「入定の定助」が、生きながらミイラになる即身仏行を行じていたことは言うまでもない。即身仏行では、多くの場合、行者は数年にわたる木食行の後、息継ぎ竹を刺して土中に入定し、息が絶えるまで鈴や鉦を打ち鳴らす。そして、それを見守る信者達は、その音が絶えて数年後、ミイラ化した行者を掘り出して安置する。(2) この場合、鈴や鉦の音は行者がまだ死に至っていないことを知らせるための合図と考えてよい。こうした観点からすれば、鉦を鳴らし続けていた定助は、死に至らぬままに信者達から忘れ去られ、伝承も絶えていたことになる。つまり、定助は生き続けながら忘却されてしまったのである。

定助を掘り出した主は、定助の入定時期について「吾こゝにすむ事凡十代、かれより昔にこそあらめ」と言う。とすれば、ここは人が住む以前は山野だったことになるだろう。確かに、この「古曾部」という土地が山里であることは、読み手の潜在意識に働きかけるかのように、冒頭に繰返し強調されていた。

山城の高槻の樹の葉散りはてゝ、山里いとさむく、いとさふざふし。古曾部と云ふ所に、年を久しく住みふりたる農家あり。山田あまたぬしづきて……

ここには「山」という字が反復され、また、古い土地であることが強調されている。とすれば、定助の入定墓が元のままの山野にあったとしても不思議はなかったはずである。しかし、定助の入定墓は主の家のほとりにあった。それはなにゆえだったのか。

主の言う「凡十代」は、一代を何年と見積もるかによるが、人生五〇年として父子の年齢差を二五年と見なせば二五〇年となる。[3]「世」の原義である「丗」を基準とすれば、三〇〇年である。一方、本文の別の箇所では、「かく土の下に入て、鉦打ちならす事、凡百余年なるべし」と言われていた。しかし、「凡百余年」と「凡十代」では計算が合わないだろう。「凡百余年」ならば、せいぜい四代程度しかさかのぼれない。円地文子は「二世の縁・拾遺」の口訳箇所で、これらを「百年余」で統一している。[4]この合理化は近代作家としては当然の操作であったように思われる。

しかし、「二世の縁」のテクストそのものは、「凡十代」と「凡百余年」の間で揺れている。このことは、定助の起源が曖昧な上にも曖昧であることを意味するだろう。つまり、定助は起源不詳なのであって、それゆえにこそ忘却されているのである。なぜならば、始まりが定かでないものを思い出すことは不可能だからである。それゆえ、定助の発見は、御都合主義的な偶然に委ねられるほかはなかった。

主は、ある晩たまたま夜更かしをして、鉦の音に気づき、定助を発掘する。つまり、主は、長い年月の間、誰一人として気づかなかった、あるいは、聞き過ごされてきた鉦の音に気づいた。しかも、それは主の人生たった一度の夜更かしに因ってである。意地の悪い言い方をすれば、この家の当主は「凡十代」に渡って誰一人夜更かしをしなかったことになるだろう。また、主は「虫のねとのみ聞きつるに、時々かねの音、夜毎よ」と思うのだが、定助の鉦は昼夜を問わず絶えず鳴らされていたのだから、それを「虫の音とのみ」と聞くのはおかしい。一年中「虫の音」がするはずはないからである。また、それが「夜毎」なら、殊更夜更かしをしたせいで気付いたという設定もさほど意味をなさない。

このような齟齬がもたらされるのは、定助の発見が偶然に頼るほかなかったからだが、しかし、偶然に因るとすれば、なぜ主が発見しなければならなかったのであろうか。単に定助が発見されるだけならば、どこで誰に発見されてもよかったはずだからである。

ここにおいて、次のような問いが可能になるだろう。すなわち、「定助の入定墓が、この家の庭にあったのはなぜか。そして、主が定助を発見せねばならなかったのはなぜか」と。

後世願い

ここで、今一度、定助の入定について整理しておかねばならない。というのは、秋成の即身仏理解は、意図的かどうかは別として、ある種の曲解を含んでいるからである。主は、定助の入定を、

> 是は仏の教へに、禅定と云ふ事して、後の世たふとからんと、思ひ入りたる行ひなり

と説明している。普通、「禅定」は悟りの境地に入ること、あるいは、瞑想修行一般を言うのであって、「土中入定」を意味する用語としては、間違いとは言わないまでもいささか見当はずれである。また、「後の世たふとからん」は「後世を助かろう」といった意味と解されるが、この考え方は死後阿弥陀の浄土に生れるという浄土信仰に根ざしている。その点で、悟入・瞑想の「禅定」と、欣求浄土の「後の世たふとからん」は教義的に全くそぐわない用語法である。加えて、欣求浄土の信仰とミイラの遺骸を残す行為も、教義的に相容れるものではないだろう。

確かに入定行の動機は様々であって、修験道のそれがもっとも多いにしても、弥勒信仰や阿弥陀信仰によるものもないわけではない[5]。阿弥陀信仰による極めて稀な例としては、享保一六年（一七三一）七月一七日に入定した禅峰待定が知られている[6]。待定は死んで阿弥陀仏の下に赴き、再び娑婆に回帰して衆生済度に尽すため遺骸をこの世に残そうと入定したことになっている。待定の例は、浄土系入定行という教義的には全く異形の入定行である。しかし、この特異な例においても、入定行は衆生済度のための利他行であって、自らが後世を助かるために行うものではない。それゆえ、「後世をたうとからんと思ひ入りたる行ひ」という理解は、既にして悪意を含んだ解釈と言わねばならないのである。「後世」に対する秋成のこのような理解は、「二世の縁」という題名にも影を落としている。この編が「二世の縁」という題名を持つゆえんは、次の場面によっている。

「かの入定の定助も、かくて世にとゞまるは、さだまりし二世の縁をむすびしは」とて、人云ふ。

通常、「二世」と言えば「あの世・来世」の意である。しかし、定助が結んだ「縁」は「この世・

現世」の縁である。とすれば、「さだまりし二世の縁」とは、「あの世ならぬ、この世で定まっていた二世の縁」である。つまり、村人達の言葉に含意されるのは、「あの世などない」という浄土思想の否定もしくは揶揄だということになるだろう。

しかしながら、定助は以前の記憶を持たないにしても、死ななかったのだから、実のところ「二世」を経てなどいない。それは忘却された長い過去ではあっても、定助の生としては連続している。つまり、定助の「二世」は、死による切断を含まないがために、本来的な意味での「二世」ではありえない。その意味で、定助は一世にとどまり続けて、記憶を失ったまま二度目の人生を営んでいるのである。そして、それが一世における二度目の人生であるならば、それは生の忘却と反復であるほかはないだろう。

反復される母子関係

この定助における生の忘却と反復は、「二世の縁」というテクストそのものの範型をなしている。それは、テクスト内で繰返し再生産されるからである。例えば、定助を発見すべく要請された主は、テクスト後半部においては全く姿を消してしまう。この主のテクストにおける忘却は、定助の過去の忘却を構造的に反復したものと見なせよう。

この再生産が、それ以上に明瞭に示されるのは、主・母の母子関係においてである。と言うのは、彼等は彼等に関わるプロットが終了するとともに姿を消してしまうが、その母子関係はすぐさま里長・母の関係として反復されるからである。そして、里長と母も、プロットの終了と同時にテクストから忘却されていくのである。この反復され忘却される母子関係において特徴的なことは、それが母と息子の対であり、なおかつ、そこに父がいないことが言表化されていない、ということである。その意味で、母が主を諫める次の言葉は極めて興味深い。

……夜中過ぎてふみ見れば、心つかれ、つひには病する由に、我が父ののたまへりしを、聞き知りたり。

この訓戒の引き合いに出される「我が父」は、言うまでもないが、母の父であって主の父ではない。それは「我が夫」でも「汝が父」でもないのである。すなわち、主の父がいかなる人物であったかは全く記述がない。それは、里長においても同様である。両者ともに「父は死没した」とすら記述されない。つまり、反復される母子関係においては、父に対する緘黙もまた反復される。そして、この緘黙は訓戒の場において、より際立つのである。

里長の母は、死に臨んで、「我が子六十に近けれど、猶稚き心だちにて、いとおぼつかなく侍る」と、「くす師」に向って述懐する。「御薬に今まで生きしのみ也」と感謝される「くす師」が、仏教教理に対立する現実性・物質性の表象であるのは言うまでもない。その一方で、この「くす師」は、息子に対する訓戒の場に立ち会わされる存在でもあった。

（里長が）「念仏してしづかに臨終し給はん事をこそ、ねがひ侍る」といへば、「あれ聞きたまへ。あの如くに愚也。……」

これらの母子関係においては、父の存在が不問に付されつつ、その父の機能を代理するかのように母が息子に訓戒を加えている。しかし、いかにしても母が父になることはできない。訓戒の場面に、「我が父」が引用され、「くす師」が立ち会わされるのは、おそらく、その補填なのである。確かに彼等は男であるが、しかし、それだけでは父を代補することは不可能である。その意味で、父の補填として呼び出された「我が父」や「くす師」は、〈子の父たりえない者〉という表象を帯びざるをえない。すなわち、彼等は、結果的に父の代補が不能であることの表象として、ここに呼び出されてしまうのである。

この父を欠く母子関係の反復について、「二世の縁」天理冊子本断簡は極めて示唆的である。そこでは、定助が入り婿した寡婦は「腹たつ事時々にて、子を膝にするゑて、もとのてゝ様こひしと」嘆く。文化五年本で「子」は消去されるが、この断簡では寡婦は先夫の子に向って嘆いている。この寡婦と子が母子関係の反復であることは明らかだろう。そして、定助は、先夫と比較され夫の条件を満たせない存在として非難される。つまり、定助も「もとのてゝ様」を代補できない存在なのである。この意味において、定助は「我が父」や「くす師」と同様の表象的機能を担わされている。このような関係性を、天理冊子本断簡をも視野に入れながら、図式化すれば、次のようなものになるだろう。

母――主――父（欠落）――→代補不能（「我が父」）

母――里長―父（欠落）――→代補不能（「くす師」）

寡婦―子――「もとのてゝ様」（欠落）→代補不能（定助）

つまり、「二世の縁」においては、父を欠落させた母子関係が顕在的には二度、潜在的には三度、反復される。この反復が可能であるのは、それが忘却に基礎を置いているからこそなのだが、それはこれら母子関係のそれぞれが、なんらの有機的連関も持たないまま、エピソード的に並列されていることと同義である。

とすれば、この地点においてこそ、次の問いが可能になる。「反復される母子関係の中で、絶えず忘却され続けていたものは何か」と。それは、「このテクストの中で、忘却されたままに存在し続けていたものは何か」を問うことに等しい。その答えは明瞭に過ぎるであろう。「忘却されたままに存在し続けていたもの」、それは定助その人以外ではない。つまり、「二世の縁」というテクストの中で、途切れることなく存在し続けているのは、この定助だけなのである。しかし、定助は起源を持たず、反復される母子関係から疎外され続けるものとしてのみ存続する。「二世の縁」が定助の物語でありながら、定助が常に主題から疎外されるのはそのため以外ではない。

その意味において、定助が担っているのは、〈絶えず存在しながら、その存在を認識されぬままにいる者〉という役割である。定助が鳴らしていた鉦の音は、正にその表象として理解されるだろう。この定助の地位は、母子関係の中で言表化されることのなかった父の地位に等しい。ここでは父が不在なのだが、それは言表化されず、テクストの空白として存在している。言わば、定助は、この空白を担う者なのである。それゆえ、定助は、母子関係の反復の中で居場所を持つことを許されない。すなわち、定助は、〈父の機能を持たない父〉として存続し続ける。定助が忘却されねばならぬゆえんは、そこに存している。

忘却されたままに存続し、誰からも父としては認知されない存在。逆から言えば、それは「不在のままに存続する父」の謂である。私は、これを〈不在の父〉と名付けたい。[7] 定助は、この現前している〈不在の父〉その人なのである。

ここにおいて、私は当初の問い、「定助の入定墓がこの家の庭にあったのはなぜか。そして、主が定助を発見せねばならなかったのはなぜか」という問いに立ち返ることができる。今や、この問いに対しては、こう答えることができるだろう。「定助は、〈不在の父〉として、忘却されたままに母子の傍らに存在し続けねばならなかったからである」と。この〈不在の父〉たる定助は、起源を持たないがゆえに、死ぬこともできない。始まりがなければ終りもないからである。すなわち、定助はこれからも「猶からき世をわた」っていかねばならないのである。

〈不在の父〉と〈男女対〉

しかし、この地点では、「定助が〈不在の父〉だったとして、それに何の意味があるのか」と問われねばならないだろう。〈不在の父〉がどのような問題に関わっているのかが明らかにされない限り、それは単なる言葉遊びに過ぎないからである。それゆえ、ここで今一度、〈不在の父〉に対置される〈母〉のありようを想起せねばならない。

「二世の縁」の〈母〉達は、浄土や来世といった超越論的水準を否定し、世俗に自己限定しようとする。その意味で、彼女達は仏教教理を拒否する強さを有しているかのように見える。確かに、そこには辛辣なイデオロギー暴露があるとは言えるだろう。主の母は、「貴しと聞きし事も忘れて、心しづかにくらす事のうれしさ」と語る。しかしながら、これは忘却（「……忘れて」）ではあっても、否定ではない。一方、里長の母は、来世を拒否して死を迎える。

……人とても楽地にのみはあらで、世をわたるありさま、牛馬よりもあはたゞし。年くるゝとて、衣そめ洗ひ、年の貢大事とするに、我に納むべき者の来たりてなげき云ふ事、いとうたてし。又、目を閉ぢて物いはじ」とて、臨終を告て死にたりとぞ。

これは潔い覚悟の死ではある。しかし、その背後にあるものは、「いとうたてし」という、生に対する倦厭であって悟達ではない。その意味で、これらの〈母〉はいささかも解放されたわけではないのである。なぜなら、〈母〉達は仏教教理を忘却もしくは拒否しえても、それに代る原理を提示することはできなかったからである。

そのことは、定助の連れ合いとなった寡婦に端的に示されている。この寡婦も〈母〉の一員であることは既に見たとおりだが、彼女は仏教教理の否定どころではなく、「何に此かひがひしからぬ男を、又もたる……」と生活の苦しさを訴え、「人みればうらみ泣きして居る」ばかりなのである。それゆえ、〈母〉達が現世の中で、幸せになったり、倦厭したり、嘆いたりするのも、実はそれぞれの経済状態・生活水準に応じてのことに過ぎない。その意味で、これらの〈母〉達は世俗の中で流転を繰り返していくだけなのである。〈母〉達の物語がエピソード的に並列されていくのは、まさにその原理なき流転の反映と言ってよい。

そして、〈母〉がそうである以上、〈子〉もそうであるほかはない。むしろ、〈子〉は〈母〉よりもある意味では退嬰的にすら見える。主の母は「子の物しりに問ひて、日がらの墓まうでの外は、野山の遊びして……」と描かれる。この文脈は、主が「日がらの墓まうで」を否定しえなかったことを示唆する。また、里長は、臨終の母に「念仏してしづかに臨終し給はん事」を勧めて、叱責される。つまり、〈子〉は定助の事件に遭遇しながらも、社会慣習としての仏教制度を否定できないでいる。〈子〉は、〈母〉と違って世俗を超える何物かにまだ後ろ髪を引かれているのだが、しかし、それは結果的に世俗の慣習に埋もれることでしかなかったのである。確かに、ここでは仏教教理に対する不信が引き起こされはした。しかし、〈母〉も〈子〉も、それを別の原理によって乗り越えることはできなかった。それはなぜだったのか。

言うまでもなく、乗り越えを不能にするものが存在したからである。それは乗り越えを阻止するものではない。そうではなくて、乗り越えという問題自体を定立不能にしてしまうもの、そのこと自体を忘却させてしまうものである。それが〈不在の父〉にほかならない。〈不在の父〉は、〈父の不在〉とは決定的に異なっている。端的に言って、〈父の不在〉はその代補として〈掟〉をもたらすのだが、〈不在の父〉は不在のまま存続しているがゆえに、それを代補する〈掟〉をもたらすことができない。つまり、〈不在の父〉は存在者でしかないために、いかにしても超越論的次元を開示できないのである。その意味において、〈不在の父〉とは〈掟の不在〉と同義である。「二世の縁」の〈母〉がイデオロギー暴露の水準にとどまり、世俗に退行してしまうのは、この〈不在の父〉が超越論的次元への移行を不能にしてしまうがゆえなのである。このとき、〈父〉の機能を果たせない〈不在の父〉は、あくまでも自然状態における〈男〉でしかなく、〈女〉との性関係をしか遂行できない。それゆえ、定助にできることは、「齢はいくつとて已しらずても、かゝる交りはするにぞありける」、すなわち、〈男〉として〈女〉と交わることのみなのである。このように、〈不在の父〉は、その都度々々に〈男〉として再回帰し、〈女〉と縁を結ぶよりほかになすすべを持たない。それが「二世の縁」の本質的な意味だと、私は考える。その点で、円地文子の次の指摘は極めて正しい(8)。

(定助が)前の生活で果たせなかった性への執着だけをともかくも一人の女の身体をかりて果すという結末に作者は老耄した性欲の蛆のようにうごめく怪しさを暗示しているのではあるまいか。作中二度までも後生願いの老女にこの事件を機会にして仏教の因果律を嘲笑させているスケプティシズムも昇華のない性の堂々めぐりを憎んでいるように思われる。

「昇華のない性の堂々めぐり」。円地の作家的洞察は、半世紀以上を経てなお、凡百の「二世の縁」論をはるかにしのいでいる。私がこれにつけ加えることがあるとすれば、この「性の堂々めぐり」は、〈不在の父〉によってもたらされているということだけである。また、それゆえに、〈不在の父〉を抱え込んだ男女対は、むき出しの性的闘争へではなく、母(女)・子(男)の包摂関係になずれ込んでいくほかはないのである。

おわりに

こうして、「二世の縁」は、〈不在の父〉の再想起に始まり、超越論的次元への懐疑を経て、男女対の原型に辿り着く。ここでは、主体が超越論的次元を獲得できないために、社会的存在としては定立されず、最終的に男女対の自然状態に崩落していく。言うなれば、「二世の縁」は、主体をめぐる神話的遡及の物語なのである。

ここにおいて初めて、定助を発見する主の地位が分明になるだろう。つまり、このテクストの冒頭に置かれた主は、主体の神話的遡及における出発点なのである。すなわち、それは主体の現在の姿にほかならない。この主（＝主体）は、山里（＝自然）の中にあって歌文（＝文学テクスト）に執心する孤独な読書人である。その意味で、歌は「二世の縁」にとって秘められた本質である。天理冊子本断簡に見る三首の歌が、文化五年本において姿を消すことの意味はそこにあると言ってよい。すなわち、この主体は、〈不在の父〉の傍らで、自然＝文学テクストであるような世界に住み込んでいる。逆に言えば、彼が自然＝文学テクストを分離できないのは、〈不在の父〉がいるからこそなのである。その意味で、孤独な読書人と輪廻する男女対は表裏の関係にある。私は、これが国学的＝日本的主体の存在様式であり、(9)「二世の縁」の描き出す世界像なのだと私は考える。

「二世の縁」は「いといぶかしき世のさまにこそあれ」と締めくくられる。確かに、〈不在の父〉が存続する限り、人は「いといぶかしき世」に住み続けなければならないだろう。生の忘却を反復しながら。おそらく、我々がいまだにそうであるように。

往生とは、現世を超越していく一つの道筋なのだが、日本的な往生は——ここではあえてそう言っておく——〈不在の父〉の超越に関わっているのではないだろうか。「二世の縁」が示しているのは、そのような往生解釈の可能性でもあるように思われる。

第二章　ある念仏行者のドキュメント――『待定法師忍行念仏伝』

はじめに

いささか私的過ぎる話から始めることを許して頂きたい。私は大学時代に「法然・親鸞・一遍」講義を受講した。と言っても、それは宗教学や思想史ではなく、「日本文芸思潮史」という科目の中でだった(1)。当時の私は科目名と題材に違和感を感じつつ、雲をつかむような思いで受講していたが、しかし、心惹かれたことも確かだった。それは私の硬直化していた「文学テクスト」の範囲を押し広げてくれるものだったからである。それ以来、私は自分なりに日本の浄土思想を主題化したいと考え続けていたのである。

浄土思想、特に浄土宗・浄土真宗は、一見したところ教理は単純そうに見えるが、実は極めて難解な思想である。そのため私は接近方法をなかなか見いだせずにいたが、とりあえず私の研究領域である近世文学に関わるテクストを取り上げて、浄土思想の周辺を辿ってみることにした。そして、二編の小論を書いた。一つは幕末期の浄土思想に属する言霊思想についてであり、もう一つは妙好人・大和清九郎についてである(2)。

私はその作業の中で、浄土思想における民衆的基盤の広さと深さ、あえて言えば、その雑多さに、改めて気付かされた。特に一遍に代表される念仏聖系の浄土宗は、教理と別の次元で、踊り念仏・声明・連歌・猿楽・能楽など(3)、民衆のエネルギーが渦巻く場に深く関わっている。私が浄土思想に漠然とした興味をひかれていたのは、その教理というより[4]、その背後にある民衆世界のありようだったのかもしれない。そこに見られる民衆の不定型なエネルギーは、信仰の場においてR・オットーのいわゆる「ヌミノーゼ」体験として現れる。それらをめぐる言説は論理的に破綻しているかもしれない。しかし、言葉の論理的な網目ではすくい取れない情念こそが、実は文学が立ち上がる最も根源的な場なのではなかろうか。私が一般的には文学テクストとは見なされないようなテクストに心惹かれるのは、そのためであるように思われる。

本稿で取り上げる月泉編『待定法師忍行念仏伝《たいじょうほうしにんぎょうねんぶつでん》』(享保一九年〈一七三四〉序)も、浄土思想としては異例に属する。これは修験道系念仏信者の伝記と言えるが、事実とはとうてい信じがたいほどの待定の苦行は、どう考えても法然・親鸞などとの思想的接点を持たない。しかし、待定の阿弥陀仏信仰は熾烈極まるものである。そこには教理に回収しきれない情念がすさまじい勢いでほとばしっている[5]。本稿では、待定の「ヌミノーゼ」体験を辿ってみることによって、浄土信仰の裾野を瞥見し、信仰という情念の不可思議を確認してみたいと思う。

『待定法師忍行念仏伝』書誌

『待定法師忍行念仏伝』(以下、『待定伝』)は、一般にはあまり知られていない本で、国文学研究資料館データベース「日本古典籍総合目録」(以下「古典籍DB」)によれば[6]、九件の所蔵記事があるのみである。しかし、幸いなことに、関口静雄・宮本花恵によって関口静雄蔵本の解題・影印・翻刻が備わっている(以下、「関口本」と略記[7])。ただし、遺憾ながら、関口本解題における『待定伝』初板記事にはいささか混乱がある。本稿の目的からはやや逸れるが、文献学の基本に関わる問題ゆえ、ここで簡単に触れておこう。

関口本解題は、本書の初板について次のように述べている[8]（以下、引用における傍線・傍点等は引用者による）、

……享保十九年（一七三四）九月、京都の書肆向松堂が開版し……書林めとぎや宗八が売捌所となって世に出されたのが最初で、元文元年（一七三六）七月には同じく京都の皇都書林が版行し、二条通車屋町村上勘兵衛・知恩院石橋町澤田吉左衛門から売りだされた。ともに上下二冊本で……どちらも上梓は七月一七日なので、これが待定の命日に合わせて出版されことは明らかで……

私も関口本と同じ「めとぎや宗八」の『待定伝』を架蔵するが、「向松堂」は「めとぎや宗八」の堂号であって、開板者と売捌所の区別を言うものではない。一方、「皇都書林」は板元名ではなく、「京の板元」の意の一般名詞であって、村上勘兵衛・澤田吉左衛門の合梓ゆえ、まとめてこういったのである。ちなみに、澤田吉左衛門の堂号は麗澤堂であり、村上勘兵衛は平楽寺を号した板元で、現在の平楽寺書店の先祖である。[9]

関口は影印翻刻の底本について、「その初版と考えられる家蔵の向松堂版に採った」とし[10]、その上梓を「七月一七日」というが、関口本影印には、どこにもその日付はないし、「享保十九年九月」の記事もない（これは跋文の年記を刊記と勘違いしたものだろう）。そもそも、「七月一七日」に上梓された本が、「享保一九年九月」に刊行されたと言うのは無意味である。

また、問題となるのは、関口本巻末の「めとぎや宗八」蔵板目録には、後人の著作が記載されてい

ることである。目録を網羅的に検索したわけではないが、『諦忍律師語録』寛延二年（一七四九）刊、『律苑行事問辨』宝暦一四年（一七六四）刊、『日課念仏投宿編』寛政一二年（一八〇〇）成、『地獄実有説』享和三年（一八〇三）刊、『日課念仏士女訓』文化八年（一八一一）自序、といった例が見いだせる。[11]これらの本が「享保十九年」以前に刊行されているはずもない。つまり、関口本は架蔵本と同様に初板などではなく、文化年間以降の後刷り本なのである。

私自身はまだ初板を目睹していないが、書誌記事からみるかぎりでは、初板の可能性が高いのは、むしろ関口が後刷り本としている「元文元年（一七三六）七月」刊の「二条通車屋町村上勘兵衛・知恩院石橋町澤田吉左衛門」板であろう。なお、早稲田大学蔵『待定伝』二種は、ともに「知恩院古門前石橋町（京）：麗澤堂，［江戸中期］」、「享保19年跋の後刷」と記載されている。[12]麗澤堂はすなわち澤田屋吉左衛門だから、この後刷り本から澤田吉左衛門単独板となったと見てよい。

以上を勘案すれば、『待定伝』は、①「村上勘兵衛・澤田吉左衛門」二書肆合梓板が初板で、これに②「澤田屋吉左衛門」単独板が次ぎ、最後が文化年間以降刊行の③「めとぎや宗八」板ということになるだろう。「古典籍ＤＢ」は、『待定伝』の初板を元文二年（一七三七）刊としているが、[13]この記事が正しいとすれば、これはおそらく刊記を持つ「麗澤堂」板で、①と②の間に入る板ではないかと思われる。

以上は諸本を自身で閲しないままの推定なので、結論は留保せざるをえないが、「めとぎや」板が初板でないことだけは確実である。しかし、本文そのものに関して言えば、後刷り本も初板と同板と考えてよいだろう。著作の性格上、この本が繰り返し再板（彫り直し）されたとは考えにくいし、仏教関係書は長期間にわたって再々刷直して刊行され続けるからである。[14]ともあれ、現段階では、後刷り本も資料的意義を持つと思われるので、以下、架蔵の「めとぎや宗八」本の書誌を簡略に記しておく（関口本影印が備わるので、参考図版は最小限にとどめた）。

底本　架蔵本。
判型　大本二冊。一八・二×二五・三糎。
題簽　単枠。三・六×一八・二糎（枠内）。角書は横書きで「出羽」。「待定法師忍行念仏伝　上（下）」（参考図版1）
匡郭　単枠。一五・六×二二・四糎。
構成　上―口絵「羽州置賜軍永居郷／松高山文殊浄境図」半丁・「亀岡文殊堂縁起略」半丁・口絵一丁（「立屋背上念仏待月図」「寒中七日投河念仏図」）・序論六丁・上巻目録一丁・本文四一丁、以上、全五〇丁。
下―口絵「頭灯掌灯苦行念仏図」一丁・下巻目録一丁・本文五六丁・跋一丁・蔵板目録一丁半、以上、全六〇丁半。
柱刻　上―「一待定法師伝　〇」（口絵・縁起・口絵）、「一待定法師伝　〇一（―六）」（序論）
「一待定法師伝上　〇」（目録）、「一待定法師伝上　〇一（―四十一）」（本文）
下―「一待定法師伝　〇」（口絵）、「一待定法師伝下　〇」（目録）
「一待定法師伝下　〇一（―五十七）」（本文）
柱刻なし（蔵板目録）。
序論　「享保十九年龍舎甲寅七月上澣／洛東獅子谷白蓮社沙門鶴實洲槃譚譔　印〔恬蓮社〕印〔宝洲〕」

序　「享保十八年己丑年孟冬下浣／東奥信夫郡文字摺ノ邑沙門泉江岸敬テ書ス二于小白山ノ之精舎ニ一」

跋　「時に／享保十九年甲寅長月下弦／洛東獅子谷法然蘭若桑門好誉寶洲これを識す」

刊年　不明。蔵板目録の記事により、文化年間以降の刊行と思われる。

板元　めとぎや宗八（下巻末、蔵板目録による）。

備考　関口本は架蔵本と上下巻の口絵・縁起が入れ替わっていて、架蔵本の上巻口絵・縁起が下巻に、架蔵本下巻口絵が上巻に掲載されている。本文の記事内容に合致する点から見れば、架蔵本の位置が正しかろう（参考図版2―4）。

待定略伝――肉体虐使の生涯

待定（一六八五―一七三二）の行実は、長谷川匡俊や関口靜雄・宮本花恵が『待定伝』本文に即して詳細にまとめているので縷説の要はない。[15]しかし、行論上、その大略はここで確認しておく必要がある。以下、年譜形式で簡単にまとめておく（特筆すべき苦行には傍線を付した。なお、年齢は数え年で統一したので『待定伝』の記事と差異を生じた箇所がある）。

貞享二年乙丑（一六八五）一歳　羽前国村山郡蔵増村に生まれる。姓は東海林氏。

正徳五年乙未（一七一五）三一歳　七月、誓願寺で無能の『選択本願念仏集』講義を聴き、発心して出家を請うが、無能に止められる。

享保四年己亥（一七一九）三四歳　優婆塞（在家信者）のまま母と妻子を捨てて遁世。羽黒山に籠もっ

参考図版１

参考図版２

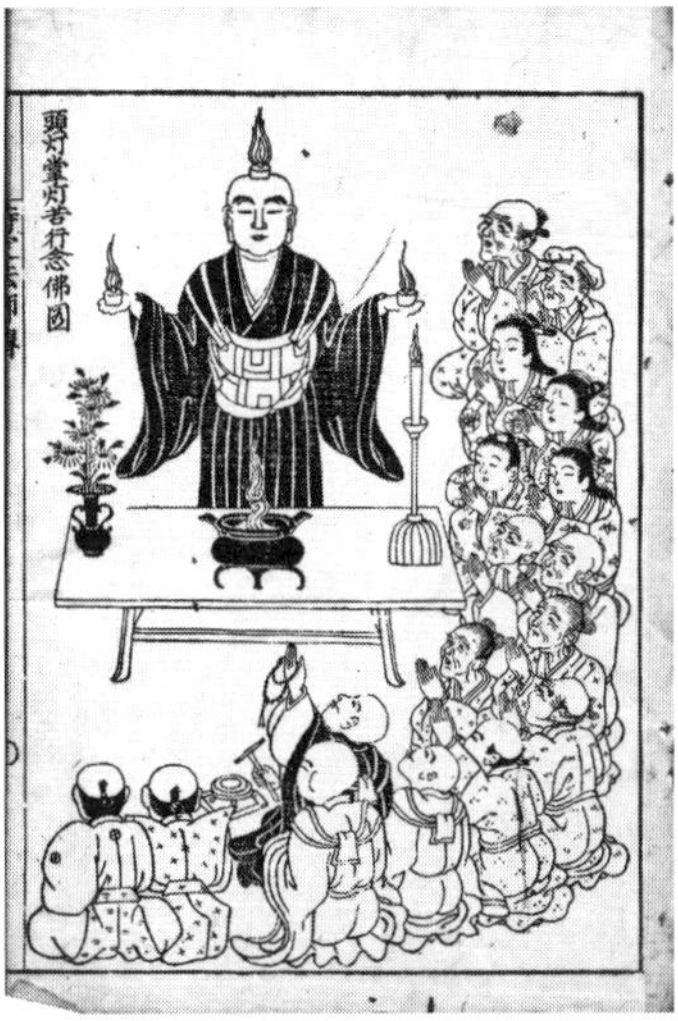

参考図版３

参考図版４

て断食往生を志すも、満願の日に霊告を受けて、往生を断念。以後、念仏十万回を日課として各地の山岳を斗藪修行する。立山で「僧となって罪人を救済せよ」との霊告を受け、出羽に帰国。

享保五年庚子（一七二〇）三六歳　六月、無能の行業に倣って男根を切断。八月、山形宝勝禅寺の瑞峰の下で剃髪受戒し、禅峰待定と号す。参禅の中で、念仏を自らの正業と見極め、瑞峰を辞し、草庵を結んで昼夜念仏一五万回を行ず。奥羽二州を行脚して教化に励む一方、様々な苦行を修す。

享保一〇年乙巳（一七二五）四一歳　飯豊山で捨身往生せんとするも、道友の勧めで亀岡の真言宗寺院大聖寺奥院に参籠。行満の日に「鐘楼堂を建立せよ」との霊告を受け、捨身往生を断念し、以後、頭燈・掌燈などを行じつつ、奥羽関東を勧化する。

享保一四年己酉（一七二九）四五歳　五月、最上貫見村・大井沢の両地蔵尊に七日間参籠。五月下旬から貫見の地蔵堂に三〇日間籠もり、名号一万五千枚を書く。のち、米沢領小出村の白山権現・宮村明神へ参詣し、五日間に左手の五指を燃やして指燈供養を行う。冬、観音堂建立を立願する。

享保一五年庚戌（一七三〇）四六歳　一月二五日より笹野村観音に二七日参籠し、名号五千枚を書く。この折、観音の霊夢に翌年七月一七日入定するよう告げられる。右手の親指と人差し指を指頭供養し、以後の供養で全十指を失う。

享保一六年辛亥（一七三一）四七歳　二月、羽洲下永居村永松寺で頭燈供養。七月一五日、大聖寺二堂建立成就の点眼供養。七月一六日夜、両眼を抉り、身体八七箇所の肉片を切り、有縁の地に送るよう遺言して、裸形のまま石郭に入る。八月七日、十念の声が絶えるも、一〇月一七日に参詣した近在の者は高声に十念を授けられたと言う。

この略年譜からも見てとれるように、待定の「忍行」はほとんど人間業ではない。題名に用いられた「忍行」の語は編者月泉の造語らしく、精細に調査したわけではないが、一般に流布したものではないようである。(16) おそらく月泉は、浄土宗の教義からして、「苦行」や「修行」といった自力聖道門的用語は避けるべきと考えたのであろう。そこで、「忍行」の語を用いて、「自ら積極的に行うのではなく、受け身的に耐え忍ぶ行」という他力浄土門的ニュアンスを持たせたものと考えられる。しかし、これは用語上の問題に過ぎず、その行の内実が甚だしい苦行であるのは言うまでもない。この苦行の基盤となった待定の信仰のあり方は後に触れるとして、ここでは、その「忍行」のあらましを確認しておきたい。

待定の「忍行」は大きく二つに分けられるだろう。一つは、名号を何万回となく称え、書き写す行であり、もう一つは、病的なほどに自身の肉体を虐待することである。この肉体への加虐にも二通りあって、断食行や木喰行など他の宗派や修行者にも見られるものと（とはいえ、待定の断食行は常軌を逸しているが）、待定独自の自傷的肉体虐使とがある。待定は出家前の山岳斗藪修行中にも頻繁に断食を行っているが、ここでは便宜的にそれらを除外して、出家後の自傷を伴わない苦行についてまとめてみると、次のようになる。

函中百日苦行——身体が入る程度の箱に、炒り大豆千五百粒と一椀の水のみを持って籠もり、一昼夜一五万遍の念仏を称え、一万声ごとに炒大豆を水に湿して食べるほかは断食する。
裸形吃立の念仏――毎月一五日・晦日・二五日・二八日の暁から明け方まで裸形で念仏する。
二三夜二六夜の月待念仏――日没から高下駄を履いて屋根に上がり、水の入った茶碗を三指の爪の上に置き、月が出るまで高声に念仏する（参考図版2）。
寒中の川行念仏――極寒の最上川に囲いを立て、川に首までつかりながら七日間念仏を続ける（参考図版3）。
頭燈・掌燈念仏――灯火を頭上・掌上において香をたき念仏する（参考図版4）。「生涯燃頭燈掌燈通計四百九十八箇度」（下五六ウ）とあるから、出家後、入定までの一四年間で一〇日に一度は行っていた計算になる。

函中百日苦行や川行念仏で、待定がなぜ死ななかったのかは謎としか言いようがない。また、頭燈・掌燈は火傷するだろうから自傷的肉体虐使とも重なるが、これはまだしも軽傷で済むだろう。[17] それはともあれ、これらの苦行も常軌を逸していることに間違いはない。しかし、何よりも待定が特異なのは、身体そのものの自傷や切除などが突出していることである。その主立ったものを改めて書き出してみると、

①男根の切断　②手の十指の棄却　③眼球の摘出　④身体八七箇所の切除

ということになろう。①男根の切断は、待定入信のきっかけを作った無能に前例があり、待定はそれ

に倣ったものとされている。無能は男根の切断を「自行化他の為。旁根を切て僧行を堅くせん」と実行した（『無能和尚行業記』上九オ）[18]。言うまでもなく、これは生命の危険を伴う自傷行為であって、無能も「是に依て。もし廃人ともなりなば。却て修行の妨ならんと。深く恐慮して延引」していたのである（同上）。

待定の場合、これを剃髪以前に行い、その後、出家しているので（略年譜参照）、待定の行為は必ずしも仏教的文脈に限定されるものではないような印象を与える。多くの論者は待定の苦行を羽黒修験との関連で論じているが[19]、その説得性はそれとしても、私は、この自傷への傾斜はより待定の個人的資質によるものだったと思う。つまり、修験道なり浄土宗なりは、待定の自傷傾向に宗教性を保証してくれるものだったのであり、その逆ではなかっただろうと考える。特に浄土宗はそのような苦行を肯定するはずもなかったからである。

男根切断に次ぐ待定の自傷行為は、②手の十指の棄却である。これは指を打ち砕いて火を灯すもので、指頭供養と称して五度に分けて実行されている（左手五指、右手小指、右手親指・人差し指、右手薬指、右手中指）。その具体的な方法は次のようなものである（以下、原文引用は、難読以外のふりがなを省略し、会話に「」等を付した）。

（帰依者の油屋五左衛門が）念仏し、法師の左の拇指《おやゆび》を石上に上げ鉄鎚《かなづち》を以て打挫《ひし》ぎ血を絞り出し水に洗ひ、油綿を巻きたり。法師すなはち白山の宝前に到て火を点じ、それより宮村の明神まで指灯を挑《かゝ》げ念仏しながら参詣供養せり……五日を経て五指みな燃し尽せり。（下二三ウ）

胸が悪くなる話だが、これに加えて待定は足指の供養も企図した。これは歩行できなくなると諭されて取りやめている（下二八オ）。この指頭供養以上に凄惨極まるのは、入定前に行われた、③眼球摘出と④身体八七箇所の切除である。

○同日（一六日）の夜に入て観音堂に於て、手づから利刀を以て両眼を挑《くじ》り出せり。奇なるかな血流るゝ事なく、唯白乳《たゞはくにう》（左注「ち」）のみ少し出たり……相次て手づから身肉を切らるゝ事八十七刀なり。いはゆる舌根一所、耳に二所、面に二所、口中に六所、唇に四所、腕に二所、腹に五所、足指に十二所、脚に三十所、股《もゝ》に十九所なり。右の肉段を几案《きあん》の上に並べ置に、其色表裏潔白《ひやうりけつぱく》にして白蓮華の葉々《ようよう》散しくがごとし。数日《すじつ》を経ても色変ぜず……（下四六ウ四七オ）

この記事からすれば傷の合計は八七に満たないが、[20]今それは問うまい。現在ならば、待定の行為は「狂気」の結果として扱われるほかはないだろう。しかし、このような「狂気」こそ「聖なるもの」と表裏をなしている。M・フーコーが言うように、[21]この「狂気」を医療制度へ回収することが近代の歩みだったとすれば、既に我々は待定を理解することもできなければ、想像することもできない。そして、この「理解不能」であり「想像不能」であるものこそ、私が待定に惹きつけられる理由なのである。

もちろん、それは言語的に主題化できないのだから、その問題の内部に入り込むことは不可能である。私にできることは、その問題の輪郭線をなぞってみることに過ぎない。しかし、その輪郭線の描写は、待定の地方教化の実態解明などとは全くの別次元の作業である。私が想起したいのは、歴史学の研究レベルでは脱落せざるをえないような、待定の信仰の原質なのである。確かに、それは当時においても、また、近代化された浄土思想からしても、「異安心《いあんじん》」（異端の信仰態度）でしかないだろう。しかし、その「狂気」と見まがう信仰が存在したことは確かなのである。とすれば、その待定の信仰とは、いかなる構造において可能だったのであろうか。

待定における信仰の構造――入信と出家

前節の略年譜に記したように、待定は、無能（一六八三―一七一九）の『選択本願念仏集』法話を聞いて入信したとされている。無能は『近世畸人伝』巻之一にも簡略な記事があるが、当時高名な浄土僧である。伝記資料としては、『無能和尚行業記』二冊が知られており(22)（『待定伝』〈上一ウ〉も言及している）、その生涯と布教活動については長谷川も論じている。(23)その点に関して門外漢の私が付け加うべきことは何もない。しかし、待定が無能の法話を聞いて入信したことは事実にせよ、その記述はいささか形式的に過ぎ、その入信の内実はほとんど把捉できない。

無能和尚……選択集を講ぜらる。定その講筵に臨み、日々聴采《ちやうさい》して夙種《しくしゆ》頓に発し、浄土の法門に於て大信を生じ、集の一部始終殆《ほとんど》通暁せずという事なし。能公一日定を入室せしめて、選択の要義を試問せらるゝに、その了会の旨穏当にして、祖宗の正統に契へり。能公その法器を嘆じて、宗門の秘訣を授けられたり。（上一ウ）

編者月泉が待定を神格化しようとするのも無理はないが、いくら信仰心の篤い人物とはいえ、何日か法話を聴いただけで、『選択本願念仏集』の「一部始終殆通暁」し、「祖宗の正統に契」って、「宗門の秘訣を授けられ」たというのは大仰だろう。『選択本願念仏集』の正統に適うならば、後の苦行が行われるはずはないからである。この意味で、『待定伝』には、編者月泉のバイアスがかかっていることは注意しなければならない。そもそも月泉は曹洞宗の僧侶であって、浄土僧ではない[24]。また、『待定伝』に評を加えている鶴阿宝洲の立場も勘案する必要がある[25]。

むろん、私は待定の信心を疑っているのではない。この入信の意味は、それまで志向対象を持たなかった待定の漠然とした信仰的情熱が、その噴出口を見いだしたということにあるだろう。それを「祖宗の正統」や「宗門の秘訣」に結びつけるのは文飾に過ぎると私は思う。おそらく待定を捉えたのは、「一心に南無阿弥陀仏を称えれば救われる」という一点だったに違いない。確かに、その意味において、待定は「祖宗の正統」につながってはいた。しかし、以後の待定は、その実践をめぐって他に例を見ない独自の展開を遂げたのである。

また、『待定伝』で奇妙な気がするのは、待定の入信と発心が別の出来事として描かれていることである。もちろん、入信即発心とは言い切れないにしても、入信時に出家まで乞うた待定が、改めて発心するというのは話の進め方としていささか弱いようにも思われる。それはともあれ、待定の発心は次のように描かれている。

> 定明師（無能）の許可を得て安心決定の後は、上求下化の心いよ〳〵進み、厭穢欣浄の念さらに頻なり……定或時要用の事ありて、遠く一族の方へ尋ね行しに、中途にしてにはかに時雨に逢へり……遥に庭際を見れば、石の地蔵尊巍然として立給へり……定此体を見奉りて低頭合掌し、つ

らく観念すらく、「貴むべし薩埵の悲願。われ聞く『菩薩も百千劫彼のいにしへは、五障三従の女身にてましませしに……菩薩の大願を発し……未来際を期して、六趣四生の身を現じ、随類摂化し給へり』。我これを先師に聞けり。『浄土に生ぜんと欲せば、身命を惜むことなかれ』と。又、『自身得楽の為に浄土を求る事なかれ。夫菩提心とは、願作仏の心なり。願作仏の心とは、これ度衆生の心なり』と。われ此言ふかく耳底に留む……地蔵尊も安養の聖衆に列り給へども、正しく無仏世界の能化として、大悲代受苦の誓ひあり。薩唾も本は凡夫なり。われ亦志願を発しなば、何ぞ未来世の地蔵尊とならざらんや」と。忽ち大心を奮起し……(上二オ二ウ)

この文脈では、待定は無能の法話によって安心決定した後、雨中の地蔵尊を見て発心したことになる。しかし、浄土宗において、安心決定と発心は、このような関係性を持つであろうか。特に「上求下化」すなわち「上求菩提下化衆生」の語は、自力聖道門的であって、法然や親鸞の思想と角度が異なる。編者月泉の根本はやはり曹洞宗にあったと言うべきだろう。月泉の善意は疑えないにしても、そこには江戸時代的な宗派的混濁が、と言って悪ければ、他宗派に対する教義理解の緩さがあったように思われる。

あるいは、このような緩さに引きずられてか、「我これを先師に聞けり」について、宮本は「この地蔵尊を見て待定は「先師」(羽黒修験であろう)の言葉を思い出した」と言っている。[26] この時、無能はまだ存命であるが、「先師」は必ずしも「亡師」を意味するものではない。また、月泉がこの記事を書いた時点では無能は亡くなっているので、無意識的に第三者的な記述が混じってしまったとも考えられる。いずれにせよ、文脈上これは「無能」でなければ話になるまい。仏教語として「不惜身命」

は一般的に過ぎるとしても、「発菩提心・願作仏心・度衆生心」の連関は、曇鸞『浄土論註（無量壽經優婆提舍願生偈註）』に見え、[27]親鸞もこれを『教行信証』に引いている。[28]羽黒修験の言葉であろうはずがない。

その意味では、月泉もある程度、浄土宗の教義に通じていたと言うべきだが、しかし、月泉は、この「度衆生心」を「下化衆生」と同義に捉えている。それは、例えば源信『往生要集』の所説に近い。『往生要集』には、

初行相者。總謂之願作佛心。亦名上求菩提下化衆生心。（初に、行相とは、惣じてこれを謂はば仏に作らんと願ふ心なり。また、上は菩提を求め、下は衆生を化《すく》ふ心と名づく）。

とある。[29]このような文脈もありうるのだから、月泉の理解が必ずしも誤りだというわけではないが、しかし、他力思想、特に親鸞の絶対他力においては、この上下を言うべき信仰主体は存在しない。それは徹底的に最下層に位置し、完全に受動状態に置かれた主体であって、「下化」という下方へのベクトルを持たないからである。

確かに、親鸞思想における「願作仏心」と「度衆生心」の連関は難解であり、それは親鸞の「往相回向・還相回向」の難解さにも通じている。極く簡略化して言えば、親鸞において、それらは全て阿弥陀仏に摂取され、衆生は自らの意志でそれを実践しえない。つまり、「度衆生心」も「還相回向」も主体は阿弥陀仏であって、それを行うのは衆生ではない。そうでなければ絶対他力とは言えないからである。そこに親鸞独自の『浄土論』解釈＝改釈があり、また、絶対他力思想の展開があったので

ある。しかし、一般的には、「度衆生心」を「菩提心を発した者が自らの行によって衆生を済度せんとする心」と捉えるほうが、つまり、源信的説明のほうが理解は容易である。それゆえ、月泉の説明も理解はしやすいのだが、それは他力思想と齟齬することにもなりかねないのである。

もちろん、法然と親鸞の差異、つまり、浄土宗と浄土真宗の教義的差異もあるから、私は月泉が親鸞思想を理解していなかったなどと主張したいわけではない。むしろ、このような教義理解の混濁もしくは緩さは待定自身にも共有されていたのであって、それは待定における浄土信仰が自己一流の特異なものだったことを示しているのである。

そのことは、待定が曹洞宗寺院で出家したこととも関連する。そもそも、念仏行者がなぜ曹洞の寺院で出家せねばならなかったのであろうか。そのこと自体が、待定の教義的無分別を如実に示しているだろう。待定は、略年譜に記したように、山形宝勝禅寺の瑞峰の下で剃髪得度した。瑞峰は「洛北鷹峯復古堂白卍山の法嗣《はっす》」（下二八オ）と記されている。卍山《まんざん》道白は宗風の立て直しに尽力し、『正法眼蔵』卍山本の校訂者としても知られる近世曹洞の大立て者である[30]。その法嗣の瑞峰にとって、待定は極めて異質な弟子だったろう。結局、待定は瑞峰の下を去らざるをえなくなるのだが、瑞峰と待定のズレは、その問答に明らかである。

（瑞峰）問て曰。「汝久しく幽巖邃谷《すいこく》の内に住して艱難労苦すと。未審《いぶかし》この什麼《なに》の事業をか修し、什麼の道理をか明らむ。老僧が為に試に挙せよ看む」と。法師答て曰。「われ前に浄土の知識に謁して念仏往生の要津を聞く。爾りしより日々数万声の念仏を修し、西方を以て棲神《せいしん》の地とす。弟子不肖なりといへども、普く衆生の為に念仏を弘通し、共に浄土に生ぜんことを願ず。しかりといへども、煩惑紛飛して愛河漲り来る。……身を断崖絶壁に寄せて苦練すといへども未所得の分ある事なく、わが心安からず。……更に冀《こひねがは》くは和尚の大悲、弟子が癡獃を怜《あはれ》み給ひて念仏三昧を離れずして洞宗の安心を示し給へ」と。（上二八オ・ウ）

この問答には、おそらく月泉の脚色がかなり入っているだろう。ここで用いられている漢語が待定自身の語彙だったとは考えにくいからである。よしんば基づくところがあったにしても、これは待定が瑞峰の言をほとんど理解できなかったことを示すもの以外ではない。そうでなければ、禅問答の決まり文句「試に挙せよ看む」に、「西方を以て棲神の地とす」という西方浄土実在論の答えが出てくるはずはないからである。阿弥陀の浄土を「棲神の地」と表現するのも奇妙な気がするが、なおかつ、待定は「念仏三昧を離れずして洞宗の安心を示し給へ」と瑞峰に問う始末である。

確かに、念仏と禅を二つながらに修する「浄禅双修」もないではない。しかし、それは、主として中国明代の禅風（特に中峰明本）に由来するものであって、道元にしても白隠にしても、浄禅双修を厳しく否定している。[31] 無論、私はここで浄禅双修の是非を言うつもりも、その資格もない。ただし、待定の応答が浄禅双修といったレベルのものでないことだけは確言できる。つまり、待定は宗旨といった教義レベルの問題を当初から理解できていないのである。そのため、当然とは言え、この答えは瑞峰の一喝に会う。

和尚の曰、「咄哉《つたないかな》。丈夫なんぞかくのごとき胡乱の語をなすや……唯自家の己霊を味没《まいもつ》して迷に随ひ妄を遂によるのみ。汝宿習に依て、今苦行三昧に忍耐せり。これ実に猛烈の大丈夫、真の鉄漢なり。只急に参禅して頓に心地を発明し、自性の弥陀を見、唯心の浄土に生ずべし。何ぞ心外の浄土を求め、身後の解脱を期せん」と。（上二八ウ二九オ）

瑞峰は待定の苦行を「宿習」、すなわち、前世からの習慣や習性によるものとし、「参禅して頓に心地を発明」せよと諭す。瑞峰が言う「自性の弥陀」「唯心の浄土」は、よく言われる「己心弥陀」「己心浄土」と同意である。その原典は不学にして知らないが[32]、少なくともこの語は自力聖道門的浄土観であって、法然や親鸞の言うところとは相容れない。たとえば、法然は『黒谷上人語灯録』において、「真言ノ阿弥陀ノ供養法ハ。正行ニテ候ベキカ」という問いに、

仏体ハ一ツニ似タレドモ。ソノ意不同ナリ。真言教ノ弥陀ハ。コレ己心ノ如來。ホカヲタズヌベカラズ。コノ教（浄土宗）ノ弥陀ハ。コレ法蔵比丘ノ成仏也。

と答えている[33]。瑞峰が「何ぞ心外の浄土を求め、身後の解脱を期せん」と言う「浄土」は、法然からすれば「真言教」、すなわち、自力聖道門の言うところであって、「ホカヲタズヌベカラ」ざるの弥陀であり浄土である。「心外の浄土云々」の叱責を待定が理解できなかったのは、むしろ当然であった。待定において、「西方」にある「棲神の地」は、まさに「心外」にあるから実在するのであって、その実在の地に到達することこそが待定の熱狂的念願なのだからである。

この意味において、月泉の描きだした瑞峰と待定の問答は、月泉その人の宗派的混濁をも意味するだろう。曹洞宗に身を置きながら無能を敬慕し、待定に入れあげた月泉の人物をあげつらうつもりは

ないが、これを念仏禅の理解者とは言いがたい。少なくとも、月泉にとってそれが教義レベルの問題となっていなかったことだけは確かなのである。逆に言えば、それは無能や待定の熱狂的実践が、月泉をいかに魅了したかを物語っている。一般民衆が無能や待定に惹きつけられたのも、そのため以外ではなかった。このカリスマは、言うまでもなく、教義によって支えられるのではない。情熱によってのみ支えられているのである。しかし、待定の信仰心が向けられる対象は、浄土宗の阿弥陀仏というにはあまりにも特異であった。あえて言えば、それは羽黒修験などとも関連するような、辺境の土着宗教にその源泉を有する、古代的な信仰の浄土宗的扮装だったとも言いえられよう。逆説を弄するつもりはないが、それは語の基礎的意味において、確かに待定一己の浄土であり弥陀であった。

待定は、その後間もなくして瑞峰の下を辞した。『待定伝』は、その葛藤を縷々綴ってはいるが、所詮は後付けの説明に過ぎないと私は思う。待定は去るべくして去ったのである。

易行と苦行の境界

瑞峰を辞した待定は、その後、過酷な修行の道を加速していく。その概略は既に見たとおりだが、この待定の苦行に対して本来の浄土宗信者達が不審の目を向けたのは当然であった。『待定伝』には、次のようなエピソードが記されている。

たまく小黠《せうかつ》(左注「こざかし」)の輩あつて、定を詰りて曰、「夫往生極楽は易行の念仏にて事たりぬ。仁者何の不足あつてかくのごとく苦行に身を労するや」と。定答て曰く、「善哉、君が安心尤仏願の趣にかなへり。われ又平生、君が安心に同して、罪悪の身、仏の願力を頼み、念仏して往生を願ふ外地なし。但し今わが修する所の苦行は、君等の得生以後浄土にて修する所の行なり。いつかわがごとく修行し給ふ時あるべし。其時相見してこの意をも語り聞せ申すべし。今は語るに暇あらず」とて、敢て取合ひ申されずとなり。（上一八オウ）

月泉は「小黠の輩」と貶めているが、「往生は易行の念仏。何の不足があって、苦行に身を労するのか」とは、浄土宗の信者からすれば至極当然の疑問である。これに対して待定は、「いかにもその通りだが、私の修行は浄土において行う修行である」と言う。つまり、待定の苦行は浄土に往生した後に行う修行、すなわち、菩薩行であって、既にして人の行ではない。これを待定の傲慢と取ってはなるまい。言わば待定は、自らを「この世における死者」と自己規定しているのである。待定は断食や肉体虐使の苦行を通じて生の臨界点に接し、それによる神秘体験を幾度も経験している。そして、この臨死体験の中から待定がつかみだしてきたのは、徹底的な現世否定であり、己の身体の完全無視だったと言ってよい。待定において特異なのは、この現世否定が観念の水準ではなく、自己の身体の水準で、極めて具体的な方法によって実行されたことにある。

例えば禅では「大死一番、乾坤新たなり」などと言う。それは開悟（ある種の臨死体験と言えよう）を通じて、新たな光に照らされた現世に帰還することであろう。それが、蘇東坡「柳緑花紅真面目」の世界であり、雲門文偃「日々是好日」の時空である。すなわち、生々たる現世に目を開くことである。それが大乗仏教における「煩悩即菩提」の意味であるだろう。しかし、待定において、「往生」とはまさに「具体的な死」そのもの、J・ラカンの用語で言えば、認識不可能な「現実界」への直接的な参入だったと言ってよい。それはすなわち、「狂気」の世界である。

それゆえ、待定の行動が余人には理解できないのは当然すぎることだった。入定の直前、親交のあった春国も待定に次のような問いを投げかけている。

（春国）和尚曰、「師の念仏の安心を聞くに、浄土往生の行、念仏に過たる事なしと。然るに従来種々の難修の行どもを修し給ふ事頗疑あり」と。法師勃然として謂て曰、「わが上乗の難作の行も、ことぐく念仏の助業と思ふ也。和尚知り給はずや、水月の道端に坐して空華の万行を修し、夢中の仏事を作して如化の衆生を慶す。皆これ菩薩慈済の微意にして都采念仏の光用也。その難易の差別は傍人の功夫にして、われに相あづからず」と。かくのごときの問答往復数番に及べり。……法師も和尚の求法の深志を感じて、肺肝を吐露してこれを告ぐ。「凡弥陀の大悲本願は機の善悪迷悟を沙汰せず。六道頼縁の仮を（止観一之二／輔行同）改ず。唯仰て弘願を信じ、念仏して往生を願ふばかりなり。この外に別の心行を用ひずとなん承る」と。（下三八ウ三九オ）

待定は自らの苦行を「念仏の助業」だと言う。しかし、法然の唱えた専修念仏とは、かかる「助業」を排して専心に念仏することだったはずである。出家前の待定は、教えを請われれば法然の『一枚起請文』や『黒谷上人語灯録』を示したと言うが（『待定伝』上一八オ）、法然は『語灯録』にこう言っていたのではなかったろうか[34]。

……一心にもはら彌陀の名號を念して……念念にすてざる。これを正定業となづく。……二にはさきの五が中に。第四の稱名をのぞひてほかの禮拜讀誦等をみな助業となづく。つきに雜行といふは。さきの五種の正助二業をのぞきて已外の。もろもろの讀誦大乘發菩提心持戒勸進等の一切の行なり。

待定の言う「助業」は、法然からすれば「雑行」以外の何物でもない。それゆえ、待定自身も「唯仰て弘願を信じ、念仏して往生を願ふばかりなり。この外に別の心行を用ひず」と言うほかはない。とすると、ここにおいて苦行はどのように位置づけられるのか。すなわち、待定は「難易の差別は傍人の功夫にして、われに相あづからず」と言わざるをえないのである。他者から見ての難行も、待定にとって難行ではない、というわけである。先に見た菩薩行としての苦行は、人間が行うのではないという意味においては苦行ではないのかもしれない。しかし、生身の人間が自らを菩薩と規定するのは浄土宗の論理ではありえないことも確かであろう。もちろん、私は待定の教義理解がおろそかだと言いたいのではない。ここには浄土宗の教義とは別次元の宗教的熱狂が存在している。

それは待定における死への熾烈な希求に相同している。略年譜に示したとおり、待定は、出家前の享保四年（一七一九）三四歳の折、妻子を捨てて遁世した際は「断食往生」を試み、霊告によって断念している。また、享保一〇年（一七二五）四一歳には、飯豊山で舌を食い切って「捨身往生」せんとして、これも霊告によって中断している。つまり、待定は自らの生命を絶つことを二度試み、両度とも霊告によって思いとどまっている。そして、それを埋め合わせるかのように、過酷な修行を自らに課していったのである。逆に言えば、待定は自らの死を意味づけるために苦行にのめり込んでいったとも言える。その意味で、苦行は待定にとって、自死への希求を辛うじて押しとどめる唯一の手段だったのかもしれない。おそらく、待定の異形性は、単にその苦行の特異性によるのではなく、この手段（苦行）と目的（往生）の転倒が、それとは教義的に相容れない浄土宗の文脈に接ぎ木されたところにあるだろう。

待定はまた姿も異形だった。手の十指を失っていたという身体上の姿だけではない。待定は特に裸形に執着していたように思われる。既に触れた「裸形吃立の念仏」は、ひと月に定めた日の暁から明け方まで裸形で念仏する行である。これは必ずしも寒中に行われるばかりではないから、寒さに耐える苦行というよりも、裸形になることの意味が大きいように思われる。この裸形への執着が、最もよく現れているのは、入定時の姿である。

……時に法師徐歩して窟前に立り。門馬氏及び油屋五左衛門、亀ガ岡茂作の三人近前して、顧命に任せて法師の袈裟直綴《ころも》帷子を脱しむ。法師すなはち裸体にして石室に入て趺坐す……。

（下五〇オウ）

おそらく、この「裸体」は死者としての姿だったのであろう。また、待定は入定の日、観音堂の仮屋に移る際にも、人々の目には奇異に映る姿をしていた。

法師其日の儀相はなはだ奇異にして腰に短刀《わきざし》を指れたり。亮海闍梨これを見て怪み其故を問ふ。法師答て曰、「仏に降魔《がうま》の相あり。文殊は右手《うしゆ》に利剣を執り、不動は左手に羂索《けんじやく》を握る。海公それ疑訝《ぎげ》する事なかれ」と。闍梨信伏す。（下四六オ）

待定は、この「短刀」は文殊の利剣であり不動の羂索であって、己の装いは「降魔の相」だと言う。ここでも待定は己を仏菩薩に擬している。それが既に現世において死者となった待定の自己規定だった事は既に見た。しかしまた、この身に帯びた「短刀」はより実際的な用途を持っていた。待定は入定時に、この利刀をもって、自らの眼球を抉りだし、舌を切り、身体八十数箇所を切り刻んだからである。

こうして、男根を切断し、手の十指を欠き、両眼を抉り、身体を切り刻んだ待定は、それらの傷痕を全身に負って裸形のまま石室に入った。この傷痕は既に聖痕《スティグマ》である。異形の念仏行者待定が辿り着いたのは、全身くまなく聖痕を負った、この裸体そのものだったのである。

おわりに

私が待定の存在を知った時、連想されたのは熊谷直実だった。今更言うまでもなく、『平家物語』「敦盛最期」の熊谷である。熊谷は後に法然に帰依して蓮生と名乗ったが、私には、この蓮生の行動が専修念仏行者としてはいささか異色なものとして印象されていた。その記憶が待定によって呼び覚まされたのである。蓮生の異色性というのは、蓮生が「上品上生」への往生を願ったことである。「上品上生」は『観無量寿経』に説かれる浄土往生九品の最上位である。当然、法然も穏やかながら、これをたしなめている。(35)

「恵心の僧都すら下品の上生をねがひ給たり。何況末代の衆生、上品上生する者は一人もあらじ」と、ひじりの御房の仰ごとあるを……

専修念仏は、誰であれ念仏によって九品の最下層「下品下生」に生まれうるという教説だったはずである。なぜなら、「末代の衆生、上品上生する者は一人も」いないからである。

しかし、蓮生は、元久元年（一二〇四）五月一三日、六七歳の時に次のような願を立てた[36]。

下八品の往生、われすてゝしかもねがはず。かの国土にいたりをはて、すなはちかへり来事あたはざれば也。かさねてこふ、我願において、或は信じ或は信ぜざらんもの、ねがはくは信と謗とを因として、みなまさに浄土にむまるべし。

つまり、蓮生が上品上生の願を立てたのは、「下八品（上品中生↕下品下生）」の往生では、現世に帰り来て、他の衆生を浄土に導くことができないからである。蓮生は待定のような苦行をしたわけではない。一方、待定も「上品上生」を言っているわけではない。しかし、その信仰の基礎構造は共通している。すなわち、彼等は、「末代の衆生、上品上生する者は一人もあらじ」とする浄土宗の中にあって、あえて教義そのものを無化するがごとき、「上品上生」を望み、また、菩薩道としての苦行を行ったのである。

法然や親鸞は苦闘のすえに、「南無阿弥陀仏と称えれば浄土に往生できる」という命題に至り着いた。しかし、蓮生や待定の場合、それは出発点であって、結論ではなかった。そして、蓮生の場合、この命題は「上品上生するならば浄土から現世に帰還して衆生済度できる」と再解釈され、待定は、これをさらに「苦行するならば上品上生できる」という水準に推移させたと言ってよい。一般に、命題「A

ならばB」において、AをBの十分条件、BをAの必要条件というわけだが、蓮生や待定の場合、この十分条件と必要条件の関連が、宗祖の問題意識および教義から次第にずれていったのである。

一面では、それは彼等の無識無学に由来するであろう。(37) しかし、信仰は学知によって支えられるものではありえない。私が待定に震撼させられるのは、学知によってはいかんともしがたい世界を待定がまざまざと見ていたからにほかならない。言うまでもなく、私はここで待定が見ていたものを理解しようとしたのではない。私達に理解できないものを待定が見ていたことを確認したかったのである。そこには人間存在の底知れない深淵が広がっている。

第Ⅲ部　記述される信仰

第一章　地獄極楽見聞記・注釈——宝洲評注『孝感冥祥録』

はじめに

私は月泉編『待定法師忍行念仏伝《たいじょうほうしにんぎょうねんぶつでん》』（元文元年刊〈一七三六〉）を論じる中で、[1]評注者の宝洲に注意を引かれるようになった。待定に大きな影響を与えたのは無能だったが、その伝記『無能和尚行業記《むのうおしょうぎょうごうき》』（享保六年刊〈一七二一〉）を書いたのは宝洲だったからである。また、宝洲は、善之丞（後に剃髪して直往《ちょくおう》）の地獄極楽見聞記『孝感冥祥録《こうかんめいしょうろく》』（享保八年〈一七二三〉成立・同一九年刊〈一七三四〉。以下『冥祥録』）に序・凡例・評注を加えている。後世、この『冥祥録』の評注を削除し、挿絵をふんだんに加えたのが『孝子善之丞感得伝《こうしぜんのじょうかんとくでん》』（天明二年刊〈一七八二〉。以下『感得伝』）である。[2]私は『感得伝』の刊本・零本・近代刷りなどを架蔵しており、拙論の中で触れたこともあった。[3]ところが、その改変前の原本『冥祥録』の序者・評者にまでは注意を払っていなかったので、『待定伝』に出会って改めて宝洲を発見することになったのである。それで、宝洲の経歴と著作を調べ始めたが、案に相違して宝洲の記事は極めて少なかった。そこで、宝洲の経歴と著作については改めて論じることとし、[4]ここでは、宝洲が序と評注を加えている『冥祥録』を取り上げて、宝洲の仕事の一端を窺ってみたい。

というのも、『冥祥録』は、その改変本である『感得伝』のほうが勧化本としてよく知られており、原本である『冥祥録』における宝洲の役割が過小評価されているからである。むしろ、『感得伝』の論者は宝洲をほとんど認識していないとすら言える。しかし、宝洲の経歴を追ってみると、『冥祥録』

は宝洲なしに刊行不可能だったのである。また、これが宝洲の仕事のごく一部であることも明らかになってきた。その意味において、『冥祥録』刊行における宝洲の役割は正当に見積もられなければならないのである。

また、『冥祥録』と『感得伝』の差異は、宝洲の仕事と、それ以後の勧化本の立場の違いをも示している。それは、時代によって庶民教化のあり方や著作者の信仰のあり方も一様ではなかったことを意味している。勧化本研究者は庶民教化の実態解明に力点を置くために、その著者や著作動機を軽視しがちな傾向があるかに思われるが、本論がその欠をいささかでも補えればと思う。

『孝感冥祥録』書誌

『冥祥録』は、国文学研究資料館「日本古典籍総合目録データベース」(以下「古典籍DB」)の検索では、(5)零本も含めて二三種がヒットする。また、改変本の『感得伝』も三〇種がヒットする。このほか、古書肆の目録・ネットで販売されているものも散見するので、この時期の本としては、両書ともかなりの残存数と言える。『冥祥録』は、私も表紙の異なる完本二種のほか、口絵を欠く上巻零本も架蔵している。この時代の仏教関係書は繰り返し刷り直されるので、刊記を備えているからといって必ずしも初刷りとは限らない。架蔵本も初板の刊記を備えてはいるものの、刷りがやや甘いので後のものと思われるが、書誌を簡略に記して後考に備えたい。

底本　架蔵本第一種

板型　大本二冊。二六・三糎×一六・七糎

表紙　薄茶色
題簽　薄青色。四周双辺。一八・五糎×四・二糎。角書「直往」。「孝感冥祥録　巻上（下）」（参考図版1・2）。
構成　上巻――口絵（一丁・参考図版3・4）・序（二丁）・凡例（二丁）・本文（二九丁）、全三四丁。
下巻――本文（二五丁）・跋（一丁）・刊記（半丁）、全二七丁半。
柱刻　上巻・口絵「冥祥録　○（丁付なし）」。序「冥祥録序　○一（・二）」。凡例「冥祥録凡例　○一（・二）」。本文「冥祥録上　○一（―二十七）」。
下巻・全丁「冥祥録下　○一（―三十七）」
刊記　裏表紙見返し（二七オ）に「享保十九稔甲寅孟春良辰／知恩院石橋書肆澤田吉左衛門寿梓」（参考図版5）。なお、この丁に「孝感冥祥録喜捨助刻名位」が記載されている。記事は下記の通り。「発心主伝阿上人　願成主涼澄上人　法行桂鳳上人　法輪提卯上人／西福観性上人　菩提安栄上人　随利昌順　船橋良休　性月寿海／玉峰林雪　自然　利清　宗哲　栄法　了本　映心　浄貞／元誓　要貞　映澄　貞春　貞林　了憶／冀見聞随喜人悉浴地蔵願海同會弥陀宝林／東山獅谷白蓮社識」。
備考　架蔵本第二種は、表紙が青色で、上巻題簽を欠くが、第一種より刷りはややよいように思われる（参考図版6）。表紙の色以外は、第一種・第二種ともに構成は全て同一である。

『孝感冥祥録』の成立過程

『冥祥録』の成立については、まず宝洲がその序に語るところを見ておこう（以下、漢文引用は、読点とフリガナを附して、書き下して引用する)。

予、嚮《サキ》ニ東奥ニ住セシ日、百タリ直往ガ譚ヲ聴テ感仰ニ任《タ》ヘズ、復、之ヲ未聞ニ示サント欲シ人ヲシテ其ノ語ニ依テ具サニ事状ヲ録セシム。然ルニ希世ノ孝感、人心ヲ激動スルヲ以テ、自ラ華夷ニ流《ツタ》ヘテ閲写シテ信ヲ発スル者、尠カラズ。坂陽ノ西隠伝阿上人、亦見テ随喜シ課念ノ暇、其ノ稿本ニ拠テ煩蕪ヲ芟《カリ》テ以テ修飾ス。頃《コノゴ》ロ書林某、梓ニ鋟《エラ》ンコトヲ請フ。仍テ予之ガ序ヲ記シ、間《マヽ》愚評ヲ文中ニ贅シテ以テ刊人ニ附ス。(序一オウ)

参考図版 1

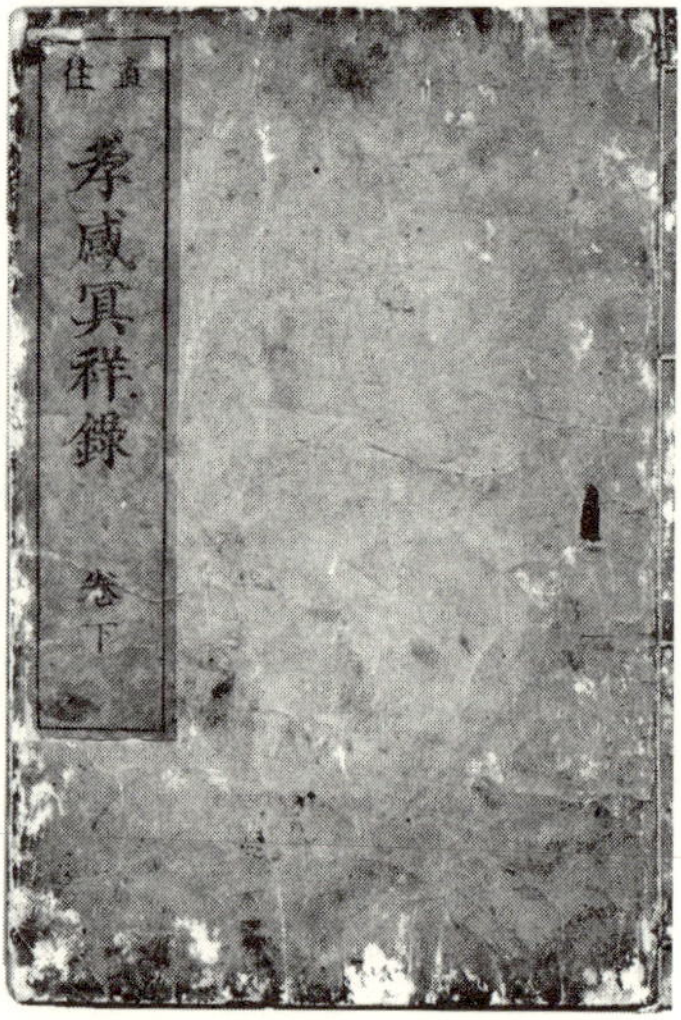

参考図版 2

参考図版 3

参考図版 4

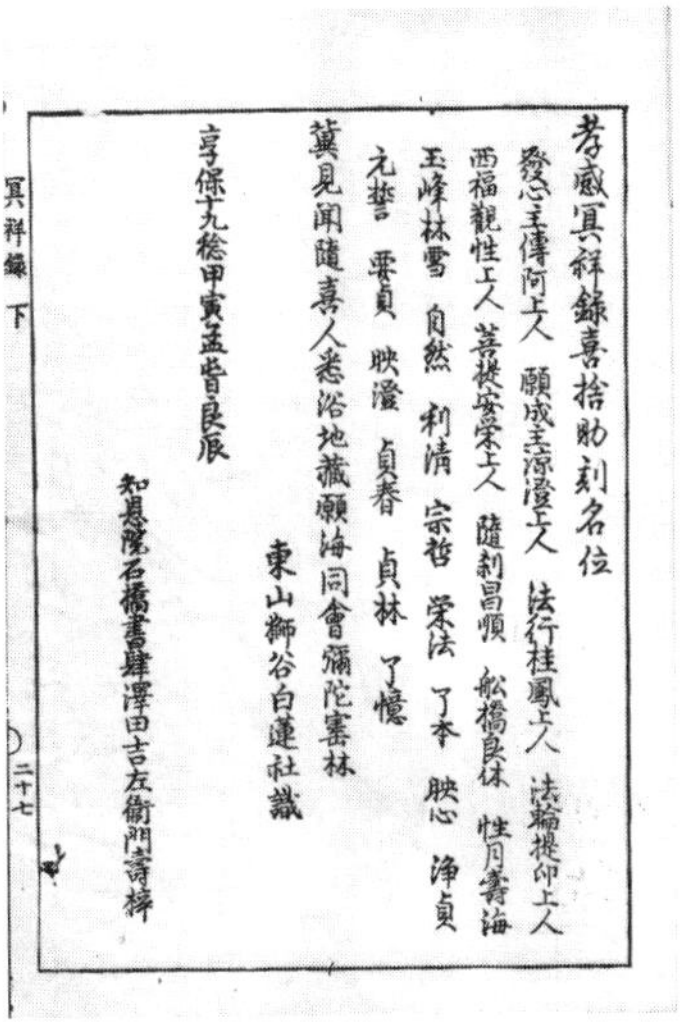

孝感冥祥録喜捨助刻名位

發心主傳阿上人　願成主涼澄上人　法行桂鳳上人　法輪提印上人

西福観性上人　菩提安栄上人　随刹昌順　船橋良休　性月壽海

玉峰林雪　自然　利清　宗哲　栄法　了本　映心　浄貞

元誓　要貞　映澄　貞春　貞林　了憶

冀見聞随喜人悉浴地蔵願海同會彌陀寶林

東山獅谷白蓮社識

享保十九稔甲寅孟春良辰

知恩院石橋書肆澤田吉左衛門壽梓

冥祥録　下　二十七

参考図版 5

参考図版 6

宝洲が「東奥ニ住」したのは、享保二年（一七一七）春のことである。この年、宝洲は伊勢白子の悟真寺から、はるばる磐城国相馬郡中村の崇徳山興仁寺に移った。[6] この興仁寺在住時代の享保六年（一七二一）に、宝洲は先に触れた『無能伝』を刊行している。宝洲が直往について知ったのも、この興仁寺に住した折だったわけである。宝洲は「百タリ直往ガ譚ヲ聴」いて感銘を受け、「人ヲシテ其ノ語ニ依テ具サニ事状ヲ録セ」しめた。その筆記者が欣誉厭求である。[7] 厭求は巻末識語に次のように言っている（以下、本文引用は、フリガナを適宜略して引用する、なお、括弧内・傍線等は特に断りのない限り引用者による）。

> 厭求申候は、相馬興仁蘭若に於て。堂頭和尚（宝洲）はじめ。門下の諸長老。御府内の道俗男女集り。直往に面談ありて。一々上来の次第を聴聞ありて。未聞の人のため。末代にも及ぼすために候へば。其口説のまゝ具に筆記すべしと命じ給ふ間。府下の諸侍。志ある人々集りて。相共に集録するところ上来の如し。（下二四オ）

末尾には「筆記者欣誉厭求敬白」（下二四ウ）とあるから、筆記は「志ある人々」が共同で行い、厭求はその責任者だったのだろう。また、本文末尾には、内容の虚偽ではないことを誓約した直往の言葉が書かれ、「時享保八卯年九月十四日／奥州伊達郡南半田村／行年二十三歳／直往敬白」（二五オ）と年記が記されている。

この享保八年（一七二三）成立の原写本は、宝洲が序に言うように、「華夷ニ流ヘテ閲写」されていったらしい。現在、『冥祥録』写本の存在は知られていないが、宝洲の言を疑う理由はない。『日本小説年表』に「孝威冥祥録」一〇冊とある「実録」が、(8) そのような写本だった可能性もありそうである。『冥祥録』原本の成立過程はだいたい以上の通りだが、宝洲はこの後、相馬興仁寺から、忍澂が念仏道場として創建した京都の法然院に移った。移住時期は定かではない。私は、享保一〇年（一七二五）前後ではなかったかと推定している。(9) この法然院で、宝洲は『大蔵経対校録《たいきょうろく》』や慧琳『一切経音義』（以下『慧琳音義』）の校訂・刊行に関わったようである。(10) 宝洲自身の著作活動は、享保一五年あたりから盛んになっている。宝洲が『冥祥録』の刊行を企図したのも、そのあたりからだったであろう。

ただ、いささか不審なのは、宝洲がなぜ校訂を伝阿に依頼したかということである。宝洲は序に、「坂陽ノ西隠伝阿上人、亦見テ随喜シ課念ノ暇、其ノ稿本ニ拠テ煩蕪ヲ芟テ、以テ修飾ス」と言っていたが、これは伝阿の跋と微妙に食い違う。伝阿の跋は短いので全文を掲げる。

> 或人一小冊を携来て曰、これを読侍るに古今未曾有の感応なり。梓にのせて衆人に見せば厭欣の一助となるべし。然るに、もと童子の語るに随て記せる草案なれば文言前後し、且、重出の所すくなからず。願くは浄業の余暇、披閲して繁濫を訂正せよと頻に請てやまず。われ其任にたへずといへども。随喜のあまり孤陋をわすれ、老眼を拭て筆をとりぬ。固に感応の実録なれば義理は一事もたがへず、粗繁濫をたゞして、その需に応ずるのみ
>
> 享保十八年十一月十八日　西隠伝阿謹誌（下二六オ・ウ）

伝阿はなぜか宝洲の名を記していないが、伝阿は宝洲に校訂を依頼されて初めて、この書を知った

らしい。となると、伝阿の識語年記「享保十八年十一月十八日」は『冥祥録』の刊記とあまりにも近すぎる。書誌に記したごとく『冥祥録』の刊行は、「享保十九稔甲寅孟春良辰」であって、伝阿の識語と二カ月とは離れていない。無論、識語年記が伝阿校訂本の完成時期を直接に意味するわけではないが、後述するように、宝洲の評注は極めて詳細であって、数カ月でなったものとは思われない。つまり、宝洲が伝阿に渡したのは、宝洲が評注を加えた草稿だったとは考えにくいのである。

そもそも評注を加えた本文の校訂を依頼するのは順序が逆だろう。ましてや、それは宝洲自身が自ら命じて一〇年以上前に作成させた本文であって、評注を加える暇があるなら校訂もできたに違いない。宝洲が伝阿に渡した校訂用写本とは別に、評注を書き込んだ自用の写本を持っていたのではないかと推定するのは、そのことによる。また、伝阿の識語からみれば、伝阿と宝洲はそれまで面識がなかったと思われる。なおかつ、伝阿の名は序と跋に出てくるだけで、内題・凡例・本文のどこにも出てこない。つまり、『冥祥録』における伝阿の役割はあまりにも形式的過ぎる。となると、宝洲はなぜことさら伝阿に校訂を依頼したのであろうか。

私は、その背景には刊行資金調達の問題があったためだろうと考える。『冥祥録』刊記には喜捨名簿が掲げられている（書誌参照）。その筆頭には「発心主伝阿上人」とあって、あたかも伝阿が刊行を発願したかのごとくに記されている。意地の悪い見方をすれば、宝洲は刊行資金調達のために伝阿をダシに使ったのではなかろうか。『冥祥録』の刊行過程を見れば、それが一番ありそうなことに思われる。その意味で、宝洲はなかなかの辣腕家でもあったらしい。

宝洲は、『冥祥録』刊行の三年後、元文二年（一七三七）に没している[11]。宝洲の没後、伝阿は『女人愛執恠異録』（元文五年〈一七四〇〉刊。以下『愛執録』）を刊行したが、その序で『冥祥録』に触れている

（序年月は元文四年〈一七三九〉。なお、以下の引用は後刷り改題本『霊魂得脱物語』による[12]）。

京師獅子谷の僧、或時、孝感の奇特を書きたる草案と愛執の報応を記したる漢文とを携へ来て云、浄業のいとま正し玉へかしと。我つら〱是を見るに古今の珍事なり。此故に日課のいとまに固陋をかへりみず書綴りて一本は孝感冥祥録と名て彼僧方へ遣しければ、京師の書林澤田氏乞請て版行しけるに都鄙の人、思の外にもてはやし今に至ては壱万余部摺出せるとかや……（一オ・ウ）。

享保一九年（一七三四）刊行の『冥祥録』が元文四年（一七三九）までの五年間に「壱万余部」というのは、当時としては驚異的なベストセラーと言ってよい。なお、「愛執の報応を記したる漢文」が宝洲の関わった著作かどうかは疑わしい。宝洲のそれまでの仕事ぶりをみると、宝洲がそのような閑文字に時間を割いたとは思われないのである。伝阿は『冥祥録』跋や『愛執録』序で、宝洲の名には一言も触れていない。その口ぶりに、伝阿の宝洲に対する微妙な疎隔感が読み取れるような気がする。『冥祥録』における伝阿の扱いからすれば、それもむべなるかなと思うのだが、私の深読みに過ぎるだろうか。

なお、伝阿は生没未詳で、その事跡も定かではない。著作も「古典籍ＤＢ」で四件しかヒットしない。なおかつ、その内の一本は、題名未詳の「仏教不明本」として登録されている。これは刊年の書誌記事からみて『愛執録』の零本かと思われる[13]。結局、伝阿の関わった著作は、『冥祥録』『愛執録』以外には、永観『往生講式』の校訂が確認できるだけである。『往生講式』は往生講の作法をまとめたもので、著者の永観《えいかん》（「ようかん」とも。一〇三三―一一一一）は三論宗の僧侶だったが、浄土教を鼓吹したことで知られる。[14] 本書に付された伝阿の跋には、本書刊行の経緯が次のように語られている（本文は架蔵本により、文意不明瞭な箇所には返り点や送り仮名を私意に補って書き下した）。

……茲ニ吾ガ先師、既ニ大漸ニ臨テ遺弟ヲ警戒シテ言ク、「我一代六十有余年、三蔵ヲ紬繹シ十宗ヲ討論シテ、自宗ヲ是トスルノ日ハ侘ヲ非シ、他宗ヲ挙スルノ時ハ自ヲ會ス。錬磨ノ私意、筆墨ニ費シ、鷸蚌相扼ノ争論、罪過彌天ナリ。柳文ノ篋数箇、為ニ之ヲ灰燼セヨ。没後世ニ流布シテ必ズ旧愆ヲ二《フタタビ》スルナカレ」。……命ニ順ジテ之ヲ焚ク時ニ、此ノ印版一軸ノ私書ニアラザルヲ得タリ。……焔中ヨリ之ヲ出ダス。然ルニ註釈ハ青黄黼黻《ホフツ》正カラズ。軽才ノ改削ヲ恐レテ之ヲ略シ唯勘文スルノミ。鼇頭ニ之ヲ點ズ。陶犬瓦鶏ノ繁文ハ取捨ヲ後賢ニ任スノミ。
縁山北渓沙門伝阿校（二一オ―二二オ）

いささか作り話めくが、先師（未詳）の遺物を荼毘に付した際、「私書ニアラザル」この書のみを火中から救いだし、刊行したというのである。架蔵本の刊記は「元禄十一季春上浣／書肆村上勘兵衛寿梓」（二二ウ）で、これが初板とおぼしい。「縁山北渓沙門伝阿校」とあるから、元禄一一年（一六九八）当時、伝阿は三縁山増上寺の学徒だったわけである。伝阿は、その「勘文」を「鼇頭」に加えたと言うが、この言は必ずしも信を置けないように思う。というのは、伝阿の跋文は何かハッタリめいていて学力に富むものとは見えず、その「勘文」の綿密さといささか差があるように感じるからである。伝阿が全く手を加えなかったとは思わないが、それらの「勘文」は「先師」の書き入れだったのではなかろうか。つまり、伝阿の役割は、先師手沢本に少し手を入れて、その刊行の労を執ったというように止まるものだったように思われるのである。

その当否はひとまずおくが、こうしてみると、伝阿が自身で文章を書いたものは『愛執録』のみとなる。また、これにも、自ら言うように他者の手に成る漢文の原拠があった。このことは、少なくとも伝阿が学僧ではなかったことを示しているように思われる。伝阿の軒号「臨水軒」も僧というより仮名草子作者めく。その点で、「古典籍DB」が『愛執録』を「読本」に分類しているのは示唆的だろう。ただ、伝阿の『往生講式』刊行を視野に入れれば、伝阿と宝洲の関係に細い糸筋が見いだせないでもない。かなり迂遠な理由付けだが、参考までに私見を述べておく。

宗祖法然は、『往生講式』の著者永観について、『漢語灯録』に次のように言っている(15)(訓読は私意による)。

①善導ノ義ヲ補助スルニコノ七家アリ。一ニ感師、二ニ智栄、三ニ覚親(天竺ノ人)、五ニ源信、六ニ永観、七ニ珍海。

②六ニ永観ハ善導・道綽ノ意ニヨリテ、念仏一門ニオイテ『往生十因』ヲ作シ、十因ヲ開出シテ永ク諸行ヲ廃ス。コレ豈ニ但ノ念仏行ニアラザランヤ。七ニ珍海ハ『決定往生集』ヲ作シテ、十門ヲ建立シテ往生ノ法ヲ明ラカニス。ソノ中マタ善導二修ノ文ニヨル。コノ傍ラ諸行ヲ述ブルトイヘドモ、念仏往生ヲ正用ス。

③三論宗ノ先達律師永観、乃チ『十因』ヲ作シテ念仏往生ヲ勧励ス。珍海マタ『決定往生集』ヲ作シテ、以テ念仏往生ノ道ヲ演ブ。

つまり、法然は、日本における浄土教宣揚の先達として源信・永観・珍海を称揚しているのである。『和語灯録』でも、

①永観のいはく。眞言止觀は理ふかくしてさとりかたく。三論法相は道かすかにしてまどひやすしとなと候。

②この朝にも惠心永觀なといふ。自宗他宗の人師ひとへに念佛の一門をすすめたまへり。

と[16]、恵心（源信）に並べて永観の名を挙げている。宝洲が宗祖法然の言葉を知らないわけはない。実際、宝洲は、法然が名を挙げる珍海の『菩提心集』注解書を元文元年（一七三六）に刊行してもいる[17]。当然、宝洲は伝阿の『往生講式』評注を認識していたはずである。その意味では、宝洲が伝阿に『冥祥録』校訂を依頼する下地はあったと言えるだろう。

ただし、『往生講式』は法会の作法書であって、それは教義や信仰の内実に関わるというよりも、信者向けの儀式的アピール、あえて言えばシアトリカルな効果に関するものと言ってよい。その点からみても、伝阿は学僧というよりも、一般信者の教導にたけた説教僧・唱道僧的な存在だったように想像されるのである。それに対し、宝洲は基本的には学僧であって、宝洲が一般信者への布教や教線の拡大を企図したのも、その立場からだった。その意味で、伝阿と宝洲は人物の肌合いが異なっていたのであろう。伝阿の序跋における宝洲軽視も、そんなところに原因があったようにも思われる。

宝洲評注の基本的性格

『冥祥録』における宝洲の評注は、その学問を反映して、極めて豊富な経典知識が開陳されており、善之丞の霊験譚と奇妙な対照を見せている。どの例を取るかは恣意的になるが、比較的短いものを選んで、宝洲の評注を具体的に見ておくこととする。

まず、善之丞が念仏中に出会った怪異とその評。

○同（二月）六日。観音堂に通夜せし。寅刻ばかりに。其長堂の軒端にひとしき。おそろしき姿の者。八九人来り。其内一人大音にて。よき喰物あり明夜は必取て喰ふべしといひて堂をめぐる。今一人が声にてたふとき念仏を申居れば。すべきやうなしなど呟て。其足音堂もゆるぎてすさまじ。善之丞堂内にてふるひ〳〵念仏し居たる内に。夜もすでに明しかば家に帰りける。（上七オ・ウ）

評に云。安楽集下に惟無三昧経。譬喩経等を引て近き日に刹鬼の為に命を取られんとするもの。仏の教えによつて。念仏修善せしかば。その期に刹鬼その家の門に到り。耳に念仏のこゑを聞て。終に能前進む事なしと。具なる文を引たまへり。考へ見つべし

『安楽集』は、唐代浄土教を代表する道綽（五六二―六四五）の著で、浄土宗では「浄土五祖」の第二祖、浄土真宗では「七高僧」の第四祖とされる。宝洲が触れている『安楽集』の当該箇所を見ておこう[18]。

……如惟無三昧經云。有兄弟二人。兄信因果。弟無信心。而能善解相法。因其鏡中自見面上。死

相已現不過七日。時有智者教往問佛。佛時報言。七日不虛。若能一心念佛修戒。或得度難。尋即依教繫念。時至六日即有二鬼來。耳聞其念佛之聲竟無能前進。……又譬喩經中。有一長者不信罪福……忽夜夢見。刹鬼索符來欲取之不過十日。其人眠覺惶怖非常。至明求覓相師占夢。師作卦兆云。有刹鬼必欲相害不過十日。其人惶怖倍常。詣佛求請。佛時報云。若欲攘此。從今已去專意念佛。持戒燒香。然燈懸繒旛蓋。信向三寶。可免此死。即依此法專心信向。刹鬼到門。見修功徳遂不能害。鬼即走去。

確かに宝洲の言うとおり、『安楽集』は「惟無三昧經」「譬喩經」を引いて、不信心の者が死期を逃れんとして一心に念仏を称え、その功徳によって刹鬼が近寄れなかったという二つの説話を記している。『安楽集』は基本文献とはいえ、このささいなエピソードを記憶していた宝洲の博覧強記は驚くべきものと言ってよいだろう。

また、別の例では、参詣の途中で善之丞が雪穴に落ちたのを救われたエピソードの本文とその評。

○薬師堂より。菩薩のかたちなるが十二人。幡天蓋などさしかざしたまひて。馬の前後をとりかこみて送り給ひしが。其内一人の菩薩仰られしは。念仏して極楽に往生する人をば。我々十二人してかくの如く送るぞと宣ひける

評に云。薬師本願経に。若シ人西方極楽に生せんと願ふといへども。其心いまだ定らさる者。薬師瑠璃光如来と念じ奉れば。命終の時文殊観音薬上等の八大菩薩。空に乗じ来りて。その道路を示し給ふと説り。今の十二人の菩薩も其類なるべし

『薬師本願経』は『薬師瑠璃光如来本願功徳経』で、当該箇所の経文は次の通りである。[19]

以此善根願生西方極樂世界無量壽佛所。聽聞正法而未定者。若聞世尊藥師琉璃光如來名號。臨命終時有八菩薩。乘神通來示其道路。

宝洲の評注は基本的にはこのようなもので、善之丞の体験談を経典や典籍に対する膨大な知識によって裏付けるという形式を取る。このあまりにもブッキッシュなアプローチこそが、宝洲の学問の基本となっている。その傾向により拍車を掛けたのが、法然院における『大蔵経』や『慧琳音義』の校訂作業への参加であったろう。あるいは、逆に、宝洲のそのような才能が法然院に移住した（あるいは、招かれた）理由であったとも考えられる。宝洲のその才能を窺わせる典籍考証の一端を見ておこう。

宝洲は、善之丞が三途の川の脱衣婆らしきものを見たという記事（上一二オ）に対して、『十王経』『説邪《せっぷ》』『名義集』などを引いて脱衣婆の考証を施した後に、『十王経』の真偽について論じる。

十王経は人造の経にして大蔵中に入ず。又諸家の経録にも曽て載せざる所にして。文義倶に鄙賤なり。然りといへども和漢共に盛に用ひ来る事久し。故に釈門正統第四云……又宋の大儒欧陽永叔夢に。十王を見て信ぜし事。統記四十六、原人論解上等に見えたり。また近代もろこし径江の林居士も冥府の十王殿を見たりし事。高泉禅師の山堂清話の中に出せり。十王経に異本あり。義楚六帖十六。法事讃記上巻の所引の文、今の経に見えず。文も稍正しきに似たり。又、統記

三十四、十王供の下。併せ考べし（上一二オ・ウ）

宝洲は該博な文献知識によって、『十王経』は偽経であるが、冥府の十王殿は諸書によって確認できると力説する。ここに引用されている『釈門正統』『仏祖統記』『原人論解《げ》』『山堂清話』『義楚六帖』『法事讃記』の書名だけを見ても、宝洲の文献博捜ぶりが窺える。なお、宝洲が「十王経に異本あり」と言うのは、中国撰述の『十王経』（『仏説預修十王生七経』）に諸本があることに気付いていたことを示すものと思われる。[20] 経典校訂者としての宝洲の本領が現れていると言ってよい。

なお、宝洲は、漢訳仏典の音韻書である『慧琳音義』の校訂に関わったが、その一端が窺える一条も見ておくこととする。善之丞が雪穴に落ちて救われた際、善之丞は「こんでい駒」に乗せられるのだが、この「こんでい駒」について、宝洲は、次のように考証する。

評に云。こんでい駒とは。本ト悉多《シッタ》太子の乗り給ひし白馬の名也。瑞応本起経仏本行経等に見えたり。字犍陟《コンデイ》と書り。梵語なり。或は鞬徳《ケントク》とも健他歌《ケンタカ》ともあり。此《コヽ》に訳《ヤク》して納《ナフ》と云う。玄応音義廿と廿一にみゆ。しかるに犍陟《ケンチヨク》の字。昔よりこんでえと読来れり。唐音を用ゆるなるべし。　（上九ウ）

宝洲が言うとおり、『佛説太子瑞應本起經』に「揵陟」[21]、『佛本行經』に「犍陟」とあり[22]、また、『玄応音義（一切経音義）』に「鞬徳或言健陟正言建他歌譯云納也」、「揵陟六度集作鞬徳正言建他歌此譯云納也」とある。[23] いかに釈尊に関わるとはいえ、その出家前の愛馬の名に、これほどの考証を加えているのを見ると、感心を通り越して呆れ果てる気さえするのだが、これが宝洲の学問のあり方なのである。

ただ、この宝洲の精細な考証を見ると、逆に、善之丞が果たして、そんな馬の名前をどこで知ったのかという疑問もわく。しかし、宝洲は、この種の疑問に対しても、「凡例」で既に手を打っていた。

〇孝子善之丞。貧家のわらんべにて。いろはだにもしらざれども。地蔵尊の感応を蒙り。地獄極楽の感見の後は。物語もをのづから経論の旨にかなふ事ありて。少々学問せる者に似たる事多し。是又感応の名残なるべし。見ん人怪む事なかれ。（上一ォ）

つまり、善之丞の体験談に対する宝洲の接近方法は、あくまでも「学問」の側にあり、その感動の中心も「善之丞が体験したことは、お経や本に書いてあるとおりだ」ということなのである。そのため、善之丞の聞き書きには、無意識レベルで「堂頭和尚」宝洲と、その命を受けた筆写者の思惑が反映されただろう。その点で、前条に続く「凡例」は示唆的である。

〇又録中に。菩薩如意を持ちたまふなどいへる事有。善之丞もとより一文不知の童子なれば。如意といふ物かつてしらず。只何やらん御手に持給ふといふを。傍人其形を一々推したづねて。如意なりといふことを知りぬ。かやうの事甚多し。（上一ォ二ウ）

「一々推したづね」る過程で、善意による無意識の誘導尋問が起こったことは疑いないだろう。なおかつ、宝洲は序に「百タリ直往ガ譚ヲ聴テ」と言っていた。「百タリ」は比喩としても、この聴取と質問の反復によって、善之丞の話は次第に整備されていったはずである。無論、だから善之丞の体験談は虚構だと言いたいのではない。『冥祥録』は、阿弥陀信仰に関わる人々による無意識の合作だということである。そして、善之丞の体験が経典に忠実でさえあるのは、それが宝洲によって主導されたことに主たる原因があったと言えるだろう。その意味において、『冥祥録』は宝洲の作品と言ってもよいのである。

宝洲の学問と信仰

宝洲の興味は、善之丞の体験を文献によってなぞることに集中している。そのために、宝洲はありとあらゆる典籍を参照する。その概略をまとめてみれば、表のようなものとなる（後掲「『冥祥録』引用書目一覧」参照）。ここに見るように、宝洲の評注は厖大な典籍渉猟に裏付けられている。その基本となるのは、やはり『大蔵経』所収の経典類で、引用の九割以上を占める。浄土系教典や論疏の引用が頻繁なのは当然としても、それに限らず広範囲に多種多様な教典が引用されている。特に目立って引用頻度が高い経典はないが、『冥祥録』上巻は地獄の記事が多いので、地獄について説いた『正法念処経』の引用がやや多めである（以下、算用数字は表中の番号。上12・13・18・25・27・30・31、下10）。また、下巻では、善導『般舟《はんじゅ》讃（依観経等明般舟三昧行道往生讃）』が多く引用されている（下2・4・6・7・9・11・14・15・20）。「般舟」は「般舟三昧」、「三昧の実修によってまのあたり仏の姿を仰ぐ体験を得る」の意で、[24] 下巻は善之丞の極楽巡りとなるので、おのずと『般舟讃』が引用されることになったのであろう。

浄土系の教典・論疏類以外では、禅文献がやや目立つ感じであろうか。おそらく、これは法然院と黄檗宗万福寺の関係によるものだろう。法然院を創設した忍澂は、『大蔵経』校訂を志して、万福寺から黄檗版大蔵経を借り、また、黄檗宗がもたらした禅律が浄土律の制定の刺激になるなど、法然院は黄檗宗との関係が深かった。[25] 引用書中に、万福寺第五世高泉性敦《しょうとん》『山堂清話』(寛文一二年刊〈一六七二〉)の名が見えるのも(上12)、そういった背景があったためのように思われる。また、四明曇秀『人天《にんでん》宝鑑』(紹定三年成〈一二三〇〉)や(上27)、『禅関策進』で知られる雲棲袾宏《うんせいしゅこう》の『竹窓随筆(竹窓三筆)』(承応二年刊〈一六五三〉)などがある(上19)。門外漢の印象でしかないが、この種の引用は浄土宗の著作にはやや珍しいように思われる。また、表に見るように、仏典や仏書以外の漢籍も数多い。『義楚六帖』(上9)・『淮南子』(上15)・『文選』(上31)などは驚くにも当たるまいが、宝洲は『説郛』(上9)・『神仙伝』(上27)・『輟畊録』(上27)・『五雑組』(上27)・『剪灯新話』(上31)・『酉陽続集』(上28)などやや趣味的なものにまで目を通している。

なお、日本のものでは、『往生要集』(上18・25・26・30、下2・9・12・13)をはじめとする浄土宗関係の論疏が引用されているのは当然としても、国史関係で伝・安倍晴明『簠簋《ほき》内伝(金烏玉兎集)』(上15)や『先代旧事本紀』(上14・22)の名が見える。宝洲の師、寅載は伊勢神宮との関わりが深く、神仏一致を説いたことで知られるが、[26] その系譜からみても、宝洲の神道観には注意が必要である。これは当時一般のシンクレティックな宗教感覚にも関わる問題であり、『冥祥録』にも八幡大菩薩や天照大神が登場してくる。これは丁寧に考察されなければならない問題だが、あまりにも範囲が広すぎるので、その考察は別の機会を待たねばならない。

このような、雑多とすら言える引用の中でも、特に私が目を惹かれたのは、『源氏物語』の引用で

ある(下15)。「彼岸」考証の評注で、宝洲は、彼岸が日本特有の風習であることを諸書を引いて縷々述べる中で、

源氏物語(行幸巻/総角巻)にも彼岸吉日なるよし書たり。(上一七オ)

と指摘する。確かに、宝洲の言うとおり、「行幸」に「十六日、彼岸のはじめにて……」とあり、「総角」に「廿八日の彼岸の果てにて……」とある。[27]なお、つけ加えれば、「少女」にも「彼岸のころほひ渡り給ふ」とあって、[28]『源氏物語』からは都合三例を拾い出すことができる。現在の私たちは『源氏物語』の索引やデータベースで容易に用例を拾い出せるが、宝洲はいかにして『源氏物語』から、ことさら「彼岸」語彙を拾い出したのであろうか。その意味で、私は宝洲の『源氏物語』読解の目的がどこにあったのかに興味を感じるのである。宝洲が単なる好奇心から『源氏物語』を手にしたとは考えにくい。おそらく、宝洲は、中世以来の『源氏物語』受容の枠組、「狂言綺語を以て讃仏乗の縁とする」といった観点から、[29]仏教に関連づける形で『源氏物語』を繙いたのであろう。その推定はともかくも、宝洲が貪欲なまでに書籍を渉猟したことは、この『源氏物語』の引例をもってしても明らかであろう。

当時このような学問方法は宝洲一人に限ったことではなかったろうが、やはり宝洲の文献博捜には驚くべきものがある。また、宝洲は単に経典知識が豊富なだけでなく、その知識を場面に応じて自在に使いこなしている。その臨機応変な引用ぶりには舌を巻くほかない。だが、これらの文献は、善之丞の体験の事実性を補強するために援用されるのであって、文献学それ自体として完結する性格のも

のではない。つまり、善之丞の語る出来事に符合する文献がことさらに引用されてしまうことになる。すなわち、それは読者にアドホックな印象を与えてしまうのである。

なお悪いことに、宝洲の圧倒的な文献引用は、善之丞の体験の特異性を強調する方向にではなく、それを経典類の具体例として矮小化する傾向を帯びてしまう。また、宝洲が典籍の引用を繰り返せば繰り返すほど、それは信仰の内実に関わることなく、その表面を滑っていくかのようである。博識それ自体は信仰心を裏打ちするものではありえないからである。むしろ逆に、宝洲の博識はしばしば空疎にさえ感じられ、ペダンティズムとほとんど区別がつかない。すなわち、読者は宝洲の博識に圧倒されはするが、それによって心を動かされはしないのである。そして、この性格は、宝洲の関わった浄土僧伝全般に通じている。

ただ、宝洲が典籍知識を開陳する喜びを自らに禁欲しえなかったのは、宝洲自身にとっては、それが信仰告白そのものでありえたからだろう。「地獄極楽は実在する。お経に書いてある、善之丞も体験している」と。つまり、宝洲は地獄極楽の実在を心底信じている。そして、宝洲は善之丞の体験を経典で裏付けることに夢中になったのである。その点において、宝洲は自らの信仰について兎の毛ほども疑いを抱いてはいなかっただろう。逆に、この自らの信仰に対する揺るぎない自信、自らに対する疑念の欠如こそが宝洲最大の問題点なのである。

また、宝洲における典籍による実在の証明という立場は、宗祖法然の次の言葉と齟齬をもたらす。叡山「智慧第一の法然房」は、『一枚起請文』にこう言っていた。(30)

念仏を信ぜん人は、たとい一代の法をよくよく学すとも、一文不知の愚鈍の身になして、尼入道の無知のともがらに同じうして、智者のふるまいをせずしてただ一向に念仏すべし。

この言葉はいまさら引用するまでもないほど有名であって、宝洲にとっても身近すぎるほど身近な言葉だったろう。そして、宝洲にとって、善之丞こそは、この「一文不知の愚鈍」「無知のともがら」そのものだったはずである。既に引用したように、凡例に「孝子善之丞。貧家のわらんべにて。いろはだにもしらざれども……」(上一オ)、「善之丞もとより一文不知の童子なれば……」(同)などとあったことにも、それはうかがえよう。しかし、それにも増して宝洲が善之丞の「愚」を言うのは、次の事実に依拠している。

直往のち記者厭求法師に。菩薩の一向専修と宣ひしは何事やらんと問ける。かく一文不知の愚なる生質推はかるべし。(下一四ウ割注)

善之丞は霊告によって熱心に名号を称えはしたが、それは浄土宗の「一向専修」の教えと直接の関係はなかったのである。とすれば、「かく一文不知の愚なる生質」にもかかわらず、善之丞はなぜ地蔵尊に伴われて、地獄極楽めぐりができたのだろうか。宝洲は、この問いに対して、次のような答えを用意している。

法蔵起信論疏には。見仏は過去の宿習によるといへり。然れども記主の要集記には。「散心ナリト雖モ、仏加ノ別縁ニ依テ仏ヲ見コトヲ得、韋提三尊ヲ空中ニ拝シ、月蓋聖容ヲ門閫ニ感ゼシガ

如シ、又香象ノ云等」と。今善之丞が如きは。散心別加の縁に依る也。（下一三ウ）

宝洲は「法蔵起信論疏」と言うが、『起信論疏』は元暁《がんぎょう》の撰で、法蔵の著は『大乗起信論義記』である。両者にほぼ同文が見られるので、[31]宝洲は両書を混同したのだろう。また、「記主の要集記」は、良忠の『往生要集義記』のことである。[32]『往生要集義記』本文は、「月蓋感聖容於門闔又香象起信論疏下云……」だが、宝洲の訓読では下線部が脱落して、文意が不明になっている（波線部分）。そもそも、良忠が、『起信論疏』と言いながら、引用文は『起信論義記』からであり、[33]宝洲の錯誤もそれに引きずられたのであろう。

それはともあれ、元暁も法蔵も、現世での見仏は「過去修習の念仏三昧」によるものであって、それは真のヒエロファニーではない、なぜなら見仏は「散乱心」「散心」においても成立するからだとする。[34]宝洲はそれを一応肯いながらも、『往生要集義記』を典拠として、たとえその人が「散心」であっても、仏が加える特別の縁によって仏を見ることを得る場合があり、善之丞は正しくその「散心別加」の例だと言うのである。「散乱心」「散心」の語は、より一般的な意味では、「集中しない散漫な凡夫の心」を指すが、教典類の用例は「散心」が多く、[35]また、「定心」の対語として、特に浄土教系の用語として用いられるようである。[36]そのため、宝洲が言う「散心」は、ただ「散漫な心」というのではなく、「散漫な心による念仏」、すなわち、「一向専修」の対語と見なければならない。この意味において、宝洲は、善之丞の見仏を「散心別加」と見るわけである。なぜならば、善之丞は「一向専修」のことすら知らない「一文不知の愚なる生質」の童子だったからである。

しかし、この論理は実はいささかおかしい。善之丞が「一向専修」の教えを知らなかったにしても、それは善之丞の念仏が「散心」によるものだったことにはならないし、また、「一向専修」という言葉を知っている念仏者の念仏が、「一向専修」の内実を持つ保証はどこにもないからである。もちろん、善之丞が見仏体験をしたにしても、それは善之丞が極楽往生できることを保証するものではない。おそらく、宝洲の安心感もそこに存したのであろう。すなわち、「善之丞のように、一向専修を知らずとも見仏体験が可能なのだから（「散心別加」）、ましてや私のように、一向専修の僧侶ならば、ますます往生は確かなはずだ」と。このような宝洲の選良意識は、次の言葉に端なくも示されている。

（善之丞は）地獄極楽の感見の後は。物語もをのづから経論の旨にかなふ事ありて。少々学問せる者に似たる事多し。（上一オ）

宝洲が自らを「少々学問せる者」と思っていたことは明白だろう。しかし、言うまでもないが、宗教的情熱と知性は別次元の出来事である。むしろ、知性は時に信仰の妨げですらある。法然が「一枚起請文」において懸念したのは、「一向専修」といった言葉に捕らわれて、念仏の純粋な内実を失ってしまいがちな「智者のふるまい」だったはずである。それゆえ、「智者のふるまいをせずして」とは、「一文不知の愚鈍の身になして、尼入道の無知のともがらに同じうして」と同義だったのである。その意味において、宝洲はおのれの「智者のふるまい」に対して、いささか無反省だったと言うべきだろう。

私は、宝洲の文献博捜そのものを批判しているのではない。言うまでもなく、「智者のふるまいをせずして」学問することも可能だからである。宝洲の場合、文献博捜がそのまま学問であり信仰であると信じて疑わなかったところに、その秘められた蹉跌があったように思われる。無論、宝洲自身はおのれの信仰に微塵も疑いを抱いたことはなかったであろう。しかし、むしろ、そのこと自体が、宝洲の信仰の盲点あるいはヴァニシング・ポイントになってしまったのだと、私は思う。

おわりに

今ではほとんど忘れ去られているが、宝洲は無能や貞伝の行実を記録し、直往や待定の伝に評注を加えるなど、捨聖系の浄土僧の顕彰に預かって力があった。また、法然院で『大蔵経対校録』や『慧琳音義』の校訂・刊行に関わるなど、宗派内の文献学者として大きな足跡を残した。この両面が宝洲の仕事の特徴と言ってよい。これまで、宗派的立場からは金子寛哉がその浄土僧伝に注目し[37]、書誌学の立場からは神田喜一郎が宝洲の校訂を称揚している[38]。しかし、この両者は分野の違いもあって、お互いに交渉するところがなく、宝洲の仕事の両面性についてはあまり気づかれていなかったように思われる。そして、この分裂は宝洲自身に淵源する問題だったのである。すなわち、信仰と学問の二極分化である。

もちろん、宝洲の信仰はうそ偽りのないものだったろう。また、その行実も称賛されこそすれ、非難さるべき点は一点もなかったと言ってよい。宝洲の増上寺時代の師であり、また、宝洲を高く買っていた寅載は、増上寺を辞して伊勢梅香寺に隠棲し、信仰に生きた[39]。また、寅載と交わりのあった忍澂は、法然院に念仏道場「白蓮社」を創設し、浄土律の制定や大蔵経の校訂にも大きな足跡を残した学徳兼備の高僧である[40]。こうした宝洲を取り巻く環境からしても、宝洲が学僧であることにのみ自足していたはずはない。宝洲が宗乗の実践にも厚い人物だったろうことは疑いないのである。ただ、私の印象では、宝洲は、自身の信仰や実践について、ほとんど疑いを抱いたことのない、無垢と言えば無垢、楽観的といえば楽観的な人間だったように思われる。宝洲の文章からは、信仰者としての自省や迷い、あるいは、人間的苦悩のようなものは、一切匂い出てこないからである。その意味で、宝洲は単純で幸せな人間だったように思われる。

無論、私は後世の気楽さから、宝洲をあげつらうつもりで言うのではない。しかし、正直なところ、私が宝洲に興味を持ったのは、非の打ち所のないような宝洲の行実に、曰く言いがたい歯がゆさを感じたからなのである。そして、『冥祥録』の宝洲評注が発する匂い、あえて言えば、その臭味は、世人が無意識的にもせよ感じ取っていたものだったに違いない。私は、『冥祥録』跋文を書いている伝阿の口吻にそれを感じる。その意味において、伝阿は、私同様、極めて凡庸な人物だったように思われる。

しかし、そのような凡庸さを背景にしてこそ、『冥祥録』は宝洲の評注が全く省かれ、挿絵をふんだんに盛り込んだ改編本『感得伝』として刊行されたのである。川柳点に「ゑで見ては地ごくのはうがおもしろい」とある。(41) たとえ『冥祥録』改編がその程度の水準から行われたものだったにしても、それは善之丞の体験に対して、宝洲よりもむしろまっとうな反応だったと言うべきではなかろうか。『冥祥録』が忘れ去られ、『感得伝』のみが残ってきたのも、またむべなるかなと言わねばならない。その意味で、歴史というものは存外公平なものなのかもしれないのである。

付記　本稿を成すに当たって、「ＳＡＴ大正新脩大藏經テキストデータベース」（http://21dzk.l.u-tokyo.ac.jp/SAT/index.html#bib1）から多大の恩恵を被った。また、『引用書目一覧』の作成には、各務源・齊藤友実、両君の協力を得た（二〇一四年度明治大学大学院文学研究科修士課程修了）。ここに記して、謝意を表します。

『孝感冥祥録』宝洲注引用書目一覧

巻	No	丁	引用書目
上	1	7オ	和論語・像賛・大蔵一覧
	2	7ウ	安楽集1958
	3	8ウ	安楽集1958・仏説観仏三昧海経0643・萬善同帰集2017・類経
	4	〃	西方合論1976・本経
	5	9オ	楽邦文類1969・観経疏傳通記2209
	6	9ウ	仏説太子瑞応本起経0185・仏本行経0193・一切経音義2128
	7	10オ	薬師本願功徳経0450
	8	11ウ	法苑珠林2122・要集記
	9	12オ	十王経・説郛・翻訳名義集2131・釈門正統・仏祖統紀2035・華厳原人論解・山堂清話・義楚六帖・法事讃記・仏祖統紀2035
	10	13オ	仏説観仏三昧海経0643・地蔵菩薩本願経0412
	11	14オ	地蔵菩薩本願経0412
	12	15ウオ	阿毘達磨倶舎論1558・正法念処経0721・陀羅尼集経0901・四十帖決2408・曼荼鈔・十王経・胎蔵界曼荼羅外院・大毘盧遮那成仏経疏1796・瑜伽師地論1579・三界義
	13	16オ	正法念処経0721・阿毘達磨倶舎論1558・倶舎論疏1821・四分律行事鈔資持記1805・阿毘達磨倶舎論1558・或る人のむ文字の句・慈鎮和尚の句
	14	16ウ	仏説薬師瑠璃光如来本願功徳経0450・薬師経古迹・同勝邁ノ疏・本願薬師経鈔・華厳経0278・浄度三昧経・先代旧事本紀
	15	17オ	念大休禅師語録・聖徳太子伝暦・観無量寿仏経疏1753・簠簋内伝・淮南子・大方便仏報恩経0156・源氏物語・拾遺往生伝・金剛經纂要刊定記1702・仏祖統紀2035
	16	18ウ	三法度論1506・仏説立世阿毘曇論1644
	17	18ウ	観仏三昧海経0643
	18	19ウオ	正法念処経0721・往生要集2682・観仏三昧海経0643
	19	20オ	竹窓随筆
	20	20ウ	観仏三昧海経0643・仏説立世阿毘曇論1644

21	23オ	瑜伽師地論1579・仏説立世阿毘曇論1644
22	23ウ	紙銭の評・仏説灌頂経1331・梵網経1484・地蔵菩薩本願経0412・瑜伽師地論1579・礼記・先代旧事本紀・萬山禅師の禅ヨトウ稿
	24オ	・仏説称揚諸仏功徳経0434
23		大乗本生心地観経0159・拾遺三宝感応傳・冥報記
24	25ウ	法照国師の父母恩重経の讃・近代東武の仕官京極氏の詠・大乗本生心地観経0159・沙石集・大恵禅師の言葉・大般涅槃経0374・大乗本生心地観経0159
25	26オ	梵網経菩薩戒本疏1813・正法念処経0721・往生要集2682
26	26オ	往生要集2682・仏説因縁僧護経0749・霊芝律師の言葉・仏説立世阿毘曇論1644
27	27ウオ	摩訶止観1911・法苑珠林2122・千金方・神仙伝・人天宝鑑・輟畊録・五雑組・仏説無量寿経0360・正法念処経0721
28	28ウ	酉陽続集・冥報記
29	29オ	女人血盆経・大乗法宝諸品経咒・目連正教血盆経・諸経日誦・地蔵菩薩本願経0412
30	30オ	観仏三昧海経0643・往生要集2682・正法念処経0721
31	31オ	阿毘達磨倶舎論1558阿毘達磨大毘婆沙論1545・倶舎論頌疏1823・法苑珠林2122・文選六臣注・劉公幹詩注・仏祖統紀2035・五雑組・剪灯新話・光明真言経照闇鈔纂霊記・観仏三昧海経0643・地蔵菩薩本願経0412・起世経0024・正法念処経0721・大楼炭経0023・仏説立世阿毘曇論1644
下		
1	1ウ	決疑鈔2610・絵詞伝・発心集・曼荼鈔・関亭後世物語
2	3オ	仏祖統記2035・釈迦浄土論・釈氏要覧2127・述将記・般舟讃1981・定善義1753・十往断結経0309・法事讃1979・往生要集2682
3	3ウ	沙石集・大論1509
4	4オ	般舟讃1981・釈書
5	5ウ	宝積経0310・毘奈那雑事・悲華経0157・大集経0397
6	7オ	般舟讃1981・楽邦遺稿969B
7	7ウ	般舟讃1981・五會讃1983・用意問答・仏祖統記2035・群疑論1960
8	8オ	群疑論1960・吉祥天女経
9	8ウ	無量寿経0360・平等覚経0361・往生要集2682・宝積経0310・観経宝池観0365・般舟讃1981・正法念処経0721・李長者華厳論
10	9ウ	称讃浄土教0367・浄土論1524・続僧伝

11	10オ	大方便仏報恩経0156・般舟讃1981・観音授記経0371・道棹禅師授記経・安楽集1958・観音授記経・宝性論
12	11オ	央掘魔羅経0120・浄土論1524・往生要集 2682
13	11ウ	薬師本願経0449・灌頂経1331
14	12オ	観経0365・定善義1753・定善記・秘密念仏抄・般舟讃1981・西山上人伝記
15	12ウ	般舟讃1981
16	13ウ	往生要集2682・禅林ノ海式・観経0365・廬山遠公伝・起信論疏1844・要集記
17	14ウ	華厳経0278・華厳疏鈔・維摩経1777・声字義・心地観経0159・涅槃経0373・七仏神呪経1332・宝王論1967・晋経0278・大疏第十五2218・念佛三昧宝王論 1967・絵詞伝・遺誓諺論・無量寿経0360・雲鸞の註論1963・説法明眼論・宝王三昧念仏直指1974
18	16オ	摂大乗論釈1595・浄土論1963・観仏経0645・観経0365
19	16ウ	大乗密厳経0681
20	17オ	陀羅尼集経0901・般舟讃1981・父子相迎2617
21	17ウ	竜舒浄土文1970・仏蔵経0653
22	18オ	平等覚経0361
23	18ウ	無量寿経0360・菩薩処胎経0384・西要鈔2616
24	21オ	心地観経0159・観経0365・菩薩戒経1581

＊評注には仮に番号を付した。なお、同一評注中の重複書名は省略した。

＊書名は必ずしも原本通りではなく、一般に知られる書名で掲げ、原典未詳の書名も全て採録した。

＊書名に半角数字が付されているものは『大正新脩大藏經』所収の番号である。

＊類似の書名を持つ教典類は数多いので、同定に錯誤あることを恐れる。大方の叱正を請う。

第二章　捨聖《すてひじり》と学僧の境界線――『無能和尚行業記』

はじめに

『無能和尚行業記《むのうおしょうぎょうごうき》』二巻二冊（享保六年刊〈一七二一〉。以下『無能伝』）は、宝洲槃譚《ほうしゅうはんたん》（?―元文二年〈一七三七〉）の著作の中では最もよく知られたものである。あえて言えば、宝洲の著作としてはこれしか世に知られていないと言っても過言ではない。しかも、それは無能の伝記資料として重んじられているのであって、そこに著者宝洲への興味関心はこれまでほとんどなかった。以前は、宝洲を「無能の高足」と誤解している研究者もいたほどなのである(1)。つまり、『無能伝』における宝洲の役割は、単なる伝記作者として過小に見積もられてきた。私がこれまで『無能伝』を主題化しなかったのも、無能があまりにも知られた捨聖であって、こと改めて言うべきことがあまりないように思われたからであった。私自身にも『無能伝』を宝洲の作品として読むという観点が欠けていたのである。

しかし、私の宝洲研究がある程度の進展を見せる内に、その文脈において『無能伝』を読み直すべきだと思い始めた。それは、『無能伝』を無能の伝記資料としてではなく(2)、これを学僧宝洲と捨聖無能の交錯するトポス＝テクストとして解読することである。その解読は、『無能伝』というテクストを通して、「江戸時代精神史」への一視点を設定することともなるだろう。

無能の死と宝洲

これまで『無能伝』は無能の伝記資料としてのみ用いられ、また、宝洲の経歴自体が研究対象になっていなかったために、無能と宝洲の立場の違いが意識されていなかった。それを明確化するためには、まず宝洲における『無能伝』執筆の経緯を確認しておかなければならない。そのために、『無能伝』の序に付くのが順序だろう。(3)（以下、引用は新字体を用い、ふりがなは適宜省略した。割注は〈 〉で示した。（ ）・傍線等は引用者による）。

①予さりし享保二年の春。たまたま刺吏の請に応じて。伊勢の神都を出て此国に下り。既に四かへりの青黄《せいわう》をなん見侍る。②仍て師の自行化他のやうなど委しく聞侍りしに。実《げに》も少縁《おぼろげ》の事にはあらざるなンめり。それ聖者の身を分て一方の生を化するにあらすは。何そ海裔《かいえい》の利益かくのごとく隆なることをえんや。③予仰慕の思ひにたへず曾てしばしば消息して。中心の葵誠《きせい》を述ぶ。④然るに師いく程なくて遂に滅を示されしかは。哀惜の情しのびがたく。すずろに墨染の袂をしほり侍りぬ。⑤爰に有縁の緇白。相共に予に謂ていはく。隠士の道跡。みな人のしる所にして。一時の視聴に乏しからずといへども。若詳かに行状を集録せられは。猶聞を永世に貽さんと。いと慇懃に請せらる。予素より疎昧にして。みだりに筆の林に遊べとも。才の花採るべきなく。硯の池に臨めども詞の泉掬《むす》ぶべきもなし。しかはあれども。高師の山のたかき跡の埋もれなん事を惜み。憚の関のはばかりをもかへり見ず。⑥普くかの門葉に咨ひ。細かにその遺文を拾ひて。慭《なまじゐ》に盛績の顛末をしるし侍る。後のこれを見ん人。只その賢き跡を見て。ひとしからんと思ひて。拙き筆のすさひを嘲ることなく。これを以て心行の一助として。西邁の先途を遂げ給へといふこ

としかり。⑦時に享保庚子の春弥生半のころ野釈宝洲奥陽相馬興仁蘭若にしてこれをしるし侍る。(上一ウ—二ウ)

宝洲が相馬興仁寺に招聘されたのは享保二年(一七一七)春で、「既に四かへりの青黄(青葉・黄葉)」を経ていた(①)。「四かへり」とは言うものの、興仁寺移住から『無能伝』序文年記(⑦)までは実質三年間である。無能が没したのは(④)、享保四年(一七一九)の一月二日、享年三七。すなわち、生前の無能と宝洲が交錯した期間は、実質二年に満たない。このとき、宝洲は五〇代も半ばを越えていたと推定される[4]。無能は天和三年(一六八三)生まれだが、その当時、宝洲は一五歳入寺とされる芝増上寺の学徒として、既に数年以上を閲しており、無能より一五歳以上年上だったのである。

その年齢差や経歴などからしても、宝洲と無能の立場は、かなり異なるものだったと見なければならない。宝洲にとって、無能は地方で尊崇される念仏聖であり、それは広く浄土信仰の枠内にあるにしても、必ずしも自宗派に属するというほど固定的な関係性を持っていなかったはずである。言うなれば、宝洲は地方に赴任した中央エリート官僚であり、無能はその土地の名望家のようなものだったであろう。

もちろん、宝洲は無能に敬意を払っていただろうし、「師の自行化他のやうなど委しく聞」いていたには違いない(②)。しかし、宝洲と無能が接近しえた期間は実質二年に満たず、しかも、「曾てしばしば消息して」と言うとおり(③)、宝洲は無能に直接対面したこともなかったのである。その理由の一つには、無能が享保二年(一七一七)秋頃から病がちになっていたことも関係していたように思われる。

師享保二年九月。安達郡本宮にて瘧疾をいたはり申されしに。所労ことに劇しかりつれども。

十万の日課一日も怠りなく、却って尋常よりも増修せられけり。（上一二ウ）

『無能和尚行業遺事』（以下『行業遺事』）には、「本宮の駅にて瘧《おこり》を煩われし事ありき。其の間三十余日」とある。[5] 瘧は間欠的に発熱や悪感に襲われる土着マラリアの一種で、[6] 無能はこれに一カ月以上も苦しんだ。そして、その翌月、将来の期しがたいことを思ってか、「遺告」を書いた。「享保二丁酉歳十月十五日誌之〈当年／三十五歳〉」の年記を有する無能自筆『無能上人御真蹟遺告』（無能寺蔵）が残されており（筆者未見）、この中に、宝洲との関係を窺わせる記事がある。[7]

一、「此義可相止別ニ遺告ス」
「念仏奇特集部類無残相馬幾世橋興仁寺好誉上人之方エ可送進〈厭求法師／可計之〉

『念仏奇特集部類』（以下『奇特集』）は、無能の集録した念仏霊験譚で、無能はこれを「興仁寺好誉上人」宝洲に託すつもりだったのである。しかし、注記にあるように、この委託計画は頓挫してしまった。注記がいつ書かれたかはわからないが、「遺告」からさほど間もない時期だったろう。というのは、この時期、無能は既に衰弱し始めていたらしく、翌享保三年（一七一八）の春頃からは、ほとんど死を覚悟していたからである。

享保三年春の季つ方より。いささかはづらはしくおはしけるが。遂に北半田の禅房に止まりて。終焉の思ひあり。生涯いく程ならず。死期ちかきにありと悦ひ給ふを。聞人みなあはれにたうとくぞ思ひ侍る。同秋の季より所労日日に増気しけれは。門弟等をのをの誠を尽していたはり奉りける。同十二月廿五日。門人を集めて。臨末の方軌。没後の次第など具に遺囑し……。（上二五オ・ウ）

無能は、享保三年晩春から既に死期を覚悟し、秋からは門弟の看病を受けていた。つまり、宝洲が無能に「曾てしばしば消息」したにしても、それが可能だったのは無能の死までの二年に満たないばかりか、無能が病に倒れる以前で見れば、その期間は一年もなかったと言ってよい。その短い交錯期間の中で、無能が宝洲へ『奇特集部類』を委託することを考え、またそれが中止されるに至った経緯は明らかではない。ただ、宝洲は、『無能伝』執筆時に、『奇特集部類』の部分的刊行の企てがあることとは既に知っていた。

洛陽花頂の義山上人康存の日。師の勧化現益の事。遙かに伝へ聞給ひて。随喜の思ひ浅からず。その現益集の草案を乞ひ求めて。これを病中に披覧し。すなはち感仰のあまり。門人を召て。此現益集題号を近代奥羽念仏験記と改め。板に鏤めて世に流行すべき旨。ねんごろに顧命し給ひけり。念仏勧化現益集は。前後集共に二十三冊。載る所の奇特。惣て一千二百六十条あり。これ諸方より。誓紙誓語を以て注進せるを。師一一に証明して。草稿のままにて納め置かれし者なり。義山上人へ進呈せられしは。其中より僅かに数十条を抄出せるなり。（上二三ウ二四オ）

宝洲が言う『念仏勧化現益集』二三冊（以下『現益集』）は、無能の「遺告」にある『奇特集』を指すと考えてよいだろう。病中の義山はその一部を借覧し、題号を改めて刊行せよと門人に指示した。義山が病臥したのは、享保二年（一七一七）秋のことで、没したのはその年の一一月一三日である。[8] この義山の遺命によって刊行されたのが、享保五年（一七二〇）刊行の『近代奥羽念仏験記』（以下『験記』）である。序跋の年記は、良恢《りょうかい》の序が「享保五庚子歳卯月佛生日（一七二〇年四月八日）」、単阿《たんあ》の跋が「于時正徳五乙未中冬廿五日（一七一五年一〇月二五日）／享保五年孟夏之日（一七二〇年四月）沙門単阿欽書」である。[9] つまり、無能集録の原本成立年月は「正徳五乙未中冬廿五日」であり、それを単阿が浄書したのが、「享保五年孟夏之日」ということになる。

義山は、正保五年（一六四八）生まれで、[10] 天和三年（一六八三）生まれの無能の三五歳年上であり、宝洲には一〇――一五歳の年長に当たる。相馬興仁寺在住の宝洲が、当時、知恩院にいた義山の病気や、『無能伝』とほぼ同時進行していた『験記』刊行の企画を知っていたということは、宝洲が宗派内での人脈や情報交換のルートを持っていたことを示しているだろう。それは、義山の記事に続く次の一条にもうかがえる。

> 江戸崎大念寺義誉観徹上人も。曾て師（無能）の道風を重じ給ひ。景慕のあまり。名号大小二幅。并に慈引堂といへる扁額を染筆し給はるべき由。望み遣はされけり。師ふかく辞し申されしかども。頻にのぞみ給ひしゆへ。共にこれを書して進ぜられけるに。上人なのめならず悦ひ給ひけるとなん。（上二四オ）

観徹の住した江戸崎大念寺（現・茨城県稲敷市江戸崎甲二六二五）は関東一八檀林の一つで、宝洲はこの観徹に『無能伝』の序をもらっている。[11] 観徹には『無量寿経合讃』（二巻四冊　享保一〇年刊〈一七二五〉華頂山蔵版）の著があるが、この跋を書いているのは『験記』筆写者の単阿である。[12] 単阿の事跡は定かではないが、義山や観徹の著に関わっていることからすると、『無能伝』における義山と観徹のエピソードは、あるいは単阿が宝洲にもたらした情報だったのかもしれない。また、その縁で宝洲は観徹に序を依頼したのでもあろう。

それはともかく、知恩院の義山や大念寺の観徹は、寺格から言っても、宗派教学部門の上層部に属する人物だったと言ってよい。また、その動静に宝洲が通じていたということは、宝洲もその基盤を共有していたことを示している。そもそも宝洲は、当初増上寺に学び、宝永末年に郷里の伊勢白子悟真寺に住した後、享保二年春に相馬興仁寺に赴任し、享保一〇年前後に京都法然院に移った。[13] 特に、法然院移住後は、忍澂の衣鉢を継いで、大蔵経の校訂や『慧琳音義』刊行に尽力した。つまり、宝洲は基本的に学僧、教学部門の文献学者なのである。その点、無能はあくまでも地下《じげ》の行者であって、学者ではなかった。無論、宝洲が学僧だったことは、宝洲が修行面で疎かだったということを意味しはしない。単に、宝洲と無能では、その宗教者としての立場が大きく異なっていたということである。

おそらく、無能が宝洲に『現益集』を委託することを考えたのも、理由はそこにあったと考えられる。つまり、無能は、学問もあり宗派中央とのつながりもある宝洲に資料を委託するのが最善と考えたのであろう。それが中止された理由は忖度するほかはないが、宝洲の側からすれば、『現益集』二三冊は量的に膨大であって、保管はともかく、これを整理刊行するのは、実際上不可能だったに違いない。また、その一部とは言え、既に義山が『験記』刊行の労を執っている以上、宝洲には遠慮もあったかと想像される。義山には、法然の伝記『円光大師行状画図翼賛』六〇巻を初めとして、宗派関連の著作が三〇編ほどある。[14] しかし、当時の宝洲には、刊行された著作と言っては、正徳二年（一七一二）に隆堯《りゅうぎょう》『称名念仏奇特現証集』（二巻二冊）の校注を刊行したのみで、[15] 業績においても資金調達の方途においても、義山には到底及ばなかった。それゆえ、『現益集』二三冊を託されても、その分量からして、これを整理刊行するのはほとんど不可能だったはずである。

無論、私は宝洲と無能が『現益集』の保管や刊行をめぐる実務的なつながりが主で、心情的なつながりはなかったと主張したいのではない。知りあった期間の長短そのものは、交わりの深浅には関わらないだろう。しかし、宝洲の赴任時期と無能の病や死期を考え合わせれば、直接会ったこともない二人に深い関係を結ぶ時間はなかったはずである。とすれば、問題は、「なぜ宝洲に『無能伝』執筆の依頼があったのか」ということになるだろう。この問いは、これまで『無能伝』論者が立てなかった問いである。というのは、宝洲が『無能伝』を書いたという事実からさかのぼって、宝洲と無能の交流を安易に想定してきたからである。もしそうでなかったとすれば、宝洲の『無能伝』執筆の動機はどこにあったのであろうか。

厭求と宝洲

前節では細部的議論にわたったので、ここで改めて『無能伝』序の執筆動機にかかわる部分を引用しておく（丸数字は前節のまま）。

……⑤爰に有縁の緇白。相共に予に謂ていはく。隠士の道跡。みな人のしる所にして。一時の視聴に乏しからずといへども。若詳かに行状を集録せられは。猶聞を永世に貽さんと。いと慇懃に請せらる。予素より疎昧にして。みだりに筆の林に遊べとも。才の花採るべきなく。硯の池に臨めども詞の泉掬《むす》ぶべきもなし。しかはあれども。高師の山のたかき跡の埋もれなん事を惜み。憚の関のはばかりをもかへり見ず。⑥普くかの門葉に咨ひ。細かにその遺文を拾ひて。慭《なまじゐ》に盛績の顚末をしるし侍る……（二オ・ウ）

宝洲は、無能の死後に「有縁の緇白（僧俗）」から「行状を集録せられは。猶聞を永世に貽さんと。いと慇懃に請せら」た⑤。この依頼がいつあったか定かではないが、無能の没後、享保四年（一七一九）一月二日以降であることは言うまでもない。宝洲は「普くかの門葉に咨ひ。細かにその遺文を拾ひて。慭に盛績の顚末をしるし」たと言う⑥。つまり、執筆を受諾した宝洲は、それから改めて門葉に聴き取りをし、遺文や書簡などの材料を収集したのである。それにはある程度の日子が必要だったはずである。宝洲が『無能伝』序を撰したのが享保五年（一七二〇）「春弥生半ば」⑥で、これは無能の死の一年二カ月後になる。これを勘案すれば、宝洲への執筆依頼は、無能の死後、かなり早い段階で行われたのではないかと想像される。

また、『無能伝』跋文年記は、「享保庚子之禩晩穐哉生明（享保五年九月三日）」である（『無能伝』下四四ウ）。序跋の年記だけからすれば、宝洲は享保五年三月半ばから筆を執り始め、九月三日に脱稿したことになる。単純計算すれば、宝洲は『無能伝』執筆に半年弱を要したわけである。刊記は、「享保六年辛丑王正中浣（一七二一年一月中旬）／澤田吉左衛門印行」となっている（『無能伝』下四五オ）。九月脱稿、翌年一月刊行は、かなり手早い対応と言えそうである。澤田吉左衛門は「知恩院古門前」にあって、「惣本山御用御書物所」として明治期にいたるまで活動した宗派御用達の大板元である。[16]これも宝洲の宗派内の人脈によることだったろう。寺に属さない無能の門弟達だけでは、執筆はともかくも、刊行までの段取りを付けるのは難しかったはずである。

それはともあれ、宝洲は、無能の門弟達に『無能伝』執筆を「いと慇懃に請せら」れたのだが、要請するに当たっては主立った人物がいたに違いない。また、執筆を引き受けた宝洲にしても、全て自身で「普くかの門葉に咨ひ。細かにその遺文を拾」ったわけではあるまい。実際には、その作業を補佐する人物が必要だったろう。私は、無能の門弟中、宝洲への執筆依頼および協力を行ったのは、厭求だったろうと考えている。厭求は、無能が「遺告」に、『奇特集部類』を「好誉上人之方ェ可送進」とし、「厭求法師可計之」と実務を委ねた、その厭求である。

厭求の経歴については長谷川匡俊がまとめているので、[17]ここでは、その概略を述べるにとどめる。まず、『無能伝』に登場する厭求。

宇多郡に木和田氏某といへる者あり。年老たる父母並に妻子を捨て出家遁世し。名を正信とぞ號しける。信夫郡に厭求といへる。遁世ひじりのありけるを尋行て同宿しけり。（下一八オ・ウ）

宝洲は厭求を「遁世ひじり」と記している。厭求は庵に独住しながら、無能に付き従っていたのであろう。そして、無能臨終の際には、やはり高弟の蓮心とともに無能の枕頭に侍している。

同日（享保四年元旦）申刻のころ師厭求を召て。来迎讃を独吟に静かに唱ふべしと仰けれは。厭求かしこまりて。枕頭に侍りて称へけるに。師聞て合掌し。双眼に涙を浮べ常に此讃をありがたく聴声せしといへども。此度は殊に身に染て貴く覚覺へ候とて。信敬の気色。外に顯はれてぞ見え侍る。（上二二オ）

無能が亡くなったのは、この翌日である。『無能伝』には、このほか厭求に無能が送った歌二首も紹介されている。

また、厭求と無能の関係では、先にも触れた『行業遺事』が厭求の撰であることが特筆される。この書は、厭求の草稿に、無能寺二世の不能が「（厭求の）其の輯録の上に聊か漏れたるをも書き加えて行業遺事と名付け」て刊行したものである。[18] つまりは、ほとんど草稿のままだったということであろう。どうやら厭求は表に出ることを遠慮している気味があり、控えめで実直な人物だったように想像される。無能が宝洲へ『奇特集』の委託を考えた際に、実務を厭求に委ねたのも、厭求のこのような性質に対する信頼からだったに違いない。この『奇特集』の扱いをめぐって、おそらく厭求は宝洲のいる興仁寺へ何度か足を運んでいたのであろう。実際、厭求は興仁寺のある相馬に住んでいたこともあり、[19] 土地勘も十分あったのである。つまり、宝洲は無能に会ったことはなかったが、厭求とは面識があったはずなのである。

その詮索はひとまずおくが、宝洲に『無能伝』執筆を依頼するにあたっては、無能門弟中の主立った人物がいたはずであり、また、宝洲が『無能伝』の素材を収集するについても、無能門弟の協力が必要だったに違いない。とすれば、無能の門弟でそれに該当する人物は厭求しかいないと私は考えるのである。なおかつ、無能の「遺告」中、『奇特集』に関して厭求の名を見るにおいて、厭求と宝洲は、無能の生前から面識があったことはほぼ間違いないと思われる。なおかつ、『無能伝』刊行後も、厭求は宝洲と関係を保っていたのである。それを確認するためには、宝洲評注『冥祥録』を見なければならない。

『無能伝』と『冥祥録』

『冥祥録』は、孝子善之丞（後に剃髪して直往）が、その孝心に感じた地蔵に伴われて地獄極楽を経巡る霊験譚である。宝洲は享保一九年（一七三四）刊本の『冥祥録』序で、この書の成立について次のように述べている[20]（以下、漢文は書き下して引用する）。

> 予、嚮ニ東奥ニ住セシ日、百タリ直往ガ譚ヲ聴テ感仰ニ任《タ》ヘズ、復、之ヲ未聞ニ示サント欲シ、人ヲシテ其ノ語ニ依テ具サニ事状ヲ録セシム。（上序一オウ）

繰り返しになるが、宝洲が「東奥ニ住セシ日」、すなわち、興仁寺に赴任したのは、享保二年（一七一七）春のことであった。宝洲が直往の奇譚を知ったのがいつのことであったかは明確ではないが、宝洲は「百タリ直往ガ譚ヲ聴」いて感銘を受け、「人ヲシテ其ノ語ニ依テ具サニ事状ヲ録セ」しめた。その筆記者が厭求なのである。厭求は巻末識語に次のように言っている。

> 厭求申候は、相馬興仁蘭若に於て。堂頭和尚（宝洲）はじめ。門下の諸長老。御府内の道俗男女

集り。直往に面談ありて。一々上来の次第を聴聞ありて。未聞の人のため。末代にも及ぼすために候へば。其口説のまゝ具に筆記すべしと命じ給ふ間。府下の諸侍。志ある人々集りて。相共に集録するところ上来の如し。（下二四オ）

末尾には「筆記者欣誉、厭求、敬白」（下二四ウ）と記されている。[21]「志ある人々集りて」とあるから、筆記は共同で行われ、厭求はそのまとめ役だったのだろう。本文末尾に「時享保八卯年九月十四日／奥州伊達郡南半田村／行年二十三歳／直往敬白」（二五オ）と年記が記されている。宝洲が「人ヲシテ……録セシム」と言う、その記録責任者が厭求だったのだから、宝洲と厭求が親しい関係にあったことは疑いない。厭求はここで、宝洲を「堂頭和尚」と呼んでいるが、これは一般的呼称としてであって、厭求が宝洲の下にいたわけではない。それは、宝洲が『無能伝』で、厭求を「遁世ひじり」と言っていたことからも明らかである。つまり、厭求は比較的自由な立場にあって、興仁寺に出入りしていたものと思われる。また、寺付きの僧でもない厭求が、宝洲の命を受けて、『冥祥録』の筆記に従事したのだから、この二人に以前から付き合いがあったことは間違いない。この関係をさかのぼれば、『無能伝』の執筆依頼や取材協力に、厭求が関わっていたことは確実だろうと私は考える。また、さらに遡及すれば、その端緒は、享保二年初冬に『奇特集部類』の委託をめぐって（無能「遺告」）、宝洲と厭求が接点を持ったことにあったのではないかと想像されるのである。

また、このことは、単に厭求が宝洲と関係があったことだけではなく、『冥祥録』における善之丞の霊験譚の成長過程にも、ある示唆を与える。『冥祥録』原本成立は「享保八年」だが、これは筆記が成った年月であって、宝洲が「百タリ直往ガ譚ヲ聴テ」というとおり、聴き取りがそれ以前から行われていたことは言うまでもない。宝洲がいつ善之丞の霊験譚を知ったかははっきりしないが、宝洲は興仁寺入寺後、比較的早い段階でそれを知ったらしい。『無能伝』執筆の享保五年時点で、宝洲は既にその内容を把握していたからである。

同郡（伊達郡）南半田村に。松野善之丞といふ者あり。ⓐ師（無能）の滅後或夜の夢想に。師言の外に。奇麗なるところにおはしけるが。善之丞を近く召て宣ふやう。汝親に仕へて孝養の志ふかし。故にわれ甚これを感ず。ⓑ仍て先に種種の霊益をあたへし事も。皆わが致せし所なり……（中略）……汝随分に念仏して浄土に往生すべしなど。慇懃に示し給ふとおもひて。夢覚畢ぬと。ⓒ此善之丞といへるは。先立て地蔵菩薩かたじけなくも。みづから道指南《しるべ》し給ひて。親《まのあた》り地獄極楽のありさまを見せしめ給ひ。種種の現益に預りし者なり。ⓓ師所所にて説法の砌。具に此事を語りて勧め給ひし事。諸人の知れる所なり。ⓔ〈猶其事の次第具に別記あり〉。予曾てこの夢想を聞て。感仰する事多し。（『無能伝』上四三オ―四四ウ）

時系列に沿って整序すれば、まず、善之丞が地獄極楽巡りの神秘体験をし（ⓒ）、それを無能は説法の折に語って、人々に念仏の功徳を説いていた（ⓓ）。そして、無能の死後、善之丞の夢に無能が現れ（ⓐ）、善之丞に地獄極楽巡りをさせた地蔵菩薩は自分だったと告げた（ⓑ）、ということになる。注目すべきは、割注「猶其事の次第具に別記あり」（ⓔ）という記事である。『冥祥録』原本の成立は、先述のとおり「享保八卯年九月十四日」だが、この記事からすれば、『冥祥録』の原型は、既に『無能伝』執筆の享保五年以前には成立していたことになるだろう。とすれば、宝洲が厭求に命じて『冥祥録』の筆記を始めさせたのも、享保五年以前だったこともほぼ確実である。
この善之丞の霊験譚については、『冥祥録』凡例に、

此子（善之丞）感応を蒙りしころ、彼上人（無能）なを世にいまして。所々の法会にて。此感応の事を引証し。多くの人を化度せられしが。享保のはじめつかた。大往生を遂げたまへり。具に無能和尚行業記二巻。世に行はる見るべし。（凡例二オ）

とあって、やはり無能が説法の場で善之丞の話をしたと記されている。しかし、善之丞の地獄極楽巡りは、無能が「具に此事を語りて勧め給ひし」話（ⓓ）の記録としては残っていない。無論、文書記録として残っていないからと言って、無能がそれを語らなかったことにはならない。ただ、実際に無能が語った記録として残っているのは、善之丞の父、善四郎の病気治癒についてである。『験記』にはこう記されている。[22]

南半田村田町　善四郎口上書
私儀、一昨年十月の頃より癩病を相煩い、形相醜陋に罷り成り候故、種々療治を加え候ら得共、その験もなく追日重く罷り成り、首髪眉毛まで随落仕り、人の交わりもなりがたく、妻子等までいたく迷惑仕候所に、去年霜月七日、桑折大安寺にて尊師御勧化の節、拙者密かに参詣仕り、所作百遍受け奉り、相勤め申し候処に、当正月六日の夜、夢に尊師御来臨、「その方、病気不便の事なり、日課至誠に勤め候らえば、その病本復すべし」と御告げを蒙り夢覚め申し候。その後一

心に相勤め候らえば、又、翌夕の夢に尊師、「所作の勤め様よろしからず、仏に向い座してつとむべし。教えの如く勤めば三昧発得の入と来すべし」と仰せられ、と思い夢覚め申し候。有難く存じ奉り、それ以後は一万遍以上、毎日仏像に向い相勤め中し候らえば、一両月の内に右の悪病本復仕り、頭髪眉も、いにしえの如くに生え出で申し候。ここに因って酒肉を相止め、所作二万遍に加増仕り候、已上。当七月十四日の晩、持仏堂に向い御念仏申し罷り居り候所に、子息善之丞受け奉り候御名号より、光明を現じ、その前に御長八、九寸程の金色の仏躰、御立ち遊ばされ候を、父子一同に拝し奉り候、以上

申十月十九日　南半田村善四郎

年記の「申」は正徳六年＝享保元年（一七一六）だから、善四郎は、「一昨年（正徳四年）十月」から病を患い、「去年（正徳五年）霜月」に無能の勧化に預かり、「当（正徳六年）正月」に夢に無能を見て、熱心に念仏に励んだところ「一両月の内」に平癒し、また、「当（正徳六年）七月十四日の晩」、子息善之丞と共に金色の仏体を拝んだ、というのである。

この記事と『冥祥録』との齟齬は既に指摘されていることだが[23]、行論上、最低限の事柄を確認しておこう。『冥祥録』における善之丞の体験の時系列は次のようになっている。

正徳四年三月頃、善之丞の邪険な父善四郎が病を患う。
同六年正月一〇日、善之丞、八幡宮に丑の刻参りを始める。この後、様々の怪異・奇瑞に出会う。
同年二月一二日夜、善之丞、雪中難儀の折、黒衣の高僧に救われ、また、地蔵菩薩が現れて、地

獄極楽を案内する（『冥祥録』の記事はこれが八、九割を占める）。同年二月一三日晩景、善之丞は観音堂にいる自分に気付く。

善之丞の体験を聞いた父善四郎は、初めは悪口放言して信じなかったが、囲炉裏の薬鍋が梁まで飛び上がる奇異を見て翻心し、熱心な信者となり、病も本復した。『冥祥録』本文では、これに続く場面が次のように描かれている。

そののち無能和尚所々勧化し給ふ節は。善四郎も参詣いたし候。和尚高座の上にて毎度善四郎事。諸人に仰聞られ。念仏の力にて悪病かくのごとく快癒したりとて。其姿を見せて示し給ひける。しかるに無能和尚示寂の後より。善四郎信心退転し日課も勤めず。肉辛博奕の誓約も破り候厳罰にや。又本病再発いたし候。親しきも疎きも相寄。異見をくはへ候へども。心中にうけがふ気色もみえず候。兎角罪悪のいたす所といとかなしく侍る。（下一九ウ―二〇オ）

傍線部は『験記』の記事と合致する。しかし、ここでは、無能没後の善四郎は信心退転し、また発病したと記されている（破線部）。つまり、『冥祥録』においては、善四郎は邪険な父として、また、一旦は改心するものの再度堕落する人物として描き出されているのである。これは、孝子善之丞との対比で、父を悪人として設定させる説話形成の無意識的圧力が働いたためでもあろう。それはともあれ、無能が説法で語った話に限ってみれば、無能側の『験記』に記録があるのは善四郎の話だけであって、善之丞の霊験譚を無能が語ったとする記事は、現在のところ、『無能伝』と『冥祥録』だけと言ってよい。

繰り返すが、文献資料に記載がないということは、無能がそれを語らなかったことを直接的に証明するわけではない。しかし、これらの資料によって判断する限り、無能が説法の場において取り上げたのは、善之丞の霊験譚ではなく、善四郎の病気平癒だったと考えられるのである。少なくとも、無能にとって善之丞の霊験譚は多数の類例の一つであり、それだけをことさらにクローズアップはしなかったことは確かである。それに対して、善之丞の霊験譚に極めて強い興味を示したのが宝洲である。宝洲が『冥祥録』序に「百タリ直往ガ譚ヲ聴テ」と言うように、善之丞への聴き取りは、興仁寺において宝洲の主導で行われた。そのことは、先にも引用したように、厭求が、

相馬興仁蘭若に於て。堂頭和尚（宝洲）はじめ。門下の諸長老。御府内の道俗男女集り。直往に面談ありて。一々上来の次第を聴聞ありて……（下二四オ）

と言っているところに明白である。この繰り返される聴取の過程で、善之丞の体験談は次第に整備されていったはずである。その意味で、『冥祥録』「凡例」の一条は示唆的である。

○又録中に。菩薩如意を持ちたまふなどいへる事有。善之丞もとより一文不知の童子なれば。如意といふ物かつてしらず。只何やらん御手に持給ふといふを。傍人其形を一々推したづねて。如意なりといふことを知りぬ。かやうの事甚多し。（上一ォ二ウ）

「一文不知の童子」に聴取者が「一々推したづね」る過程で、善之丞の物語が整理され増幅されていったことは疑いない。そして、この増幅過程は、「人ヲシテ……具サニ事状ヲ録セシ」めんとし、厭求に「其口説のまゝ具に筆記すべしと命じ」た興仁寺堂頭和尚、宝洲によって推し進められた。また、これが『無能伝』序の「其事の次第具に別記あり」(ⓔ)と呼応していることは明らかである。

私が前節で、『無能伝』執筆を宝洲に依頼した無能門弟達の中で、ことさらに厭求に注目したのも、厭求がこの『冥祥録』の筆記者でもあったからなのである。無論、これらの著作は厭求がいなければ成立しなかった、と言いたいのではない。そうではなくて、無能や善之丞を宝洲に橋渡しする存在が厭求だったということである。別言すれば、無能や善之丞は口承レベルに生きている存在なのだが、厭求は彼等が文献資料に浮上する契機として機能した。そして、これを実際に文献資料化し、書籍として刊行するまでに持っていったのが、宝洲だったのである。これらの著作は、W・J・オングに倣って言えば、[24]「声の文化と文字の文化」の交錯点に成り立っている。善之丞と父善四郎の説話が揺れ動いているのは、まさにそれが口承レベルの語りに根ざしているからにほかならない。そもそも、善之丞の霊験譚を信じている現代の研究者などいはしまい。その口承レベルでの「信」の問題を無視して、文献レベルで善之丞と善四郎の説話を事実問題として検証することは、当初から見当外れなアプローチにしかならないだろう。

この意味において、『無能伝』も『冥祥録』も、口承世界と文献世界の交錯する境界に成立した著作と言うべきなのであって、その文献化における主導者が宝洲であったことは紛れもない事実である。従来の議論は、その点に関してあまりにも楽観的であった。言うまでもなく、研究者＝論者が身を置いているのは、文書中心主義の世界だからである。無論、私もその一員に過ぎない。ただ、自戒すべきは、文書が触れ得ない世界があること、それへのまなざしがないかぎり、宗教的もしくは民俗的世界は取り落とされてしまうということである。また、そうであるからこそ、文献世界に定位している宝洲が、テクスト生成において、どのような位置を占めているのかが見定められなければならないのである。

宝洲の文献世界

先にも引用したとおり、無能は死後、善之丞の夢に現れて、「先に種種の霊益をあたへし事も。皆わが致せし所なり」と告げた。これに続く文章を再引用しておこう。

……此善之丞といへるは。先立て地蔵菩薩かたじけなくも。みづから道指南《しるべ》し給ひて。親《まのあた》り地獄極楽のありさまを見せしめ給ひ。種種の現益に預りし者なり。師所所にて説法の砌。具に此事を語りて勧め給ひし事。諸人の知れる所なり。〈猶其事の次第具に別記あり〉。予曾てこの夢想を聞て。感仰する事多し。（『無能伝』上四四オ・ウ）

宝洲は「この夢想を聞て。感仰する事多」かったという。言うまでもないが、「この夢想」は善之丞の「夢想」を指し示しているのだから、宝洲がここで「感仰」しているのは、「善之丞の夢に無能が現れたこと」であって、善之丞の神秘体験そのものではないことになる。しかし、それでは、事の軽重が何かしらアンバランスなのではないだろうか。少なくとも私は、この宝洲のコメントに、つまり、「感仰」の指示内容の曖昧さに、違和感を覚えるのである。無論、私は宝洲の揚げ足取りをしたいのではない。むしろ、この指示対象の曖昧さに、私は宝洲が心惹かれていたもののあり方が開示されているように思われる。というのは、「感仰する事多し」に続く文章は、次のようなものだからである。

㋐本願経を按ずるに。地蔵大士因位の昔。尸羅善現の家に生れて聖女たりし時孝養の御志ふかくましませしより。遂に菩薩の行を成就して。六道の衆生を濟度し給へり。このゆへに今も孝心の者に與して。不思議の勝益をあたへ給ひし事。誠に貴く覺え侍る。又極樂上品の地蔵なりと示し給へる事。是又奇特未曾有のおほん示現なり。予曾て㋑蓮華三昧経の説を見侍りしに。上品蓮台の教主は。地蔵尊なる由。具に彼経に見えたり〈但し蓮花三昧経は秘経にて。上古相傳なし。後に亀山法皇。唐の五臺山竹林寺より得給ひて。是を青蓮院良助座主に御相傳ましましける御経なりと。㋒委しく彼座主の地蔵秘記に載せ給へり〉。予此秘経の説をかくと語りければ。皆人今の夢想の。暗に密教と符合せる事。いと不思議なりとて。悉く感心しけり。これ密教一途の説なりといへども。㋓三井の相伝に。地蔵は弥陀の菩提心なりと。又法蔵比丘すなはち地蔵菩薩なりとも習へり〈沙石集〉。されは上品蓮台の教主地蔵尊といへるも。発心菩提不二門の深理なるべしとかたがた貴くそ侍る。(『無能伝』上四四ウ—四五ウ)

宝洲はここで、『地蔵本願経』『蓮華三昧経』などの経典や文献を引用しながら、善之丞の夢想を文献によって根拠づけようとしている。その実際を、まず、㋐『地蔵本願経』から検証してみたい。便宜上、その和訳である『地蔵本願経和解』から引用する。[25]

無毒の曰。菩薩の母姓氏何といふや。聖女の曰。わが父母ともに婆羅門種なり。父の名は尸羅善現。母の名は悦帝利なり。無毒合掌して曰。菩薩これより帰り給へ。憂《うれへ》悲《かなしみ》給ふことなかれ。悦帝利は三日まへに。天道へ生を転ぜり。孝行の子ありて。母のために。供養をまふけ。功徳を修して。如来の塔寺に。布施せし故なり。……無毒鬼王は。今の財首菩薩なり。聖女は即地蔵菩薩なり。（四ウ―五オ）

『冥祥録』にも善之丞が父善四郎を地獄から救う話があって、男女は逆だが、確かにプロットは似ている。そのため、宝洲は、ことさら聖女の父「尸羅善現」の名を出したのであろう。理屈を言えば、これでは善之丞が地蔵だということになってしまいそうだが、宝洲は無論そこまでは考えているわけではない。ここで、宝洲は細部的プロットの類似に心惹かれているのである。

一方、㋑『蓮華三昧経』の引用は、別種の問題を含んでいる。『蓮華三昧経』は、日本で作られたいわゆる「偽経」の一つで、諸本には甲乙二つの系統があり、現行の卍版『蓮華三昧経』は甲系統で、乙系統は逸文しか残っていない。[26] そして、宝洲の引用に合致する部分は、現行の卍版『蓮華三昧経』には見えない。[27] また、乙系統の逸文を多く引用するのが、『与願金剛地蔵菩薩秘記』（以下『地蔵菩薩秘記』）であり、宝洲が㋒「彼座主の地蔵秘記」と言うのがそれに当たる。[28] それかれ勘案すると、宝洲も「予曾て蓮華三昧経の説を見侍りしに」と言うとおり、実際に『蓮華三昧経』を見たわけではなく、『地蔵菩薩秘記』の引用によったのであろう。宝洲の言う「上品蓮台の教主は。地蔵尊なる由」は、おそらく、『地蔵菩薩秘記』の次の箇所に依拠したものと考えられる[29]（句読点などを付し、書き下して引用する）。

問フ「地蔵ノ本地、阿弥陀如来ト云フハ、極楽浄土九品蓮台ノ教主、地蔵尊ナリヤ否ヤ」。答フ「『蓮華三昧経』ニ曰ク、地蔵菩薩ハ声聞ノ形像ニシテ身ニ袈裟ヲ著シ、首ニ宝冠ヲ戴キ、左ノ手ニ蓮華ヲ持シ、右ノ手ハ施無畏ニシテ、九品蓮台ニ坐シタマハリ。ⓧ上品蓮台、阿弥陀ヲ以テ教主ト為ルハ浅略ノ浄土也。深秘極楽上品蓮台ニハ、地蔵尊ヲ以テ能化ト仰グ。故ニ地蔵尊ノ本地ハ上品蓮台ノ阿弥陀如来ナリ」。

この地蔵菩薩は「声聞」の姿で「首《こうべ》ニ宝冠ヲ戴」くのだから、我々に親しいお地蔵さんの姿ではない。これは宝洲が言うように「密教一途の説」によった密教系地蔵とも言えるが、私見では、この姿は、『地蔵菩薩儀軌』に説かれている声聞と居座大士の形像を合成したものらしく思われる(30)（書き下しは私意による）。

次ニ画像ノ法ヲ説ク。声聞ノ形像ヲ作スハ、袈裟ヲ著シ、端ハ左肩ヲ覆ヒ、左手ニ盈華形ヲ持チ、右手ハ施無畏ニシテ蓮華ニ坐セシム。復タ、居座大士像ハ頂ニ天冠ヲ著シ袈裟ヲ著シ、左手ニ蓮華茶ヲ持チ、右手ハ先ノ如クシテ九品蓮台ニ安坐セシム（傳ニ云ク、九品ハ九重也ト。亦云ク、八葉中臺也ト）。

これによって判断すれば、『地蔵菩薩秘記』所引『蓮華三昧経』の「上品蓮台、阿弥陀ヲ以テ……」ⓧは、地蔵信仰に付会した『蓮華三昧経』の創作部分とも考えられよう。それは置くとしても、ここで宝洲が執着しているのは、阿弥陀の浄土において地蔵が現れること、あるいは、阿弥陀の変化身としての地蔵を文献学的に確かめることなのである。それは宝洲の博識を証することにもなるが、その一方で、『蓮華三昧経』のような雑多な要素を含んだ文献をもアトランダムに取り入れる結果にもなってしまっている。

地蔵と阿弥陀と結びつけようとする宝洲の意図は、『沙石集』の援用に最もよく現れている。宝洲は、㊁「三井の相傳に。地蔵は彌陀の菩提心なりと。又法蔵比丘すなはち地蔵菩薩なりとも習へり〈沙石集〉」と言う。これは、『沙石集』巻第二「地蔵の看病し給ふ事」に、「我身ニハ、密教ノ肝心ヲ伝ヘテ、弥陀ト地蔵トハ一体ノ習ヒヲ知レリ」という箇所を言うものかと思われる[31]。なお、神宮文庫本『沙石集』には、この後に、次の文言がある[32]。

> 三井ノ大阿闍梨慶祚、山ノ西坂本ノ人宿ノ地蔵堂ノ柱ニ、法蔵比丘ノ昔ノ貌、地蔵沙門ノ今ノ形、蔵ノ字思合スベシ。寛印供奉書写テ、柱ノ文ハ削レリト云ヘリ。又種子ニ付テ習之有リ。又南方幢菩薩ノ南方ノ西方興幅寺ノ南圓堂ノ不空羂索ノ頂上ニ、黒衣ノ沙門坐シ玉ヘリ。或ハ法蔵比丘、或ハ地蔵、或ハ八幡、垂迹地蔵ノ形也。御託宣ニハ、我弥陀ト示玉ヘリ。

宝洲が神宮文庫本『沙石集』を見たかどうかは置くとするが、確かなことは、宝洲が『蓮華三昧経』や『沙石集』の引例によって地蔵と阿弥陀の一体性を強調していることである。

しかし、それを強調する宝洲の意図は、そもそもどこにあったのか。本節冒頭で、「予曾てこの夢想を聞て。感仰する事多し」という宝洲の言葉を取り上げたのも、その「感仰」の内実を問題にしたかったからである。今やそれは明らかであろう。宝洲のここでの興味関心は、善之丞の霊験譚や、善之丞の夢に無能が現れたことそのものに向けられているのではない。宝洲は、それらが経典の記事に一致することに最大の興味を抱いているのであり、その一致を「感仰」しているのである。宝洲の「感仰」の指示内容が曖昧だったのも、その間の事情を反映するものだったと言えるだろう。そして、それは、既に引用した次の言葉に明白に示されていたことでもあったのである。

予此秘経（『蓮華三昧経』）の説をかくと語りければ。皆人今の夢想の。暗に密教と符合せる事。いと不思議なりとて。悉く感心しけり。（『無能伝』上四五オ）

宝洲の興味は、「夢想」に対して直接向かうのではない。「秘経の説」と「夢想」の「符合」に対して向かうのである。別言すれば、宝洲は善之丞の霊験譚や夢想を、経典類によって文献学的に裏付けることに喜びを感じている。[33]しかし、無能の生き方や善之丞の体験に照らし合わせたとき、そこには何か空虚な隙間が産み出されてしまう。なぜなら、それは無能や善之丞の体験を、宗教体験としてではなく、経典類のレファランスとして扱うことになってしまうからである。私が宝洲の著作に奇妙な違和感を抱くのは、この密やかな転倒が、宝洲自身にも無自覚に遂行されている点においてなのである。

しかし、言うまでもなく、この文献世界に身を置く宝洲こそが、『無能伝』『冥祥録』を産みだした。無能や善之丞の口承世界は文字にしなければ歴史に残らない、しかし、文字にすれば、そのリアリティは取り落とされてしまうのである。おそらく、この二律背反が、私を宝洲の著作に反発を感じつつも惹きつけられる理由なのであろう。

おわりに

　私は宝洲の浄土僧伝を読むと、曰く言いがたい違和感を抱かせられるのだが、それは、念仏聖達の行実と、それに対する宝洲の文書中心主義的な視線が奇妙な対照を見せているからである。例えば、『冥祥録』は、評注部分だけであるにもかかわらず、のべ二五〇回近い経典類・参考文献の引用が行われている。[34] また、金子寛哉は、『貞伝伝』における参考文献の引用のべ回数を四六八回と計測している。[35] ことほど左様に、宝洲は文献主義に傾斜しており、その態度はほとんどペダンティックとさえ言える。

　もちろん、経典類の引用だけならば、何も宝洲に限ったことではないし、文献引用が膨大だからと言って、宝洲の信仰そのものを疑わしく思うわけではない。むしろ逆に、私は、宝洲が自らの信仰に対して、兎の毛ほども疑念を感じていないらしいことに苛立ちを感じるのである。そのゆえんは、宝洲が阿弥陀信仰というよりも、もっと具体的に地獄極楽の実在を信じていたかのように思われる。この実在に対して宝洲は全面的に依存している。つまり、宝洲が向かうのは宗教的救いそのものではない。宝洲において、それは既に自明の前提条件であって、ことさら主題化する必要がない。そのため、宝洲は嬉々として実在の文献学的実証に向かうことができる。金子寛哉は、『貞伝伝』について「浄土宗の宗義上の細かな問題は殆んど取り上げられていない」と評しているが、[36] 確かに宝洲は「宗義上の細かな問題」を取り上げない。その代わり、文献学的に細かな問題を取り上げるのである。[37] そして、無能や善之丞の体験を経典類によって裏付ける。すなわち、「お経に書いてあるとおりだ！」というのが、宝洲の信仰の喜びなのである。

　その喜びの中において、無能や善之丞にとって「今ここ」の「生の事実」であるものが、宝洲にとっては、文献学的研究対象と化してしまう。文書アーカイヴに収蔵されえない「生の事実」を、文書の参照項・レファランスにしてしまうこと、あえて言えば、その不潔が私を苛立たせる。あまつさえ、宝洲の行実そのものには、何ら非難すべき余地がない。この隔靴掻痒感が、私の宝洲体験の核になっているらしい。

つまり、宗教的な意味において、宝洲はあまりにもナイーヴ過ぎる。私はそこに楽天的ですらある空虚を感じ取る。そして、実のところ、私が宝洲に興味を持つのも、この空虚に対する宝洲の無自覚が、文献中心主義を旨とする「日本的精神構造」の雛型に見えてしまうからなのである。それは余所事ではない、まさに私および私達自身の問題だからである。

宝洲・無能関係略年表

年号	干支	西暦	◎＝宝洲　▽＝無能
正徳　五	乙未	一七一五	▽一〇月二五日、無能集録『近代奥羽念仏験記』第一次書写成る（単阿筆写跋年記）。
享保　二	丁酉	一七一七	◎春、相馬興仁寺に移る。 ▽九月、無能、瘧疾を患う。
四	己亥	一七一九	▽一月二日、無能没（三七歳）。
五	庚子	一七二〇	◎三月半ば『無能伝』執筆開始か（序文年記）。 ▽四月、無能集録『近代奥羽念仏験記』刊行（序・跋年記）。 ◎九月三日、『無能伝』脱稿か（跋文年記）。
六	辛丑	一七二一	◎一月、宝洲著『無能和尚行業記』二巻二冊刊
七	壬寅	一七二二	◎三月一五日、寅載著『浄土十念章』に跋文を付す（『浄土伝燈輯要』下）。
八	癸卯	一七二三	◎九月『孝感冥祥録』原写本成立。
一九	甲寅	一七三四	◎伝阿記・宝洲評『孝感冥祥録』二巻二冊刊
元文　元	丙辰	一七三六	◎月泉編・宝洲評『待定法師忍行念仏伝』二巻二冊刊（元文二年板・刊年不明板あり）。 ◎宝洲著『東域念仏利益伝』二巻二冊刊（元文三年板・安永七年板・刊年不明板あり）。
二	丁卯	一七三七	◎宝洲没す。享年不明。七五歳前後か？

第Ⅳ部　テクストと超越

第一章　宝洲槃譚――江戸中期浄土僧の足跡

はじめに

これまで本書で扱ってきた宝洲槃譚《ほうしゅうはんたん》（?―元文二年〈一七三七〉）は、四作の浄土僧伝に関わっている。改めて刊行順に確認しておけば、次の四著である。

一、宝洲著『無能和尚行業記《むのうおしょうぎょうごうき》』二巻二冊　享保六年刊（一七二一）。以下、『無能伝』と略記。

二、伝阿記・宝洲評『孝感冥祥録《こうかんめいしょうろく》』二巻二冊　享保八年成立（一七二三）・同一九年刊（一七三四）。以下、『冥祥録』と略記。

三、月泉編・宝洲評『待定法師忍行念仏伝《たいじょうほうしにんぎょうねんぶつでん》』二巻二冊　元文元年刊（一七三六）。以下、『待定伝』と略記。

四、宝洲著『貞伝上人《ていでんしょうにん》／東域念仏利益伝《とういきねんぶつりやくでん》』二巻二冊　元文二年刊（一七三七）。以下、『貞伝伝』と略記。

これらの僧の出身地は、無能が福島、直往が宮城、待定が山形、貞伝が青森となる。つまり、宝洲は東北系念仏行者の伝記四種に関わった。それには、東北地方への教線拡大の意味もあっただろう。そして、これらの著述に携った上からは、宝洲が宗派における指導的人物の一人だったろうことは疑うべくもない。また、評注の内容からも、宝洲の学識は見てとれる。そこには無用なほどに経典の知識が羅列されているとさえ言える。そのため、私は宝洲の誠意を疑うつもりはないものの、その学識と信仰がどのように関連しているのか、どうも腑に落ちなかった。私が宝洲に興味を惹かれたのは、その精神構造だったのである。

宝洲が伝をものし、評を加えた東北出身僧四名は、それぞれに角度は異なるが、異常な体験をし、また、特異な生涯を送った人々である。彼等は奇譚や奇瑞、苦行や自傷といった奇矯とも言える逸話に富んでいる。また、それが彼等が一般大衆を惹きつけた理由でもあった。おそらく、宝洲は、それらの特異な体験や行為を、豊富な経典の知識で裏付けようとしたのであったろう。そこには自宗の宣揚や布教という政治的意図も働いていたに違いない。その意図はともかくとしても、それが一方では、純教理面では雑多すぎる要素を抱え込む結果になったことも否定できないように思われる。しかし、それが江戸期における浄土宗の一側面をなしていたことも事実なのである。

我々は現在、法然や親鸞を近代主義的に捉えることに慣れてしまって、江戸期の宗教理解をややもすれば教義的混濁と考えがちである。実際、私自身も、そのような先入観を抱いていた。しかし、私は、待定の信じがたいような苦行生活を知り、その熾烈な宗教的情熱に驚かされた。そして、私が興味を掻き立てられたのは、直往・無能・待定・貞伝といった実践的信仰者と学僧宝洲の落差、あえて言えば、その落差に対する宝洲のある種の無自覚もしくは楽天性に対してであった。そして、この落差に江戸期の宗教的情熱の二重性が示されているように感じたのである。その意味において、宝洲へのアプローチは、私なりの観点からする「江戸時代精神史研究」の一つの試みである。その土台となるべきは、まず宝洲の経歴と著作を確認することである。本章では、その基礎的整備を企図して、宝洲の経歴の大体について論じてみたい。

宝洲の活動期の概観

管見の限りでは、宝洲の経歴について言及しているのは、大島泰信「浄土宗史」と、(1) 金子寛哉「『貞伝上人東域念仏利益伝』について」だけのようである。(2) この二論考は基礎的文献ではあるが、簡略に過ぎて、宝洲の経歴には不明な点がいまだに多い。よって、ここでは宝洲の活動期を大まかに区切り、その後、各期について考証を加えながら、宝洲の経歴をまとめていくことにする。

宝洲の生年や俗名はいまだ明らかでないが、出身地は伊勢国白子である（後述）。宝洲の自著によって名乗りをまとめておくと、号は槃譚、蓮社号は恬蓮社《てんれんしゃ》、誉号は好誉、阿号は鶴阿、ということになる。すなわち、恬蓮社好誉鶴阿宝洲が、宗派上の正式な名乗りとなり、宝洲槃譚が一般的な僧名ということになろう。

宝洲は生涯を寺僧として過ごしたので、その活動時期は、宝洲が在住した寺院によって、次の四期に分かつことができる。

一、芝増上寺時代

時期不明――宝永六・七年？（？―一七〇九・一〇）。芝増上寺に入り、修行生活を送った時期。

二、伊勢白子悟真寺時代

宝永七・八年？――享保元年（一七一〇・一一？―一七一六）。増上寺での修行を終え、出身地の悟真寺に戻り、徐々に著述など始めた時期。

三、相馬興仁寺時代

享保二年——同九年？（一七一七—一七二四？）。住職として相馬興仁寺に迎えられ、無能・直往などを知り、東北浄土僧の伝や記事をものした時期。

四、京都法然院時代

享保一〇年？——元文二年（一七二五—一七三六）。相馬から京都法然院に移住し、大蔵経校訂や浄土僧伝著述に携わり、元文二年に没するまで。

増上寺への入寺は、通常一五歳とされているから、[3] 宝洲もその頃、故郷から増上寺に上ったのであろう。入寮から一通りの修行が済むまでには、全九教程各三年で二七年かかるとされている。[4] 常時三千人の僧がいたと言われる増上寺で、修行者全員が二七年の修行を完遂したわけではなかろうが、後の著作にみる宝洲の学殖を考えれば、宝洲が増上寺の修行を完成させたことは疑えないように思う。郷里伊勢白子に戻って悟真寺に入った宝洲も、既に四〇歳は越えていたであろう。そして、享保二年（一七一七）、宝洲ははるばる相馬の興仁寺に移った。ここで宝洲は無能や直往を知り、学僧としての自身とは異なる宗教者に出会った。また、それが宝洲が東北浄土僧伝に関わるきっかけにもなったのである。宝洲は相馬で五年ほどを過ごし、享保一〇年前後に京都法然院に移住して、晩年の約一〇年を過ごし、大蔵経の校訂作業や著述に励んだ。宝洲が亡くなったのは元文二年（一七三六）のことである。

※付記　以下の引用文で丁付が記されたものは架蔵の原本により、特に注は付さなかった。また、漢文引用は基本的に書き下して、適宜句読点を施した。原本にふりがなのない漢字は引用者の判断によって付した。なお、引用文の傍線や番号などは特に断りのない限り、引用者による。

芝増上寺時代

先にも述べたように宝洲の生年は確定できない。また、増上寺に入った年号もわからない。しかし、増上寺入寺が通例どおり一五歳前後だったことは疑いないだろう。得度はそれ以前だったものと思われる。寛永九年公布の増上寺「入寮掟」によれば、[5] 入寮日は毎年正月一一日とされている。宝洲もその日に増上寺に入寮したのであろう。

そして、宝洲は、当時、増上寺の経蔵司だった寅載信知《いんさいしんち》の教えを受けたらしい。寅載と宝洲の関係は、宝永二年（一七〇五）乙酉、寅載『面上傍人辨《めんじょうぼうにんべん》』の宝洲跋文に示されている。それには、

宝永乙酉之歳結制之日武都縁山学徒宝洲槃譚書

とある。[6]「縁山」は増上寺の山号、三縁山の意。「結制之日」は夏安居《げあんご》の初日、四月一六日である。また、宝洲は『面上傍人辨』跋文年記の五年後、宝永七年（一七一〇）六月に『面上傍人辨裏書』を書いている。その識語には、

宝永庚寅之六月既望／白旗三十九葉後学鶴宝洲焚盥敬譔

とある。[7]「既望」は一六日、「白旗三十九葉」は「浄土宗白旗派三九代」の意で、増上寺第三九世貫首、演蓮社學譽冏鑑《げいかん》を指すと考えられる。[8] なお、「焚盥《ふんかん》」は「焚香盥洗（香を焚き、手を洗いすすぐ）」の意で、号ではない。なお、この時期の宝洲の資料としては、宝永六年（一七〇九）の槃譚書『百体三十三巻般若心経』写本六巻（大正大蔵）が残っているようである（筆者未見）。

この時期の宝洲の動静について、これ以上のことは明らかではないが、『面上傍人辨裏書』識語から、宝洲は宝永七年まで増上寺にいたことが確認できる。先にも述べたように、増上寺入寺は通例一五歳で、一通りの修行が済むまで二七年かかるとされている。単純計算をすれば、一五歳で入門すれば修了時は四二歳である。宝洲が修行を終えたのが宝永七年（一七一〇）だったとすれば、寛文八、九年頃（一六六八・六九）の生まれという計算になるが、師の寅載との関係を考えると、もう少しさかのぼりそうに思われる。それには寅載の経歴を知らねばならないが、その寅載の動静にも明確でない点がある。やや迂遠な論証となるが、ここで寅載の経歴を簡単に検証して、宝洲との関係を見ておきたい。

寅載は、慶安三年庚寅（一六五〇）、相馬に生まれ、同地崇徳山興仁寺で出家し、後に芝増上寺に上り、精学を称せられて一字席・経蔵司となったが、早く伊勢山田梅香寺に退隠して、享保六年（一七二一）九月二八日、七二歳で同地で没した。[9] この経歴中で不明な点は、寅載がいつ増上寺から梅香寺に移住したかということである。それを明確にできれば、宝洲が寅載に学んだのはいつ頃かが明らかになるはずである。

寅載は、先に見た『面上傍人辨』で「蓮渓寅載」を称している。「蓮渓」は「蓮華渓梅香寺」のことだから、[10] 宝洲跋文年記の宝永二年（一七〇五）時点で、寅載は梅香寺に退隠していたわけである。これは寅載の梅香寺移住を示しはするが、移住時期を確定するに足る資料ではない。ところが、これが寅載の梅香寺移住時期を言うものと誤解されてきたのである。大島泰信「浄土宗史」には、こう記されている。(11)

(寅載は)宝永年中梅香寺に住し、或時神官龍尚舎なるものを教化す。尚舎邪見を翻し神国決疑編を撰し、神仏一致の義を唱へたりと云ふ。

大島は「移住した」とまでは言っていないのだが、これが誤解を招いたようである。また、竜《りゅう》尚舎《しょうしゃ》(熙近《ひろちか》)『神国決疑編』は寛文一三年=延宝元年(一六七三)成立で、当人も元禄六年(一六九三)八月二日に七八歳で没している。(12)すなわち、尚舎が寅載の教化を被ったのは、宝永以前でなければならない。尚舎と寅載の交流を証する資料として、竜尚舎が梅香寺の沿革を記した「観音山蓮華渓梅香寺縁起」がある。その中で、尚舎は寅載について、「余、寅載上人ノ道化ヲ被リ、方外ノ交リヲ締《ムス》ブコト多年……」と述べている。(13)そして、この「観音山蓮華渓梅香寺縁起」の年記は「元禄三歳次庚午応鐘望」、すなわち、元禄三年(一六九〇)一〇月一五日である。「交リヲ締ブコト多年」と言う以上、それ以前からの付き合いがあったことは言うまでもない。一方、延宝元年(一六七三)成立の『神国決疑編』には寅載の名は出てこないから、尚舎と寅載の道交は、それ以後だったろうことも推定できる。

また、尚舎は「龍氏送寅載公之序詩」で、寅載について、「早ク叢林ノ学席ヲ辞シ、蓮渓梅香蘭若ノ隠区ニ韜光晦跡迹《衍》ス」と記しており、その年記は「貞享三年林鐘日」、貞享三年(一六八六)六月である。(14)これをもってすれば、寅載が貞享三年以前に梅香寺に移住していたことは確実である。

なお、「梅香寺歴代譜」によれば、寅載は九世で、先代の八世広誉詮雄が没したのは貞享四年（一六八七）七月八日である。[15] もし寅載が宝永初年（一七〇四）に梅香寺に来たのなら、その間に一七年の空白が生じる。増上寺二八世貫首まで務めた広誉詮雄の没後、一七年も梅香寺が無住だったはずもない。つまり、寅載が広誉の後を継いだのは、広誉の没した貞享四年だったと考えるのが最も自然である。これも、寅載が梅香寺に移り住んだのが貞享四年以前だったことを示している。

とすれば、寅載の梅香寺移住はいつのことだったのか。その点で、『新著聞集』崇行編「寅載和尚金をすて経を修む」が注目される。[16]

（三百両を寄進された寅載は）我願ありとて、増上寺の一切経の、虫に損じたるを裏うちし、散雑して見わけがたきを、ことぐく繕あらため、延宝四年より同八年に至るまでに、漸く願みちぬ。同九年、伊勢の蓮華谷に、引きこもり隠遁せられし。

寅載の梅香寺移住時期を「延宝九年」とするのは、この記事だけだが、これはこれまで述べた傍証記事とも整合する。つまり、寅載の梅香寺移住は、従来言われてきた宝永初年（一七〇四—）などではなく、その二〇年以前の延宝九年中（一六八一）のことと考えるべきなのである。このとき寅載は、若干三二歳に過ぎない。尚舎の言うごとく「早く叢林の学席を辞し」たと言わねばならない。

これによって、宝洲が増上寺で寅載の指導を受けたのも延宝九年以前だったことは明らかだろう。宝洲の入寺が一五歳だったとすれば、最低限一年間の指導を受けただけとしても、宝洲は延宝九年には一六歳を越えていたはずだが、実際は数年以上その指導下にあったと考えるのがより自然である。

『新著聞集』が伝えるように、寅載が「延宝四年より同八年に至るまで」経蔵司として一切経の補修に関わったのならば、このとき宝洲はその膝下にいたのであろう。寅載が増上寺を去るまでの何年間か、宝洲が指導を受けたとすれば、延宝九年当時、宝洲は二〇歳前後だったと考えられる。仮に二〇歳で計算すれば、宝洲は万治四年＝寛文元年（一六六一）の生まれということになる。宝洲は元文二年（一七三七）に没しているので、その計算でいくと享年七六となる。先に増上寺の修行年数だけで見れば、宝洲の生年は寛文八、九年頃（一六六八・六九）とも考えられる旨を記しておいたが、誤差を数年とみて、宝洲はだいたい寛文初―中頃（一六六一―六五）の生まれとみてよいかと思われる。

伊勢白子悟真寺時代

宝洲は『面上傍人辨裏書』識語「宝永庚寅之六月既望」の時点では、まだ増上寺にいたが、その後、伊勢国白子の終南山悟真寺（現・三重県鈴鹿市白子本町二―二七）に移った。正徳二年（一七一二）に宝洲は、隆尭《りゅうぎょう》（応安二＝正平二四―宝徳三〈一三六九―一四五〇〉）『称名念仏奇特現証集』（以下『現証集』）の校訂を行っており、その跋に「正徳二年壬辰重陽日／勢陽白子後学沙門鶴宝洲敬識（下末三ウ）」とある。著作時期が跋文年記以前であることは言うまでもないから、宝洲は正徳二年重陽日（九月九日）以前に白子に移っていたのである。おそらく、それは宝永七年末（一七一〇）か同八年＝正徳元年（一七一一）のことであったろう。

また、これには寅載が序を寄せており（年記「正徳二年壬辰之秋」）、そこには「伊蒲塞光円ノ逼請ニ因テ、将ニ梓ニ鋟《エラシ》メント余ガ弁言ヲ請フ」（上序三オ）とあって、この書が「伊蒲塞（在家信者）」光円なる者の発願による出版であることも知られる。宝洲の跋にも、「余ガ郷友長島氏光円」とあり（下跋二オ)、巻末寄進者名簿にも「勢洲白子善士光円」とあるから(下四大尾オ)、宝洲は当地伊勢白子の出身だったわけである。つまり、宝洲は増上寺修学の後、郷里の寺に戻ってきたことになる。ただし、この悟真寺が宝洲得度の寺であったかどうかまでは、調査が行き届かなかった。宝洲が後の享保二〇年(一七三五)に刊行した忍澂著・宝洲附録『浄業課誦』正続二冊には、「喜捨助刻存没名署」が付されているが、それには、

好誉宝洲/謹捐衣貨貲　奉薦　本院(法然院)中興玄誉万無大和尚/宣誉忍澄上人　要誉寅載上人受業師単誉大玄上人

とある(続一八ウ)。「受業師」とあれば、宝洲は「単誉大玄」の下で得度したわけだが、「単誉大玄」の経歴は未詳である。あるいは、悟真寺の住職だったのかもしれない。

話を元に戻せば、宝洲が悟真寺に入った際、篤信の郷友光円は『現証集』校訂を宝洲に依頼したのだが、宝洲は任にあらずとして、これを知人を通じて京都報恩寺の湛澄向西《たんちょうこうせい》に送ったのである。宝洲跋文には「……洛ノ蓮清道人ニ告テ、之ヲ報恩ノ湛澄上人ニ請ス」(下跋二ウ)とある。「蓮清道人」は未詳だが、仲介者がいたということは、宝洲自身は湛澄と親しい関係ではなかったらしい。湛澄(慶安四—正徳二年〈一六五一—一七一二〉)は、当時活発な著作活動を展開しており、浄土宗文献の注解のほか、法然和歌の注釈『空花和歌集』をまとめたり、『一言芳談』に標注を加えるなど、国文や和歌にも精通していて、往生伝『女人往生伝』の著もあった。[17] その意味で、湛澄は『現証集』校訂を依頼するに適任だったろう。そして、湛澄も一旦はこれを引き受けたのだったが、この校訂作業の途中で没し、

その後を宝洲が継ぐことになったのである。

……（湛澄は）寂爾トシテ化ス。享年六十二。実ニ茲歳《コトシ》仲春大尽日也……余、悃愊ノ遺嘱ヲ得テ辞譲スルニ由無シ。因テ蒙昧ヲ揣《ハカ》ラズ、其ノ数本ヲ対校シテ、就テ正ス。功成テ梓生ニ付シ、以テ諸《コレ》不朽ニ伝フ。（下跋三オ）

湛澄は正徳二年（一七一二）二月三〇日に没しているから、宝洲が仕事を継いだのは、この後である。つまり、宝洲は帰郷して光円に『現証集』校訂を打診され、それを湛澄に依頼して、その途中で湛澄が没した。これを逆に辿れば、宝洲が帰郷したのは、少なくとも宝永八年＝正徳元年中（一七一一）でなければならないだろう。また、宝洲が湛澄没後に仕事を引き継いだのは、早くても正徳二年（一七一二）の三月からということになる。『現証集』には宝洲の『或問』が付録されており、その識語には、「壬辰ノ歳。南呂ノ月。棲蓮居ノ南窓ニシテコレヲ記《シル》シ畢ンヌ」（下五一オ）とあって、宝洲が『或問』を「南呂ノ月（八月）」に書き終えたことがわかる。既に触れたように、『現証集』跋文年記が九月九日だから、校訂作業に要したのは最大に見積もって六カ月ほどということになる。なお、「棲蓮居」は悟真寺における宝洲の居所の号とおぼしく、巻末寄進者名簿にも「棲蓮居誌」と記されている（下四大尾ウ）。

『現証集』は、こうした経緯を辿って、その冬には刊行に至った。架蔵本の刊記には（下四大尾ウ）、

正徳二年季壬辰玄冬中澣日

洛陽　知恩院対門　澤田吉左衛門　共繍梓

とあり（参考図版１）、板元名が一名分空白になっている。「共繍梓（共同出版）」とある以上、初板は合板だったのであろう。[18]合板元名が空白になっている点で、架蔵本が後刷りであることは明白なのだが、本書の書誌はもう少し複雑である。

架蔵本には、『或問』の後に『或問追加』七丁半（下五一ウ―五九ウ）が付け足されており、その宝洲の識語には、

正徳癸巳ノ歳。林鐘ノ月。後学沙門鶴宝洲捿蓮居ニ寓シテ重ネテコレヲ記シ畢ンヌ。（下五九ウ）

とある。「癸巳」は正徳三年（一七一三）、「林鐘」は六月である。つまり、宝洲は刊行後も『或問』の稿を継ぎ、追加を書いていた。そして、これが写本として悟真寺に伝わっていたのであろう、後人がこれを『現証集』の後刷り本に付け加えたのである。

宝洲上人ノ或問附録ハ、蓮門ノ要義至レリ尽セリ。今年寛延庚午ノ夏、追加ノ草案ニ精義ヲ遺シ玉フヲ見テ、随喜讃歎ノ余リ梓ニ寿シテ、コノ章ニ続ク。慈光和南（下五九ウ）※「和南」は「稽首」の意（引用者注）。

すなわち、架蔵本『現証集』は、宝洲の死後、慈光（経歴未詳）によって、[19]『或問追加』を附録され、宝洲の死後の寛延三年（一七五〇）「庚午ノ夏」以降に刊行された板である。しかし、刊記はそのままに残されたので、架蔵本はうっかりすると正徳二年刊本のように見える。『現証集』には、後刷りがもう何種類か存在するようだが、[20]刊記は流用されてずっと残されていたのであろう。

書誌はひとまずおくが、この『現証集』の寅載序を見るに、寅載は宝洲の学力を高く買っていたことが窺える。

……宝洲上人ト云ヘル有リ。其ノ人ト為リ天資俊逸醇信ニシテ古ヲ好ム。斯ノ集ヲ繙ク毎ニ、未ダ嘗テ巻ヲ釈テ、慨慷セズンバアラズ。乃チ数本ヲ対校シテ訛舛ヲ改正シ、亦典拠ヲ冠注シ、或問ヲ合併ス。其ノ精勤之功雄偉ト謂ツベシ。（上序二ウ）

寅載が宝洲の学才を称揚したのは、単なる美辞麗句ではなく、実際に寅載は宝洲に目をかけていたのであろう。またそれゆえに、宝洲は、ある程度の年月、寅載の下で親しくその指導を受けたものと考えられるのである。

時代は前後するが、寅載が延宝九年（一六八一）に梅香寺に移住してからも、宝洲と連絡を取りあっていたらしい。梅香寺一〇世称誉が記した「称誉記寺縁略記」の識語は「元禄九丙子年六月廿日」だが、その冒頭に「弟子某甲槃譚曰……」と記されている。[21]この時期、宝洲はまだ増上

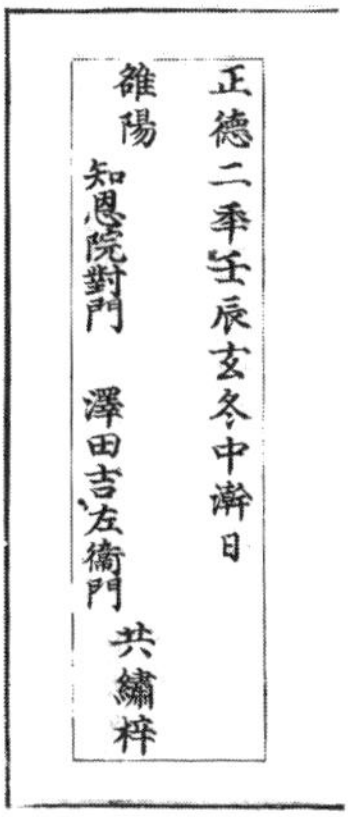
正徳二季壬辰玄冬中澣日
雒陽 知恩院對門 澤田吉左衛門 共繡梓

参考図版１

寺にいたわけだが、ここで寅載の「弟子」を称しているわけである。そして、宝洲が宝永末年に郷里の伊勢白子悟真寺（現・鈴鹿市）に戻ってみれば、寅載の伊勢山田梅香寺（現・伊勢市）は目と鼻の先である。この時期、寅載と宝洲と互いに行き来していたとしても何の不思議もないだろう。この後、宝洲は悟真寺から、はるばる磐城国相馬郡興仁寺に赴くことになるのだが、これも寅載との師弟関係によるものだったと想像されるのである。

相馬興仁寺時代

宝洲は、享保二年（一七一七）春に、伊勢白子から、遠く磐城国相馬郡中村の崇徳山興仁寺に移ることとなった（現在は福島県相馬市中村字宇多川町九四に移設）。この移住について、宝洲は、「享保二年の春、たまたま刺吏の請に応じて……此国に下り」（『無能伝』上一ウ）と言い、後にも、「予かつて相馬府君昌胤《まさたね》の聘を請けてみちのくにおもむき」（『貞伝伝』上三オ）と言っている。相馬昌胤は当時既に隠退していたが、旧藩主の招請である以上、ここに寅載の名が出てこないのも不思議はないが、前節にも触れたように、興仁寺は相馬出身の寅載が出家した寺である。実際は、寅載が昌胤に愛弟子の宝洲を推薦したのであったろう。

そして、この興仁寺在住の折に、宝洲は、当時東北地方を教化していた無能を知ったのである。この無能との出会いが、学僧宝洲が東北の捨聖系念仏行者に関わり始める契機となったと言ってよい。宝洲は無能と手紙の往還もあったが（『無能伝』上二オ）、その関係は無能の死によって短期間で終わっている。無能は、宝洲が相馬に移住して二年も経たない享保四年（一七一九）一月二日、三七歳で没したのである。

おそらく、この無能の死が『無能伝』執筆の動機となったのであろう。本書については既に論じたので[22]、ここで再説はしないが、私は、宝洲に『無能伝』を書かせたのは、ある種のカルチャーショックだったろうと考える。神都伊勢に生まれ、早くから増上寺で宗派の選良として学問に励んできた宝洲にとって、師寅載の推薦によって半ばやむなく赴いたであろう奥州相馬は、文化果つる土地とも見えたであろう。しかし、そこで宝洲は捨聖無能に出会い、これまで自分の知らなかった地下《じげ》の浄土宗に衝撃を受けたはずである。そして、同じ宗派でありながら、学僧である自分と捨聖の無能とがあまりにもかけ離れた存在であることへの驚きが、宝洲が『無能伝』を書く原動力になったのではないか。私はそのように想像する。

また、この興仁寺在住時代、宝洲の無能の他にも、宝洲の心を動かした僧がいた。それが孝子善之丞こと直往《ちょくおう》である。宝洲は、孝子善之丞の異常な体験談をつぶさに聞き、それに驚嘆した。この善之丞の体験談は、後の享保一九年（一七三四）になって『孝感冥祥録』として刊行されるが、原本の成立について、宝洲は『冥祥録』序にこう言っている。

予、嚮ニ東奥ニ住セシ日、百タリ直往ガ譚ヲ聴テ感仰ニ任《タ》ヘズ、復、之ヲ未聞ニ示サント欲シ人ヲシテ其ノ語ニ依テ具サニ事状ヲ録セシム。（上一オ）

宝洲は繰り返し直往の話を聴いて感銘を受け、人に命じてそれを筆録させた。その筆記者厭求は巻末識語に次のように言う。

堂頭和尚（宝洲）はじめ。門下の諸長老。御府内の道俗男女集り。直往に面談ありて。一々上来の次第を聴聞ありて。未聞の人のため。末代にも及ぼすために候へば。其口説のまゝ具に筆記すべしと命じ給ふ間。府下の諸侍。志ある人々集りて。相共に集録するところ上来の如し。

（下二四オ）

筆記の年記は「時享保八卯年九月十四日／奥州伊達郡南半田村／行年二十三歳／直往敬白」（二五オ）となっている。すなわち、原本は享保八年（一七二三）九月一四日に成った。しかし、これは写本のまま流布し、これが刊行されたのは、原本成立の一一年後、享保一九年のことであった。そのとき、宝洲は既に京都法然院に移っており、その地でこの書の刊行に関わったのである。

『冥祥録』の内容については既に詳しく論じたが[23]、現代から見れば、幽冥界を遍歴した善之丞の体験は、民俗学の研究対象となる心意現象である。それは、平田篤胤が天狗小僧寅吉の聞き書きをまとめた『仙境異聞』と共通の性格を持っている。ただ、善之丞の場合、それが地獄極楽の遍歴だったという点で、いかにも浄土宗向きのものだった。しかし、それは宗派的教養から産み出されたものではありえず、あくまでも民衆世界の深層心理から浮かび上がってきたものである。民俗学的研究対象と言うのはその意味においてである。その民衆世界は、学僧宝洲にとって未知の世界であり、また、極めて異質なものであったろう。その点においては、捨聖無能も民衆世界の側に位置していた。宝洲にとって、それらは浄土宗という枠組みの中にあったために、自らの立場を揺り動かす怖れはなかったかもしれない。しかし、宝洲が自身が身を置く世界とは異質の世界に出会って、目を開かれたことは確かなことのように思われる。

この『無能伝』と『冥祥録』の二作が、興仁寺在住時の宝洲の主立った仕事だが、このほかには、宝洲が補訂した寅載『浄土十念章』がある。これは寅載の著作に宝洲が修訂を加えたもので、そのいきさつについては宝洲が跋に語っている。(24)

……（浄土十念章）未ダ稾蔵ノ篋中ヲ脱セズ。師、康存ノ日、談会シテ此事ニ覃《オヨ》ブ。不肖亦タ屢、愚懐ヲ呈シテ、循環研覈《ケンカク》ス。所以《ユエ》ニ、師ノ歿後、其ノ遺稾ヲ披キ、重修参訂シテ以テ永世ニ貽《ノコ》ス。庶《コイネガハ》クバ宗教ニ輔《タス》ケ有ランコトヲト云フ。

享保壬寅之春三月上浣／奥之相馬崇徳山仁《マ》教《マ》寺埜衲鶴宝洲敬識

すなわち、この書は享保六年（一七二一）に没した師寅載への追慕の念に出ずるものである。また、年記の「享保壬寅」は享保七年（一七二二）。この三月には、宝洲がまだ興仁寺にいたことも確認できる。「仁教《にんきょう》寺」は筆記者が「興仁《きょうにん》寺」を勘違いしたのであろう。

この後、宝洲は京都法然院に移住することになるのだが、その時期は定かではない。少なくとも、それが『冥祥録』写本の成った享保八年九月以降だったことは確言できる。宝洲はこれを後の享保一九年（一七三四）に刊行したのだから、『冥祥録』写本を携えて京都に移ったのである。宝洲が興仁寺から法然院に移った理由ははっきりしない。ひとつには、寅載が没して、宝洲を興仁寺に推薦した師匠への恩義を返したつもりがあったのかもしれない。

宝洲が相馬興仁寺から移住した京都鹿ヶ谷の法然院は、もともとあった寺を忍澂が念仏道場として再興したものである。忍澂は正保二年（一六四五）一月八日に生まれ、正徳元年（一七一一）一一月一〇日、六七才で没している。[25] 忍澂が法然院を再興したのは、延宝九年＝天和元年（一六八一）であり、ここを中国東晋慧遠の念仏結社「白蓮社」にならって「白蓮社」と称した。

この号は、松永知海が明らかにしたように、[26] あくまでも法然院という念仏道場の名称であって、忍澂の蓮社号ではない。その混同は古く珂然『獅谷白蓮社忍澂和尚行業記』（二巻二冊　享保一二年刊〈一七二七〉）に由来するようだが、[27] ある意味でやむを得ない誤解でもあったろう。普通、蓮社号は浄土宗の高僧や大壇越の法名だから、人々が白蓮社を忍澂自身の蓮社号と思いなしたのも自然な成り行きだったからである。この白蓮社号の扱いには、宝洲もいささか苦慮したらしい（後述）。

それはひとまずおくとして、宝洲がこの法然院に移った年月が問題となるが、それがはっきりしていない。前節で述べた『冥祥録』原写本成立が享保八年（一七二三）九月であるから、移住はその後であることはほぼ間違いないだろう。それを考え合わせれば、宝洲が法然院に移ったのは享保一〇年（一七二五）前後ではないかと考えられる。私の推定の一根拠は、宝洲がこの年に『神宮山蓮華寺鐘銘並序』写本一冊（梅香寺蔵）を残していることである[28]（なお、以下は未見資料によるもので、あくまでも現時点での推定でしかないことをあらかじめ断っておく）。

いささか回りくどい話になるが、現在、梅香寺には「寅載和尚関係文献」が残されていて、その中に、享保四年（一七一九）成立の寅載『蓮華寺縁起』と、享保六年（一七二一）成立の寅載『神宮山蓮華寺格式』の二書があるという。[29] この神宮山蓮花寺（現・三重県度会郡度会町棚橋一六九二）は、当時梅香寺にいた寅載が享保二年（一七一七）に中興した寺である。[30] この蓮華寺の前身は、神宮山法楽寺で伊勢神宮と深い関わりがあった。[31] 寅載はそれを浄土宗の寺として再興したのである。人名辞典の類でも、寅載は神仏一致思想の持ち主だったとされており、[32] 先に触れた『神国決疑編』の著者竜尚舎との交流もそれを示している。それに触れておくのは、現在から見て宝洲の教義的混濁とも見える要素も、[33] その神仏習合的発想に胚胎しているものと考えられるからである。

ところで、その寅載は、『神宮山蓮華寺格式』を書いた享保六年（一七二一）九月二八日に没している。前節に触れたように、『冥祥録』原写本成立の享保八年（一七二三）九月時点で宝洲はまだ相馬にいたわけだから、それを勘案すれば、享保一〇年（一七二五）成立の宝洲著『神宮山蓮華寺鐘銘並序』が梅香寺に蔵されているということは、宝洲が京都法然院に住してから後のことだったのではないかと、私は想像するのである。これは未見資料による推定であって、あまりにも根拠が薄いことは否定しえない。また、私としても固執するつもりはない。

一方、宝洲が法然院に移った理由も定かではない。宝洲を引き立ててくれた寅載は既に没し、忍澂も寅載が没する一〇年前の正徳元年（一七一一）に亡くなっていた。忍澂は寅載より五歳の年長だったが、この二人は、極めて親しい間柄で、忍澂に『吉水遺戒』の著作を薦めたのも寅載だった。[34] つまり、寅載と忍澂の関係からして、宝洲が法然院に移る背景はあったのだが、忍澂も寅載も既に没しており、この二人が宝洲を直接に推挽したり招聘したりするはずもなかったのである。

そこで、宝洲が法然院に移った理由として、私が考えつくのは、寅載と忍澂の関係も背後にはあったろうが、主として宝洲の経典に対する知識や学力が買われてのことだっただろうということである。忍澂は『大蔵経』の校訂に力を尽くし、黄檗版と高麗版を校合し、その終了を待っていたかのように没した。その校異資料『大蔵経対校録《たいきょうろく》』一〇〇巻の刊行は、結局五六巻で中絶している(35)。また、忍澂は校訂の過程で、古逸書の慧琳《えりん》『一切経音義（慧琳音義）』一〇〇巻を発見し、これを新しく開板した。しかし、刊行一〇余巻にして忍澂は没し、その完刻を見たのは忍澂没後二七年を経て後の元文二年（一七三七）である(36)。

つまり、宝洲は忍澂の残した事業の後継者として法然院に迎えられたのではなかったか、と私は考えるのである。逆に言えば、学僧宝洲の経典知識は宗派において、それほどの評価を得ていたということでもあろう。しかし、これらの刊行事業において、宝洲の名前はあまり表に出てこない。たとえば、『慧琳音義』刊行を高く評価する神田喜一郎は、

> この刊行事業にあたつて、主として校勘にあたつたのは、上人の高足、敬首律師（一六八三―一七四八）だつたやうである。……中略……それから、「新雕慧琳蔵経音義紀事」によると、もう一人、洛西五智峰の如幻空大徳（一六六六―一七五二）の名が挙げられている。……中略……もちろん宝洲の努力も大きかつたに相違ない。但だわたくしは宝洲の伝記を敬首や如幻のやうに詳かにしないのを遺憾としてゐる。

と述べている(37)。私の推定した宝洲の生年と比べれば、敬首は二〇歳ほど若く、如幻はほぼ同世代かと想像される。敬首と如幻が碩学だったにしても、これは法然院の事業である。名があまり出てこないにしても、これを法然院に住する宝洲が宰領していたことは疑いないだろう。

また、松永知海は、法然院における大蔵経校勘事業について、

忍徴の遺志を受け継いだ宝洲は大蔵経対校録の明蔵補欠部なか《ママ》黄檗蔵に入蔵のない『一切経音義』など高麗蔵を底本に出版した際には、検討を加えて、高麗蔵といえども疑問のある点について疑義を頭注に明記している。

と述べ、(38) この事業に関して宝洲を忍澂の後継者と見なしている。おそらく、宝洲自身も忍澂の後継者をもって任じていたのであろう。また、そのことが宝洲の蓮社号に関して、いささか混乱を招いたらしくもある。

宝洲の蓮社号問題は、忍澂の蓮社号問題と関連している。忍澂の蓮社号は、松永知海が明らかにしたように「升蓮社」である。(39) ただし、後人が白蓮社を念仏道場法然院の名前としてではなく、忍澂の蓮社号と捉えるのも蓮社号の通例からして不思議ではなかった。そのため、宝洲も法然院に移ってから、自らの蓮社号と居所としての白蓮社の使い分けにいささか頭を悩ましたようである。

宝洲が著作に用いた印は、①白文印「恬蓮社印」、②朱文丸印「宝洲」、③白文印「恬蓮社」、以上三種を確認できる（参考図版2―6）。①・②は『無能伝』、また、②・③は『待定伝』『貞伝伝』『菩提心集』に用いられている。そして、『無能伝』序に明らかなように（参考図版6①）、宝洲の蓮社号は「恬蓮社」なのである。一方③は、「恬」の字形に問題を含んでいる。この印が用いられている『待定伝』序には「白蓮社沙懣鶴宝洲」とあるため（「沙懣」は「沙門」に同じ）、関口静雄はこの印③を「白蓮社」と読んでいるが、(40) 字形はどうみても「白」ではない。これは篆書としては存在しない字形であるため、私も以前は判読できなかった。(41) しかし、宝洲の蓮社号が「恬蓮社」だとわかってみれば、これは「恬」

と読むべきこともわかる。印③の「恬」字は「くにがまえ」の中に、上に「舌」、下に「心」を配した字形で、この字だけ朱文になっているのである（参考図版6③）。

また、印②・③を用いている事例を確認してみると、次のようになっている。

ア、享保一九年（一七三四）―『待定伝』序「洛東獅子谷白蓮社沙瀰鶴宝洲和南叙」（参考図版3）

イ、享保二〇年（一七三五）―『菩提心集』序「洛東鹿谷白蓮沙門鶴宝洲謹叙」（参考図版4）

ウ、元文元年（一七三六）――『貞伝伝』跋「洛東鹿谷蓮社沙門鶴宝洲識」（参考図版5）

アの「白蓮社沙瀰」をそのままに読めば、確かに「白蓮社の沙門」の意であって、「蓮社号＋沙門」というのは蓮社号の通例ではありえない用法ではある。以下のイ・ウも「白蓮沙門」「蓮社沙門」と、蓮社号の通例とは異なっている。

これらを勘案すれば、宝洲は個人としては「恬蓮社」を号し、念仏道場としての法然院を示す場合は「白蓮社」を用いたと言えるだろう。しかし、既に述べたように、蓮社号は個人の号として用いられるので、宝洲の意図は別としても、宝洲が「白蓮社」を号しているように見えないこともない。あるいは、それを僭越として何かしら異議を唱える者があったのかもしれない。「白蓮社沙瀰」「白蓮沙門」「蓮社沙門」などという奇妙な表現が用いられているのは、そのせいではなかったかと考えられる。もちろん、序や識語に蓮社号を記す必要があるわけではない。実際、宝洲は『待定伝』跋には、「洛東獅子谷法然蘭若桑門好誉宝洲これを識す」（下五七ウ）と記している。宝洲が「蓮社」の使用にこだわったのは、やはり法然院に住する自負があったからと思われる。忍澂は学徳兼備の高僧であり、人望も

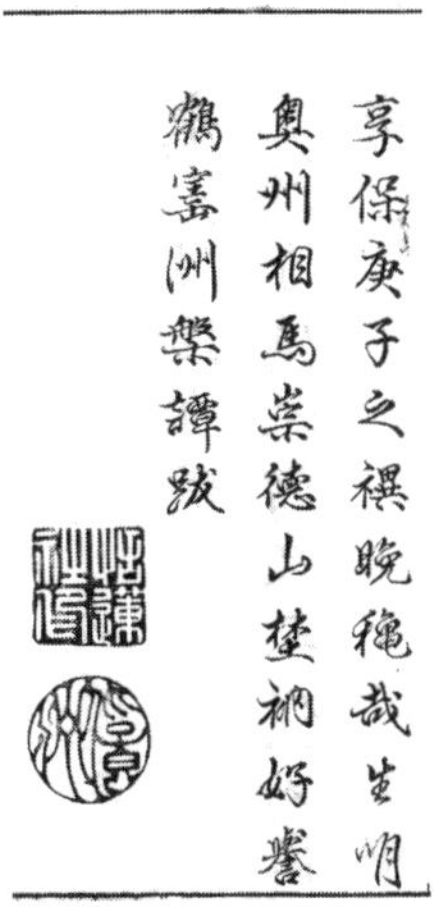
享保庚子之禩晩穐哉生明
奥州相馬崇徳山埜衲好鸞
鶴寚洲槃譚跋

参考図版 2

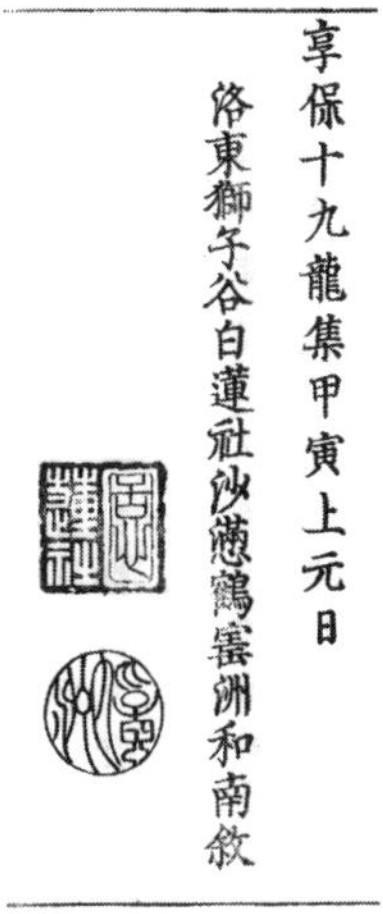
享保十九龍集甲寅上元日
洛東獅子谷白蓮社沙彌鶴寚洲和南敘

参考図版 3

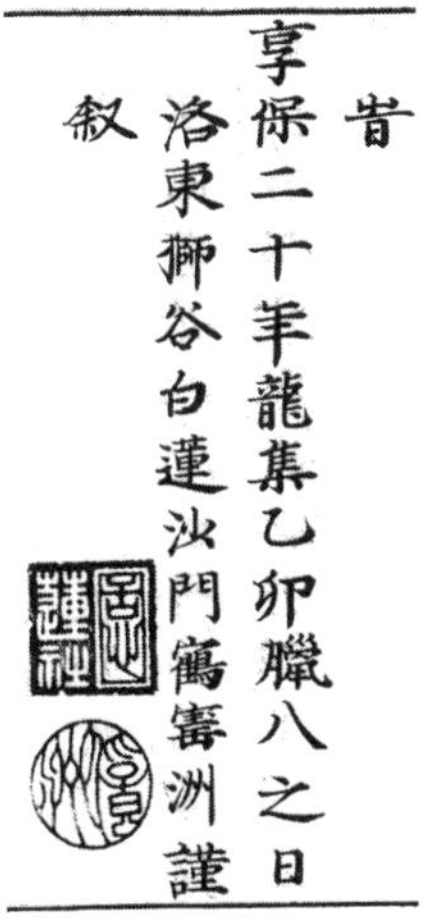
皆
享保二十秊龍集乙卯臘八之日
洛東獅谷白蓮沙門鶴寚洲謹
叙

参考図版 4

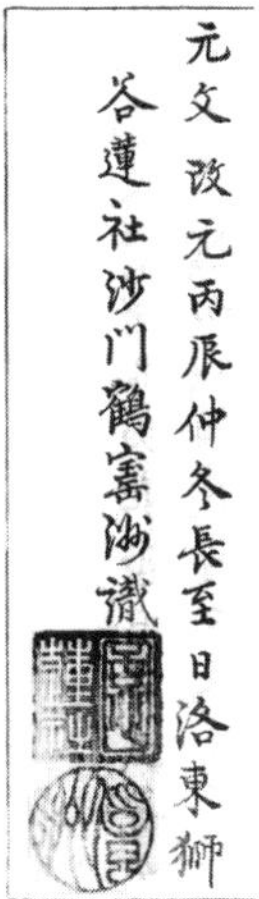
元文改元丙辰仲冬長至日洛東獅
谷蓮社沙門鶴寚洲識

参考図版 5

参考図版 6

③　②　①

厚かった。その事業の後を継いだ宝洲は思わぬ苦労もしたのであろう。深読みとの譏りを受けるかもしれないが、この蓮社号使用の揺れ動きには、そんな事情がありそうにも思われるのである。

それはともあれ、法然院に移住してからの宝洲の著作活動は活発化している。時に晩年の数年間は多産であった。享保一九年(一七三四)『孝感冥祥録』、同二〇年(一七三五)『浄業課誦』、元文元年(一七三六)『待定法師忍行念仏伝』・珍海『夾註菩提心集』と続き、元文二年(一七三七)には『貞伝伝』、そして、先にも触れた畢生の事業『慧琳音義』百巻の刊行を成し遂げたのである。宝洲が没したのは、この年のことであった。あるいは、宝洲も、忍澂と同様に自らが関わった仕事の完成を見て、安堵して亡くなったのかもしれない。

宝洲の著作

宝洲の仕事を確認してみると、後掲の表に示したような著作を拾い出すことができる。依拠したのは、主として国文学研究資料館データベース「日本古典籍総合目録」(「古典籍DB」)である。[42]いささか紛らわしいことに、宝洲には、ほぼ同時期に同名異人がいる。それが宝洲道聡(寛永二〇—享保四年〈一六四三—一七一九〉)で、彼は一切経開板で有名な鉄眼道光の後を継いだ黄檗僧である。宝洲と言えば、この宝洲道聡の方が少しは有名らしい。実際『鉄眼と宝洲』という著作もある。[43]「古典籍DB」には「宝洲」の一五種の著作が登録されているが、そのうち、「宝洲道聡」で登録されている著作は三種ある。これは問題はないが、単に「宝洲著」とある著作もあって、これがどちらの宝洲なのか、名前だけでは区別が付かない。著作目録には、内容や経歴また蔵板者などから判断して宝洲槃譚の著と考えられるものを掲げたが、錯誤の可能性も全くないわけではない。試行版たるゆえんである。

刊行・成立の順は一応無視して、宝洲の著作を表から抽出してみれば、次のように大別できるだろう。もちろん、この分類は厳密なものではなく、特に第二類は、校注は別として、他と領域が重複するものもある。

一、東北浄土僧伝および評注
宝洲著『無能和尚行業記』二巻二冊
宝洲著『東域念仏利益伝』二巻二冊
伝阿記・宝洲評『孝感冥祥録』二巻二冊
月泉編・宝洲評『待定法師忍行念仏伝』二巻二冊
二、宗派著作の校注および論著
隆尭著・宝洲校注『称名念仏奇特現証集』二巻二冊
珍海著・宝洲校注『夾註菩提心集』三巻三冊
寅載著・宝洲重修『浄土十念章』(『浄土伝燈輯要』下)
忍澂著・宝洲附録『浄業課誦』正続二冊
宝洲著『面上傍人辨裏書』(『浄土伝燈輯要』下)
宝洲著『或問追加』(『称名念仏奇特現証集』付録)
宝洲著『称名念仏追薦説』一冊
宝洲著『陀羅尼集経中念仏二辨』一冊

宝洲著『論念仏追薦未見明拠説』写本一冊（大正大蔵）

三、大蔵経校訂関連
宝洲著『高麗蔵本書写目録』写本一冊（京大蔵）
宝洲著「新雕慧琳蔵経音義紀事」（『慧琳音義』附録）
宝洲述『刻大蔵対校録募縁疏』一冊刊
宝洲重校『麗北両蔵相違補闕録』写本一冊（京大蔵）

四、跋文・その他
寅載著・宝洲跋『面上傍人辨』（『浄土伝燈輯要』下）
槃譚書『百体三十三巻般若心経』写本六巻（大正大蔵）
宝洲著『神宮山蓮華寺鐘銘並序』写本一冊（梅香寺蔵）

五、存疑作
盤譚著『説法語園鈔』五冊（『宝暦書籍目録』による）
宝洲著『日用念誦』一冊（大島泰信「浄土宗史」による）

こうしてみると、宝洲の主立った仕事としては、やはり宗派の著作に関する校注や論著が多い。学僧としては当然のことであろう。また、宝洲が最も力を尽くしたのは、大蔵経校訂や『慧琳音義』

一〇〇巻の刊行事業である。神田喜一郎は、『慧琳音義』の校訂に関わった敬首や如幻について、
敬首は、廣く外典にも通じた碩学で、その学識については、『典籍概見』の名著によって窺はれ、先年内藤湖南先生がこれを顕彰せられたことがある。……中略……これは（如幻）は博学を以て聞こえた智積院の運敞の門に学んだ新義真言宗の学僧如幻道空のことである。

と言っている。[44]ついでながら、如幻道空には享保六年成立の「神宮山蓮華寺鐘銘」一軸（梅香寺蔵）がある。[45]これは如玄が寅載とも関係があったことを窺わせる資料であり、今後の調査が必要だろう。それはともあれ、この事業を宰領していた宝洲の学殖も、敬首や如幻に劣るものではなかったはずである。もちろん神田も宝洲の力を認めてはいるのだが、宝洲は敬首や如幻ほど後世に名を残さなかった。校勘事業では、その名前が前面に出にくかったという事情もあったろう。あるいはまた、この事業に挺身したがために、宝洲は宗派の碩学として後世に著述を残せなかったのかもしれない。

私は、宝洲が不遇だったと考えているわけではない。むしろ私は、宝洲の東北浄土僧伝を読むと、その口吻にペダンティズムと無意識のエリート意識を感じ取り、微かな不快すら覚えるのである。[46]しかし、その宝洲にしてなお、後世に名を残すことはなかった。そこに何かしら人生の巡り合わせのようなものを思わないわけにはいかない。

その意味においても、宝洲の本領は校訂者・校勘者にあったと言えるだろう。宝洲の東北浄土僧伝も、その該博な経典知識が、かえって著作としての統一感を妨げている。逆に言えば、校勘を本領とする学僧宝洲が、民衆世界の浄土宗という異文化に出会った結果が、宝洲の浄土僧伝四部作だったと

言えるかもしれない。

おわりに

これまで現段階で明らかにしえた宝洲の経歴と著作を概観してきたが、いまだに明らかになっていない事柄も多い。繰り返しになるが、私は宝洲の東北浄土僧伝に興味を感じて、宝洲の経歴を調べ始めた。浄土宗関係の辞典類を見れば、簡単に済むものと思っていたが、予想に反して記事は乏しく、宝洲の経歴と著作の調査に思った以上の時間を取られてしまった。仏教研究については門外漢の私が、このような仕事に携るのは筋違いではある。しかし、文献学に携わる者として、やるべき仕事は最低限やらなければならない。そういう思いもあって手を付けてはみたものの、予想通りとはいえ、手に負えない部分が多かった。そもそも私が宝洲研究を構想したのは、私なりの観点からする「江戸時代精神史研究」の文脈からだったし、また、それゆえに東北浄土僧伝に興味を惹かれたのである。その準備として、宝洲の経歴と著作を調べていく中で、次第に宝洲の学問上の仕事が視野に入ってきたのである。先にも引用したように、神田喜一郎は『慧琳音義』刊行事業について、

(刊行には)もちろん宝洲の努力も大きかつたに相違ない。但だわたくしは宝洲の伝記を敬首や如幻のやうに詳かにしないのを遺憾としてゐる。

と述べている。[47] 私の考証によってその欠をわずかばかりは補えたかと思う。なお、今後の調査によって、宝洲伝に新事実を付け加えることもできるであろう。宝洲新資料の出現を期待したい。本論考が

その契機ともなり、近世仏教史研究にいささかでも資するところがあれば幸いである。

付記　寅載と宝洲の事跡については、伊勢梅香寺御住職の埜崎蓮香師から『南勢雑記』（三重県郷土資料刊行会、一九七五・一二）に記事があることを御教示賜った。また、下記の参考文献は発行機関の御厚意により無償で資料を御提供頂いた。末筆ながらここに記して、埜崎蓮香師はじめ関係諸機関各位に厚く御礼申し上げる。

①　松永知海「忍澂上人の蓮社号について」（『仏教論叢』四九号、浄土宗教学院、二〇〇五・三）

②　『日本仏教と高麗版大蔵経』、佛教大学宗教文化ミュージアム、二〇一〇・一〇

宝洲槃譚略年表

年号	干支	西暦	◎著述　※事跡　▽関連項目　＊筆者原本未見
寛文　元	庚戌	一六六一	寛文元～五年頃？（一六六一～五）、伊勢白子に生まれる。
延宝　四	丙辰	一六七六	▽増上寺経蔵司寅載、一切経補修に携わる（延宝八年まで）〈『新著聞集』に拠る〉。 宝洲は、この前後に増上寺に入ったか？
九	辛酉	一六八一	▽この年、師の寅載、伊勢山田梅香寺に隠退。
貞享　四	丁卯	一六八七	▽伊勢山田梅香寺、八世広誉没（八一歳）。寅載（三四歳）が九世となる。
元禄　九	丙子	一六九六	▽称誉「称誉記寺縁略記」に「（寅載の）弟子某甲槃譚曰……」との記事あり。
宝永　二	乙酉	一七〇五	◎寅載著・宝洲跋『面上傍人辨』成（『浄土伝燈輯要』下）
六	己丑	一七〇九	◎槃譚書『百体三十三巻般若心経』写本六巻成（大正大蔵）＊
七	庚寅	一七一〇	◎宝洲著『面上傍人辨裏書』一巻成（『浄土伝燈輯要』下）
正徳　元	辛卯	一七一一	▽一一月一〇日、忍澂没（六七歳）。 この頃既に、伊勢白子悟真寺に住す。
二	壬辰	一七一二	◎宝洲校注・隆尭著『称名念仏奇特現証集』二巻二冊刊 ▽二月三〇日、湛澄没（六二歳）。
三	癸巳	一七一三	◎六月、宝洲著『或問追加』成（後、『称名念仏奇特現証集』付録として刊行）。
享保　二	丁酉	一七一七	春、相馬興仁寺に移る。
四	己亥	一七一九	▽一月二日、無能没（三七歳）。
六	辛丑	一七二一	◎宝洲著『無能和尚行業記』二巻二冊刊 ▽九月二八日、寅載没（七二歳）。
七	壬寅	一七二二	◎三月一五日、寅載著『浄土十念章』に跋文を付す（『浄土伝燈輯要』下）。
八	癸卯	一七二三	◎九月『孝感冥祥録』原写本成立。

一〇	乙巳	一七二五	◎宝洲著『神宮山蓮華寺鐘銘並序』写本一冊（梅香寺蔵）＊ この前後、京都法然院に移るか？
一五	庚戌	一七三〇	◎宝洲重校『麗北両蔵相違補闕録』写本一冊（京大蔵）＊ この頃、『慧琳音義』一〇〇巻の校訂・刊行に尽力したと見られる。
一九	甲寅	一七三四	◎宝洲著『浄業課誦附録』一冊成（跋年月）＊ ◎伝阿記・宝洲評『孝感冥祥録』二巻二冊刊
二〇	乙卯	一七三五	◎忍澂著・宝洲附録『浄業課誦』正続二冊刊
元文　元	丙辰	一七三六	◎月泉編・宝洲評『待定法師忍行念仏伝』二巻二冊刊（元文二年板・刊年不明板あり） ◎珍海著・宝洲注『夾註菩提心集』三巻三冊刊
二	丁卯	一七三七	◎宝洲著『東域念仏利益伝』二巻二冊刊（元文三年板・安永七年板・刊年不明板あり） ◎宝洲著「新雕慧琳蔵経音義紀事」（『慧琳音義』附録）＊ 没す。享年不明。七五歳前後か？
元文　四	己未	一七三九	◎宝洲著『称名念仏追薦説』一冊刊＊
寛延　三	庚午	一七五〇	◎夏以降、宝洲校注・隆尭著『称名念仏奇特現証集』後印本刊（原板に宝洲著『或問追加』を付録した板。刊行時期の推測は慈光の識語による）。
宝暦　五	乙亥	一七五五	◎宝洲著『陀羅尼集経中念仏二辨』一冊刊＊
嘉永　三	庚戌	一八五〇	◎宝洲述『刻大蔵対校録募縁疏』一冊刊（嘉永三年跋。法然院蔵板）＊
年月不明			◎宝洲著『論念仏追薦未見明拠説』写本一冊（大正大蔵）＊ ◎宝洲著『高麗蔵本書写目録』写本一冊（京大蔵）＊　※享保一五年前後の成立か？ ◎盤譚著『説法語園鈔』五冊（『宝暦書籍目録』による）＊
存疑作			◎宝洲著『日用念誦』一冊（大島泰信「浄土宗史」に拠る）＊　※古典籍ＤＢに、著者不明で「浄土日用念誦」として記載する一本（龍谷大学蔵）がある。

第二章　「横超」論――カタルシスなき身体

はじめに

唐突ながら、吉本隆明（一九二四―二〇一二）の忌日、三月一六日を「横超忌」と言うらしい。命名者は吉増剛造とのことだが[1]、いかにも吉本にふさわしい気がする。と言っても、私は吉本について語りたいわけではない。単に、私が浄土真宗用語の「横超」に引っ掛かっていたので、この話柄が気に止まっただけのことである。

「横超」は、浄土真宗信者にとってはなじみ深いだろうが、一般にはあまり聞き慣れない言葉である。手近なところで、とりあえず『岩波仏教辞典』の説明を見ておく[2]（引用の便宜上、記号などを変更した。傍線は引用者）。

> 横超・竪超（おうちょう・じゅちょう）　親鸞が浄土真宗の特質を表す教判（教相判釈）で用いた言葉で、「横」は他力、「竪」は自力を表す。また、「超」は頓速（すみやか）に迷いを離れることを意味する。親鸞は、「横超とは本願を憶念して自力の心を離る」（『教行信証』「化身上」）と定義している。これに対して、竪超は自力修行によってただちに仏となる教えで、横超は浄土真宗の教え、竪超は華厳・天台・真言等をさすとした。「横超とは横は竪超・竪出に対す。超は迂に対し廻に対するの言なり。竪超とは大乗真実の教なり。……横超とは即ち願成就一実円満の真教、真宗これなり」

（『教行信証』「信」）→二双四重

関連語の「二双四重《にそうしじゅう》」は後に見ることとするが、これで「横超」の定義程度は知ることができるだろう。「竪超」が「自力修行によってただちに仏となる教え」ならば、その対となる「横超」は「他力修行によってただちに仏となる教え」となる。しかし、親鸞は「仏となる」とは決して言わない。そもそも「仏となる」という発想そのものの否定が「他力」だろうからである。ゆえに、「他力修行」もありえない。「修行」はあくまでも「自力」で行うものだろう。とすれば、「横超」とは「修行ならざる他力によってただちに救われる教え」ということになる。また、「自力の心を離る」ことが「他力」なのだから、「本願を憶念して自力の心を離る」こと、すなわち、「他力本願」が「横超」である。それはよいが、しかし、なぜそれはことさらに「横超」と呼ばれなければならないのだろうか。

改めて説明するまでもないことだが、現在、「浄土宗」と「浄土真宗」を区別するのとは違って、親鸞が「真宗」と言うのは「真実の教え」ということである。親鸞は本師法然とは別の新義を立てるつもりは全くなかった。しかし、法然と親鸞の「思想」に違いがあったこともまた事実である。私の印象では、法然の著作からは柔和な人となりがうかがえ、親鸞の著作には厳格刻苦の人となりが現れているように思う。その原因として、親鸞には「自然法爾」「往相回向・還相回向」といった哲学用語風の言葉が多いことが挙げられるのではないだろうか。私には「横超・竪超」もまた、その種の言葉のように思われる。

もちろん、それらの言葉は、あくまでも自らの信仰を言語表現に定着しようとする親鸞の苦闘の末に産み出されたものだったろう。それを哲学用語風に概念化されるのは、親鸞にとっては迷惑な話には違いない。しかし、いかなる宗教者と言えども、その言説がテクスト化されてしまえば、様々な解釈に晒されるのはテクストの宿命である。

無論、私は真宗や親鸞そのものについて喋々するつもりはない。私は一介の文学研究者に過ぎない。何を文学テクストと捉えるかは、ここで議論する余裕はないが、(3)私の仕事は、文学テクストを解釈することである。それゆえ、私はここで「横超」概念の宗教的な意味や信仰それ自体を問題としたいのではない。単に、この言葉をテクストからさかのぼって考え直してみたいだけのことである。その言葉が私を呼ぶからである。

「横超」の発出

「横超」は元来、善導(六一三—六八一)の『観無量寿経疏(観経疏)』「玄義分」巻第一冒頭の「帰三宝偈」に由来する。(以下、経論類の引用は特に断りのない限り、「SAT大正新脩大藏經テキストデータベース」〈以下「SAT」〉により、(4)旧字体は新字体に直した。なお、訓読は私意による)。

道俗時衆等　各発無上心　生死甚難厭　仏法復難欣　共発金剛志　横超断四流《おうちょうだんしる》　願入弥陀界
帰依合掌礼(道俗ノ時衆等、各無上心ヲ発セ。生死甚ダ厭ヒ難ク、仏法復タ欣ビ難シ。共ニ金剛ノ志ヲ発シテ、横ニ四流ヲ超断スベシ。阿弥陀界ニ願入シテ、歸依シ合掌シテ禮シタテマツレ)

(『大正蔵』No.1754、二四五頁)

「四流」は「四暴流《しぼる》」とも言い、煩悩を四種の暴流に喩えたもので、それぞれ欲暴流・有暴流・見暴流・無明暴流の四つを言う。つまり、「横超断四流」とは、煩悩の流れを横断し超えていくことである。善導は『観経疏』「散善義」で、これを「二河白道《にがびゃくどう》」の喩えを用いて説明している。ここでは簡便のため、説法の場で用いられた「二河白道」図の配置についてだけ確認しておくにとどめる。

「二河白道」図は、上中下三段から構成される。上段は浄土で、そこには阿弥陀仏と観音・勢至両菩薩が描かれ、中段は右側に貪欲や執着の逆巻く奔流が、左側に怒りや憎しみの火の河が描かれており、その河の真ん中を白い道が細々と通っている。下段は現世で、岸に立つ人物とそれに迫ってくる盗賊や獣の群れが描かれる。下段では釈迦が白道を渡ることを促し、上段では阿弥陀が招いている。そして、川岸の人物が釈迦と阿弥陀の声に導かれ、白道を通って西岸の極楽浄土へ往生することが暗示される。

この「二河白道」図の構図は、そのまま「横超断四流」の図像化と言ってよい。この場合の「横超」は煩悩の暴河を横切って彼岸に超えていくことであり、比喩としては自然で理解しやすい。また、それゆえに説法の場で絵解きされたのであろう。「横超」の語をこのように用いたのは、善導が初めてのようである。[5] 煩悩の流れを渡るという比喩としては、むしろ「横截」の語が古く、例えば、経典としては古層に属する『雑阿含経』では、その巻四七に、

先度大牛能領群者。横截急流安度彼岸。（先ヅ大牛ヲ度スルニ能ク群ヲ領スル者ハ、横ニ急流ヲ截シテ彼岸ニ安度ス）

（『大正蔵』No.0099、三四二頁）

と牧牛の比喩で語られている。「截」は截断・截然など「断ち切る」の意であって「断」に等しい。「S

AT」検索では、「横截」七九例・「横超」六八例が拾い出せる（「○横、截○」のような疑似例や、『悉曇蔵』などの語義的に無関係と私が判断したものは省いてある）（表I）。数字だけ見ればあまり差異がないように見えるが、この「横超」はほとんど善導以後の例であり、おおむね親鸞と真宗関連の文献に現れる（表I）。また、『浄土宗全書』を検索してみると、(6)「横超」の五三件に対して、「横截」は一〇六件が抽出できる。これが統計学的に有意かどうかはともかく、少なくとも浄土宗では真宗ほど「横超」を用いていないことは確かだろう。善導は、法然が定めた「浄土五祖」の第三祖であり、親鸞が選んだ「七高僧」の一人である。にもかかわらず、浄土宗において「横超」の引用が「横截」の半分であることを見れば、「横超」が真宗用語であることは明らかである。そして、それは、親鸞が「横超」を再発見し再解釈したことを意味しているのである。

ここで、その再解釈の過程を瞥見しておきたい。親鸞『顕浄土真実教行証文類（教行信証）』の『正真偈』「釈迦章」には、次のように言われている（以下、親鸞著作の引用は『浄土真宗聖典（注釈版）』〈以下『注釈版』〉により、振り仮名は適宜省略した(7)）。

本文　譬如日光覆雲霧《ひにょにっこうふうんむ》　雲霧之下明無闇《うんむしげみょうむあん》　獲信見敬大慶喜《ぎゃくしんけんきょうだいきょうき》　即横超截五悪趣《そくおうちょうぜつごあくしゅ》

訓読　たとへば日光の雲霧に覆はるれども、雲霧の下あきらかにして闇なきがごとし。信を獲て見て敬ひ大きに慶喜すれば、すなはち横に五悪趣を超截す。

（『注釈版』、二〇四頁）

親鸞はこれを『尊号真像銘文』では、

「即横超截五悪趣」といふは、信心をえつればすなはち横に五悪趣をきるなりとしるべしとなり。「即横超」は。「即」はすなはちといふ、信をうる人はときをへず日をへだてずして正定聚の位に定まるを即といふなり。「横」はよこさまといふ、如来の願力なり、他力を申すなり。「超」はこえてといふ、生死の大海をやすくよこさまに超えて無上大涅槃のさとりをひらくなり。信心を浄土宗の正意としるべきなり。このこころをえつれば、「他力には義のなきをもて義とす」と、本師聖人の仰せごとなり。（『注釈版』、六七三頁）

と釈している。「横超截五悪趣」を文字通りに釈せば、「横に超えて五悪趣をきる」だが、親鸞はここで「超」を省いている。一方、「即横超」の説明においては「截」を除外している。文面どおりなら、ここは「即横超截」の語釈でなければならないだろう。この解釈の微妙な揺れは、「横超截」が熟した言葉ではなかったことを示している。実際、「横超截」の語を用いたのは親鸞以外にはいない（表Ⅱ）。

一方、「横截五悪趣」「横截五悪道」などは他にも使用例がある（表Ⅱ）。つまり、親鸞は「横截」でも済むところに「超」を挿入した。それは句を七文字に揃える必要があったからでもあるが、やはり親鸞の「横超」に対するこだわりを示していると言うべきだろう。実際に親鸞は、『教行信証』に一度だけ「横超五趣八難道」を用いている（表Ⅱ）。これも親鸞以外には例を見ない用法である。このようにして、親鸞は善導の「帰三宝偈」や「二河白道」における比喩的用法の「横超」を、自己の信仰を表明する言葉として定着させていったと考えられるのである。

表I　用例集①―⑥

▽書名は「SAT」に依った。
▽太字は親鸞の著作。
▽太数字は親鸞及び真宗の著作。

①竪出

数	経論名
3	涅槃玄義發源機要
1	樂邦文類
1	廬山蓮宗寶鑑
5	**顯淨土眞實教行證文類**
5	**愚禿鈔**
	全15例中、真宗10例

②竪超

数	経論名
5	中觀論疏
3	十二門論疏
1	念佛鏡
1	金光明最勝王經玄樞
1	三論玄義檢幽集
1	三論興縁
1	大日經教主本地加持分別
1	心月輪祕釋
5	**顯淨土眞實教行證文類**
2	**愚禿鈔**
2	**末燈鈔**
	全23例中、真宗9例

③横出

数	経論名
2	佛説三摩竭經
1	修行道地經
2	佛説立世阿毘曇論
1	天台智者大師禪門口訣
2	樂邦文類
1	廬山蓮宗寶鑑
1	虚堂和尚語録
1	宏智禪師廣録
4	佛祖統紀
2	佛祖歴代通載
1	景德傳燈録
2	續傳燈録
1	傳法正宗記
1	傳法正宗論
1	廣弘明集
2	經律異相
1	法苑珠林
2	阿毘達磨倶舍論法義
1	大乘三論大義鈔
1	竺僊和尚語録
2	義堂和尚語録
1	大通禪師語録
1	傳光録
5	**顯淨土眞實教行證文類**
6	**愚禿鈔**
	全20例中、真宗11例

④横超

数	経論名
1	觀無量壽佛經疏
5	佛説阿彌陀經要解
2	寶王三昧念佛直指
1	淨土疑端
4	觀經疏傳通記
1	宗要柏原案立
3	行林抄
1	大原談義聞書鈔
1	選擇密要決
1	修業要決
3	淨土宗要集
3	菩薩藏頓教一乘海義決
3	華山院家四十八問答
15	**顯淨土眞實教行證文類**
1	**淨土文類聚鈔**
3	**愚禿鈔**
8	**尊號眞像銘文**
1	**一念多念文意**
2	**唯心鈔文意**
2	**末燈鈔**
2	顯正流義鈔
1	西方指南鈔
1	淨土法門源流章
	全65例中、真宗34例

⑤横截

数	経論名
3	雜阿含經
1	佛説無量壽經
1	佛説無量清淨平等覺經
1	佛説阿彌陀三耶三佛薩樓佛壇過度人道經
1	陀羅尼集經
1	守護國界主陀羅尼經
3	無量壽經義疏
1	無量壽經連義述文賛
1	佛説觀無量壽經疏
2	觀無量壽佛經疏妙宗鈔
2	阿彌陀經義述
1	摩訶止觀
2	止觀輔行傳弘決
3	安樂集
2	釋淨土群疑論
3	淨土論
1	念佛鏡
7	樂邦文類
2	樂邦遺稿
1	淨土境觀要門
2	寶王三昧念佛直指
1	依觀經等明般舟三昧行道往生讃
2	往生淨土懺願儀
1	廣弘明集
1	淨土三部經音義集
3	觀經疏傳通記
1	五部陀羅尼問答偈讃宗祕論
1	義堂和尚語録
1	普濟和尚語録
1	東林語録
1	選擇本願念佛集
6	黒谷上人語燈録
1	大原談義聞書鈔
1	淨土宗要集
1	菩薩藏頓教一乘海義決
2	**顯淨土眞實教行證文類**
1	**淨土文類聚鈔**
3	**尊號眞像銘文**
1	**蓮如上人御文**
1	**顯正流義鈔**
1	西方指南鈔
3	器朴論
1	往生要集
1	往生拾因
1	安養知足相對抄
1	安養抄
1	無量壽經義記卷下
全80例中、真宗8例	

⑥用例出現率

語	ⓐ用例	ⓑ真宗	親鸞	ⓑ／ⓐ
豎出	15	10	10	66・7%
豎超	24	9	9	39・1%
横出	45	11	11	24・4%
横超	65	34	32	52・3%
横截	80	8	6	10・0%

表Ⅱ「横超」関連語用例集

語句	例	経論名
横超截五悪趣	**1**	**顯淨土眞實教行證文類**
	3	**尊號眞像銘文**
	1	顯正流義鈔
横截五悪道	1	觀無量壽佛經疏妙宗鈔
	3	樂邦文類
	1	往生淨土懺願儀
	1	往生拾因
	1	無量壽經義記卷下
横截五趣	**1**	**顯淨土眞實教行證文類**
横超五趣八難道	**1**	**顯淨土眞實教行證文類**
横截五悪趣	1	佛説無量壽經
	2	安樂集
	2	釋淨土群疑論
	1	淨土論
	1	觀經疏傳通記
	4	黒谷上人語燈録
	1	淨土宗要集
	1	**顯淨土眞實教行證文類**
	1	**淨土文類聚鈔**
	3	**尊號眞像銘文**
	1	西方指南鈔
	1	顯正流義鈔
	2	器朴論
	1	往生要集
	1	安養知足相對抄
	1	安養抄
全38例中、真宗13例		

「二双四重」への展開

親鸞における「横超」の展開は、「二双四重」の教相判釈（教判）において最終形態に達する。あまりにも有名なものだが、最低限のことは確認しておかなければならない。まず、『教行信証』信巻「菩提心釈」と「横超釈」から見ておく。

……菩提心について二種あり。一つには竪、二つには横なり。また竪についてまた二種あり。一つには竪超、二つには竪出なり。竪超・竪出は権実・顕密・大小の教に明かせり。歴劫迂回《うえ》の菩提心、自力の金剛心、菩薩の大心なり。また横についてまた二種あり。一つには横超、二つには横出なり。横出といふは、正雑・定散、他力のなかの自力の菩提心なり。横超とは、これすなはち願力回向の信楽、これを願作仏心といふ。願作仏心すなはちこれ横の大菩提心なり。これを横超の金剛心となづくるなり。

（『注釈版』、二四六頁）

横超断四流といふは、横超とは、横は竪超・竪出に対す、超は迂に対し、回《ゑ》に対するの言なり。竪超とは大乗真実の教なり。竪出とは大乗権方便の教、二乗三乗迂回の教なり。横超とはすなはち願成就一実円満の真教、真宗これなり。また横出あり。すなはち三輩・九品、定散の教、化土・懈慢、迂回の善なり。大願清浄の報土には品位階次をいはず。一念須臾のあひだに、すみやかに疾く無上正真道を超証す。ゆゑに横超といふなり。

（『注釈版』、二五四頁）

『教行信証』の「二双四重」は極めて図式化しやすいが、しかし、これには微妙な揺れもある。それが示されているのは、『愚禿鈔』上巻冒頭部である。

一、賢者の信を聞きて、愚禿が心を顕す。賢者の信は、内は賢にして外は愚なり。愚禿が心は、内は愚にして外は賢なり。
二、聖道・浄土の教について、二教あり。一には大乗の教、二には小乗の教なり。
三、大乗教について、二教あり。一には頓教、二には漸教なり。
四、頓教について、また二教・二超あり。
五、二教とは、一には難行聖道の実教なり。いはゆる仏心・真言・法華・華厳等の教なり。二には易行浄土本願真実の教、『大無量寿経』等なり。
六、二超とは、一には竪超、即身是仏・即身成仏等の証果なり。二には横超、選択本願・真実報土・即得往生なり。
七、漸教について、また二教・二出あり。
八、二教とは、一には難行道聖道権教、法相等、歴劫修行の教なり。二には易行道浄土の要門、『無量寿仏観経』の意、定散・三福・九品の教なり。
九、二出とは、一には竪出、聖道、歴劫修行の証なり。二には横出、浄土、胎宮・辺地・懈慢の往生なり。
一〇、小乗教について、二教あり。
一一、一には縁覚教（以下略）
一二、二には声聞教（以下略）

（『注釈版』、五〇一―三頁）

注意すべきは第二項（傍線部）で、現在の仏教史的通念では、浄土門に小乗があるとは言わないはずである。しかし、『愚禿鈔』の文面によるかぎり、親鸞はそう考えていたことになる。親鸞の時代には、「仏教」は単に「仏の教え」の意味で、「宗教《レリジョン》としての仏教」という含意はなかったから、親鸞の言う「聖道・浄土の教」を「仏教」全般を言うものと解して、これを「仏教には大乗と小乗がある」と取ることもできないわけではない（『注釈版』、五〇一頁脚注はそう取っている）。整合性の点では、そのようにも解すべきだろう。これを逆に見れば、「二双四重」の教判においては、小乗の位置づけが曖昧であり、あまり考慮されていないということである（図Ⅰ）。

周知のように、小乗は大乗側からする蔑称であって、そこには既に価値判断が含まれている。現在の日本には小乗に属する上座部（テーラーヴァーダ）系の仏教も存在するが、それらは過去において伝来もなく受容もされなかった。また、当時においては小乗は既に乗り越えられた教えと考えられていた。建久二年（一一九一）一九歳の親鸞が、聖徳太子廟参籠の際、

我三尊化塵沙界　日域大乗相応地（我ガ三尊ハ塵沙界ヲ化ス　日域ハ大乗相応ノ地ナリ）

とのお告げを聞いたことはよく知られている。(8) 親鸞の視野に小乗仏教がほとんど入って来なかったのは当然だったろう。

その点を除けば、この「二双四重」の教相判釈は、説明図式として一見極めて整合的に見える。もちろん親鸞は整合性そのものに腐心したわけではないだろう。なぜなら、「横超」が最上である以上、

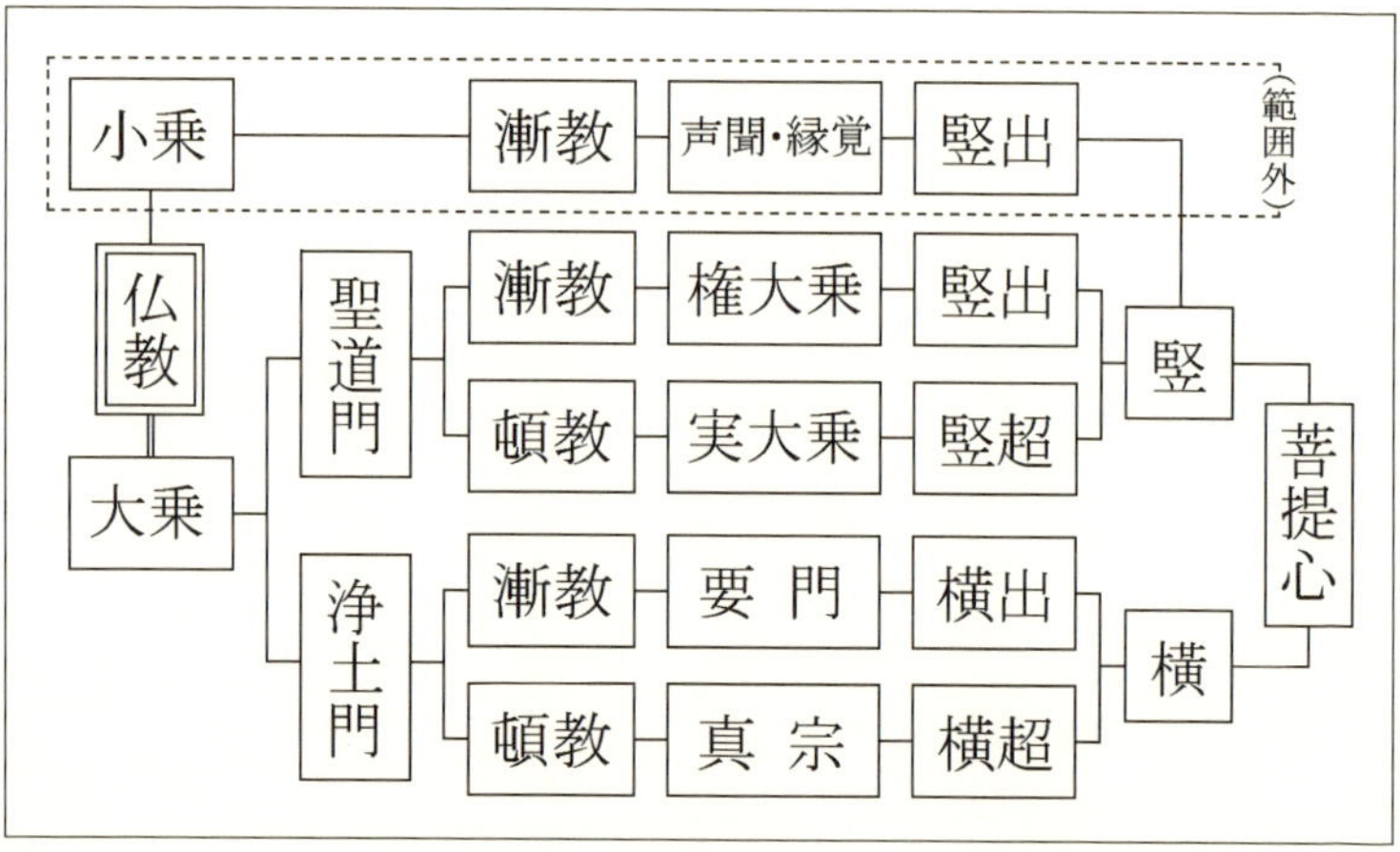

図I

二義三義である「竪」も「出」もなければないで済む話だからである。つまり、「二双四重」は仏教の歴史的発展段階を説明しているように見えるが、実際は「横超」からさかのぼって構成されたと言ってよい。確かに、「竪超・竪出・横出」などの語は経論に出てくる（用例数は表I参照）。しかし、それらは親鸞が用いているような意味ではほとんど使用されていない。

例えば、「竪超」は「横絶百非竪超四句」のような形で三論宗系の論書に出てくる（『中観論疏』『十二門論疏』『三論玄義検幽集』『三論興縁』）。「四句百非」は禅語としてもよく用いられるが、簡単に言えば思慮分別のことで、それを超えることが「横絶・竪超」という対句で表現されているのである。この場合の「横・竪」には空間的含意はないし、また、そこに教義上の差異が表現されているわけでもない。つまり、これは中国的修辞としての対句なのである。

「竪出」の例としては、『涅槃玄義発源機要』に「竪出九界」というのがある。[9]「九界」は、「地獄」から「菩薩」まで、「仏界」以外の九つの世界を指している。すなわち、

「竪出九界」とは「九界」を出でて「仏界」に入ることであって、「竪出」が特定の教義を指しているわけではない。この「竪出」は全一五例あるが、『涅槃玄義發源機要』の三例以外は、後述の中国浄土教二例（後述）、残り一〇例は全て親鸞である。また、「横出」は四六例中一七例が、「横出一枝」のような形で用いられている(10)。基本的には、そのまま枝の形容であって、『仏説立世阿毘曇論』では閻浮提に生えている閻浮樹を「其一一枝。横出五十由旬」と説明している。また、中国禅の四祖道信がこの語を説法に用いたため（『景徳伝灯録』第三）、禅語録に用例が多い。

これらはほとんど親鸞的な意味では用いられていないが、いささか注意すべき用例に中国浄土教の二例がある。一つは、浄土教系百科事典『楽邦文類《らくほうもんるい》』に収められている択瑛《ちゃくえい》「弁横竪二出」である。これは既に古く存覚（一二九〇―一三七三）が指摘していることだが(11)、そこには、

> 竪出者。声聞修四諦。縁覚修十二因縁。菩薩修六度萬行。此渉地位。譬如及第。……横出者。念佛求生浄土。譬如蔭叙。……於横出中。有定散二善。故善導和尚立専雑二修。（竪出ハ、声聞四諦ヲ修シ、縁覚十二因縁ヲ修シ、菩薩六度万行ヲ修ス。譬ハバ及第ノ如シ。……横出ハ念仏シテ浄土ニ生ルヲ求ム。譬ハバ蔭叙ノ如シ。……横出中ニ於テ、定善ノ二善有リ。故ニ善導和尚ハ専雑ノ二修ヲ立ツ）。
>
> （『大正蔵』No.1969A、二一〇頁）

という記述が見られる。択瑛（一〇四五―一〇九九）は北宋の天台僧で、親鸞（一一七三―一二六三）の一五〇年ほど前の人である。ここで択瑛は、「竪出」を「声聞・縁覚・菩薩」の修行とし、それを科挙の「及第」になぞらえ、「横出」を「念佛」者に振り分けて、それを「蔭叙《いんじょ》」に喩えている。「蔭叙」

は高官の子弟が科挙を経ずに官職に就く制度、つまりは、無試験のことを言う。喩えとしてはいかがなものかと思うが、「竪出」「横出」を対として、それを聖道門と浄土門に対応させたのは、確かに親鸞の先蹤と言ってよい。『教行信証』には『楽邦文類』の引用があるから、親鸞は当然これを知っていたはずである。

もう一例は、『廬山蓮宗寶鑑』に見られる例である。著者の優曇普度（一一九九―一二七七）は元代における白蓮教の鼓吹者で、[12]親鸞のほぼ同時代人である。この普度も、択瑛と同じく、「横出」を浄土門に、「竪出」を聖道門に対応させている。

横出三界少人知。易修易往勿狐疑。（横出三界ハ人ノ知ルコト少ナシ。修シ易ク往キ易キコト狐疑スル勿レ）。（『大正蔵』No.1973、三一三頁）

竪出三界声聞性。煩悩塵労急断除。（竪出三界ハ声聞ノ性。煩悩塵勞ハ急斷シテ除ク）（同、三一四頁）

白蓮教は、後に「紅巾の乱」（一三五一―六六）の原動力となった民衆宗教であり、安易に親鸞との類似関係など論じられるものではない。また、私とて、僅々二例をもって親鸞との思想的影響関係を言いたいわけではない。単に「竪出」と「横出」を聖道門と浄土門に対応させる発想が、中国においても既にあったことを見ておきたかっただけである。特に強調しておきたいのは、これらの例が示しているのは、対句という中国の修辞的発想がいかに根強くそこに絡みついているかということである。親鸞への影響関係ということで言えば、その対句的発想こそが問題とされるべきだろう。その意味で、親鸞における「横・竪・超・出」が織りなす「二双四重」の対句構造は、その整合性においてより洗練されていると言わねばならない。そして、それを生みだしたものは、親鸞による「超」の新たな導入だったのである。存覚が「宗家大師（善導）の祖意を探りて、巧に横竪二超の差を立つ」と言うゆえんである（『注釈版』、一〇七八頁）。

　しかし、「二双四重」まで至れば、善導の「横超」が意味していた「煩悩の河を横ぎって超えていく」という空間的含意が、既に失われていることもわかるだろう。なぜなら、煩悩の河を「横超」するのはよいとして、「横出」したり「竪出・竪超」するのでは、そもそも何のことだかわからないからである。つまり、善導の「横超断四流」は、親鸞の「二双四重」に至って、その空間的比喩としての意味を変質させた。もちろん、それで「二双四重」の説得性が失われるわけではない。むしろ、ここでこそ、親鸞における「横超」がいかなる言語的イメージを担っていたかが、改めて問われなければならないのである。

「横超」の構造

　善導の「横超断四流」から発した親鸞の「横超」は、「二双四重」に至って、その比喩から離脱した。しかも、善導が「横超」を用いたのは、「帰三宝偈」の「横超断四流」、ただ一度のみである。[13] にもかかわらず、親鸞は「横超」に魅入られた。その概念内容に、ではない。おそらくは、その言葉の姿に、である。単に同様の含意を持つ言葉ならば、それは「横超」でなくともよかったはずだからである。例えば、中国浄土教の一源流である東晋の慧遠《えおん》（三三四―四一六）は、その『無量寿経義疏』で「横截」をほとんど「横超」と同義で用いている。

漸除不名横截。若得往生弥陀浄土。娑婆五道一時頓捨。故名横截。截五惡趣。截其果也。（漸クニシテ除クハ横截ト名ヅケズ。若シ弥陀浄土ニ往生スルヲ得バ、娑婆五道一時ニ頓捨ス。故ニ横截ト名ヅク。五悪趣ヲ截ツ。截ハ其ノ果也）

（『大正蔵』No.1745、一一二頁）

慧遠の言う「一時頓捨」の「横截」は、親鸞の「横超」と概念的に違いはない。「二双四重」においても、「横超」は大乗の頓教である。しかし、私には、この「頓」の側面を親鸞はあまり語らなかった、というか、あえて強調しなかったように感じられる。前節に見たように、『教行信証』信巻「横超」釈には、

超は迂に対し回に対するの言なり。竪超とは大乗真実の教なり。……横超とはすなはち願成就一実円満の真教、真宗これなり。

（『注釈版』、二五四頁）

とあった。「超」が「迂・回」の反対語ならば、それは「即」と表現できるだろう。実際、『愚禿鈔』には、

二超とは、一には竪超、即身是仏・即身成仏等の証果なり。二には横超、選択本願・真実報土・即得往生なり。

（『注釈版』、五〇二頁）

と言われている。「竪超」における「即身」は、「身に即して＝この身のまま」ということである。それに対して、「即得往生」を訓読すれば「即ち往生を得る」とでもなろうが、これでは「即ち」がただの接続詞になってしまう。親鸞の意に沿って読めば、「即得が往生である」とならねばならないだろう。しかし、この場合、何を得るのか。

今一度、『尊号真像銘文』の「即横超截五悪趣」釈を見ておこう。

「即横超截五悪趣」といふは、信心をえつればすなはち横に五悪趣をきるなりとしるべしとなり。「即横超」は。「即」はすなはちといふ、信をうる人はときをへず日をへだてずして正定聚の位に定まるを即といふなり。「横」はよこさまといふ、如来の願力なり、他力を申すなり。「超」はこえてといふ、生死の大海をやすくよこさまに超えて無上大涅槃のさとりをひらくなり。信心を浄土宗の正意としるべきなり。このこころをえつれば、「他力には義のなきをもて義とす」と、本師聖人の仰せごとなり。（『注釈版』、六七三頁）

ここに明らかなように、「即得」とは「信心を得た、その時その瞬間」の意味である。その時、「生死の大海をやすくよこさまに超えて無上大涅槃のさとりをひらく」のである。それならば、親鸞は、なぜ「即信即仏」と言わず、「即得即仏」と言ったのか。それは、「即得」の対象である「信心」が、あくまでも「他力」によってもたらされるものだからではないだろうか。つまり、「私が信心する」のではない。あくまでも「他力によって信心を得る」のである。「即信即仏」では、その他力の「よこさま」が見えなくなってしまう。そのため、親鸞はこれを「横超」と呼ぶ。

既に前節で検討したように、「横超」は四暴流に対して比喩的空間配置を取りえたが、「横出」「竪超」「竪出」は、その空間配置を持ちようがなかった。一方、今見たように、「即得往生」は、あくまでも時間軸上での出来事である。つまり、「二双四重」における「頓・漸」、すなわち、「超・出」は、その時間の質的差異である。とすれば、改めて問題となるのは、既に「竪・横」が空間配置において対応していないならば、「竪・横」とは何に対する配置なのか、ということだろう。おそらく、それは「超・出」がそうであるように、時間軸上の配置として考えられなければならないはずである。

聖道門において、時間を「竪出」し「竪超」しようとすることは、現世を蟬蛻すること、つまりは、解脱への道である。[14] それは、無始曠劫《むしこうごう》から未来永劫へ六道輪廻していく「生死の大海」を超えて「無上大涅槃のさとり」に達することである。つまり、この「竪」とは、六道を無限に輪廻し続ける時間に対して、それを垂直方向に、すなわち、「竪」に脱していく道だと言ってよい。その脱出において、解脱を無限遠点に設定する迂回の道が「竪出」であり、解脱を即時とするのが「竪超」である。

このように、「竪」が時間を垂直に脱する道であるならば、「横」は時間を水平方向に脱する道となるだろう。「竪」の解脱に対して言えば、「横」は救済の道である。その救済を無限遠点に設定する迂回の道が「横出」であり、救済を即時とするのが「横超」である。しかし、時間を水平方向に脱するとは、どういうことだろうか。それは見た目上は、現世と同時間内にあるはずだからである。それゆえ、「横」は脱するというより、現世の時間からズレること、現世にありながら別時間を生きることになるだろう。言うなれば、「竪」が現世から脱する道であるのに対し、「横」は現世において脱する道なのである。親鸞の「非僧非俗」とは、[15] 本来的にその謂でなければなるまい。仏道における「出家主義」と「在家主義」の違いと言えば、より理解しやすいかもしれない。

しかし、出家だろうと在家だろうと、「即」＝「超」体験のないところに「無上大涅槃のさとり」は開けない。その意味で、「超」の時空は、現世とは別次元にある。相対性理論風に言えば、それは三次元の世界に重なり合っている四次元のようなものだと言ってよい。つまり、「超」は体験可能であっても、言語化は不可能なのである。禅に「不立文字」というゆえんだが、親鸞においても、「このこころをえつれば。他力には義のなきをもて義」とするよりほかない。しかし、このことを強調すれば、「横超」と「竪超」の質的差異は、ほとんどなくなってしまうだろう。なぜなら、「竪」だろうが「横」だろうが、「即」＝「超」は時間の0ポイントに、つまり、即今只今《そっこんただいま》の現在にあるからである（図Ⅱ）。その現在は「超」体験以前とは異質な時間だが、しかし、現在は現在なのである。禅語に言う「悟了同未悟（悟リ了《おは》レバ未ダ悟ラザルニ同ジ）」とは、その間の事情を言うものでもあるだろう。そのため、親鸞は「即」＝「超」の前面化をためらった、というか、あえて強調しなかったように思われる。親鸞が「即得往生」と言って、「即信往生」と言わなかったゆえんも、そこにあると私は思う。そして、この「即信往生」を全面化していったのが、一遍だったように思われる。また、そこに一遍が禅と表裏する理由もあったはずである。

いずれにせよ、この「超」は現世とは別次元に身を置くことである以上、宗教体験としては、やはり一種の神秘体験であり、非日常的体験であるほかはない。[16] 宗教や宗派によって、その意味づけや評価は異なるとしても、「超」体験は、宗教体験として普遍的かつ汎宗教的《パン・レリジャス》な体験のはずである。[17] そして、体験が自らの身体に基礎をおく以上、「超」も個別的身体において体験されるほかはない。しかし、阿弥陀仏を信じれば誰でも救われる「選択本願・真実報土・即得往生」の教えにおいて、個別的体験を強調すれば必ずや、それを自力と見紛う誤解を生む。それゆえ、親鸞は、そのことをあえて強調し

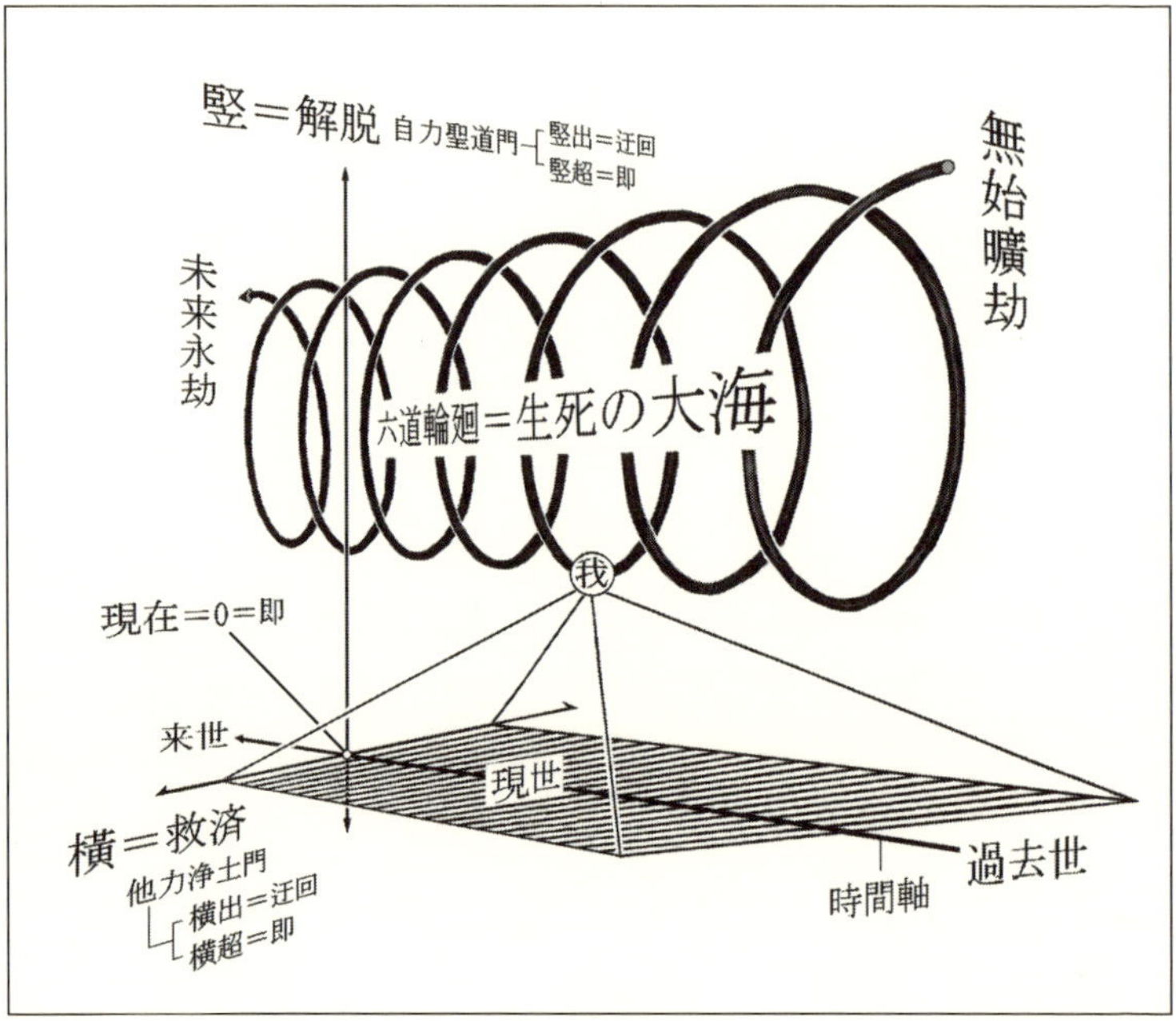

図Ⅱ

なかったのではないかと思う。そして、親鸞は「超」体験そのものではなく、その体験へ超え出る契機としての「信」一点に集中した。親鸞の意に沿って言うならば、「信」の契機がそのまま「超」であるような地点が「横超」なのだと言ってもよい。

自力聖道門における「竪超」は、自己超越が自己の場においてなされるがために、その個別的身体性は当初より自明のことである。しかし、他力の「横超」は、その超越が自己の場において起こるものではない。つまり、「横超」は「横に超える」のではあるが、それは「私が横に超える」のではないだろう。それなら、自力と変わらない。ゆえに、「横超」とは、阿弥陀仏の本願によって自己が横から超えられることのはずである。この「絶対他力」による自己の「横超」とは、その徹底的な他者性を「即」であり「得」として受容することでもあるだろう。この意味で、「竪横」における「超」体験の差異は、「竪」が「我が我ならざるものに出ていく」解脱体験であり、「横」が「我に我ならざるものが到来する」救済体験であるとも言える。すなわち、「竪横」のベクトルは、絶対即自と絶対即他の違いであると考えられる。すなわち、両極端は一致する。

これを実存哲学風に言えば、「横超」とは、「我」を阿弥陀という絶対他者に企投（Entwurf,projet）することだとも言えるだろう。そして、この企投はその都度に実践さるべきものであって、一度で済むものではない。なぜなら、それは常に「即」の0ポイントにあるのだから、「信」が固定化＝過去化されてしまえば、それは「即」を失ってしまうほかはないからである。真宗用語ではないが、これを「正念相続」と言ってもよい。すなわち、「横超」に終局はない。この地点では、一念義・多念義など問題にならないのは当然である。[18]そしてまた、常に「即」でありつづけることは、困難極まる生き方である。浄土門が易行道であるにしても、「信」そのものは易行ではない。念仏は誰でも称えることができるが、誰でも「即得」に至る保証はない。もちろん、親鸞はそれは「信」の不足によると言うであろう。しかし、この「信」にはマニュアルもなければ段階もない。また、誰もそれを証明も保証もしてはくれないのである。真宗がことさら異安心《いあんじん》問題を惹起してきたのも、この信が極めて困難なものであることを示している。

「絶対他力」としての阿弥陀は絶対他者であるがゆえ、人はいかにしてもそこに一片の自由意志も、すなわち、自力を持ち込むことはできない。とすれば、絶対他者に対して人ができることは、信心を倦むことなく続けていくよりほかはないだろう。そして、それのみが「横超」を行為することになる。それゆえ、親鸞は、これを現世平面の出来事として、日常性の中に定位する。すなわち、この信心はあくまでも日常生活の中で日々実践されなければならないのである。
この「横超」がもたらす日常における信仰のあり方は、構造的にM・ヴェーバーが論じたプロテスタンティズムのエートスに相同している。ヴェーバーはこれが「世俗内禁欲」として職業人の倫理となり、それが資本主義の精神を形成したと論じた。[19] また、R・N・ベラー『徳川時代の宗教』[20]は、これを援用する形で、真宗が日本において西洋近代におけるプロテスタンティズムと同様の役割を果たしたことを指摘した。私にヴェーバーやベラーの見解を論評する資格はない。しかし、絶対他者に対する信仰が日常に定位される過程として、親鸞の「横超」とプロテスタンティズムの間に構造的類似性があることは確かだと考える。また、絶対者に対する帰依が、他の信仰を拒否することは、何も真宗に限ったことではない。ただ、それが「非僧非俗」の日常生活として実践されるためには、「世俗内禁欲」の形を取るほかはないだろう。真宗の「神祇不拝」が、ヴェーバーの言う「呪術からの解放」に類似するのも、そのためである。親鸞は『教行信証』「化身土」巻に、『般舟《はんじゅ》三昧経』を引いて、こう言う。

『般舟三昧経』にのたまはく、「優婆夷、この三昧を聞きて学ばんと欲せんものは、乃至みづから仏に帰命し、法に帰命し、比丘僧に帰命せよ。余道に事《つか》ふることを得ざれ。天を拝することを得ざれ。鬼神を祠ることを得ざれ。吉良日を視ることを得ざれ。またのたまはく。「優婆夷、三昧を学せんと欲せば。乃至天を拝し神を祠祀《しし》することを得ざれ」となり。（『注釈版』、四二九頁）

この「神祇不拝」は、蓮如（一四一五—一四九九）の「王法為本」説に見るように、歴史的には変質していった。蓮如は『御文章（御文）』の中でしばしばこう言っている。

ことにまづ王法をもつて本とし、仁義を先として、世間通途の義に順じて、当流安心をば内心にふかくたくはへて、外相に法流のすがたを他宗・他家にみえぬやうにふるまふべし。

（第三帖一二『注釈版』、一一五九頁）

……未決定の人の安心をとらんとおもはん人も、こころうべき次第は まづほかには王法を本とし、諸神・諸仏・菩薩をかろしめず、また諸宗・諸法を謗ぜず、国ところにあらば守護・地頭にむきては疎略なく、かぎりある年貢所当をつぶさに沙汰をいたし、そのほか仁義をもて本とし、また後生のためには内心に阿弥陀如来を一心一向にたのみたてまつりて……。

（第三帖一三 同、一一五九―六〇頁）

「王法為本」説は、歴史の激動期に信仰を守るために必要なことだったろうし、また、それが蓮如の智慧でもあったろう。そして、対世間的には順応しつつ内面では信仰に生きる生活人としての態度が、親鸞以上に「世俗内禁欲」として機能したことは疑いえない。これをヴェーバー的な意味で「合理化」と言えるかどうかは別として、親鸞の「横超」が導くところは、日々是信であるような生活人の信仰態度であったことは確かなことである。かくして、「横超」は秘められた「即」の神秘主義を脱して、信仰を中心とする日常生活の指針となったと言ってよい。

親鸞が絶対他力の確立のために経典類に独自の解釈を施したことは、しばしば指摘されている。例えば、善導『観経疏』「散善義」の次の箇所。

不得外現賢善精進之相。内懐虚仮。貪瞋邪偽奸詐百端。悪性難侵事同蛇蝎。
（『大正蔵』No.0271、二七〇―一頁）

傍線部は通常、法然『和語灯録』が示すように、「ほかに賢善精進の相を現じて、うちに虚仮を懐く事を得ざれ」と訓読される。[21]親鸞は、これを、

外《ほか》に賢善精進の相を現ずることを得ざれ。うちに虚仮を懐いて、貪瞋邪僞、奸詐百端にして悪性侵《や》めがたし、事、蛇蝎に同じ。
（『注釈版』、二一六―七頁）

とする。つまり、「散善義」原文は「外面だけ殊勝に見せて、心が愚かではならない」という教訓なのだが、親鸞は「外を飾ってはならない。なぜなら、心が愚かで……悪性はやめがたいからである」と極めて厳しい改釈を施しているのである。[22]この言葉は『愚禿鈔』冒頭の「愚禿が心が、内は愚にして外は賢なり」という逆説と分かちがたく結びついている。この徹底的な「愚禿」の自己規定に、親鸞の激しい宗教的情熱が働いていたことは言うまでもない。

しかし、その親鸞の強固さゆえに、疎外されてしまった宗教的欲望もあるように思われる。それは

信仰におけるエクスタシー（忘我・恍惚）体験への希求である。その点で、真宗において、ことさら「秘事法門《ひじぼうもん》」、「隠れ念仏」「隠し念仏」などといった秘儀的信仰が産み出されたことは示唆的だろう。[23]その背景には、親鸞が否定したような欲求があったはずである。その神秘体験への欲望は、親鸞の「横超」が理論的には乗り越えたものだが、しかし、理論によって欲望が消滅するわけのものではない。

親鸞の七〇年ほど後に生まれた一遍（一二三九―一二八九）は、踊り念仏によって一世を風靡した。それも踊り念仏が民衆の宗教的欲望の受け皿になったからだろう。それは、非日常への憧憬や渇望といった、人間の情念一般の問題でもあったはずである。実際、一遍の時宗は、声明・連歌・猿楽・能楽などの芸能と深い結びつきを持っていた。[24]ハリソンや折口信夫を援用するまでもなく、[25]芸能は神仏との交流において成立する。現代においても、芸能は非日常世界に対する大衆の欲望を担っているだろう。

親鸞もその欲望については身に沁みてわかっていたはずである。そもそも「承元の法難」（一二〇七―一二一一）は、建永元年（一二〇六）に、後鳥羽院寵愛の松虫・鈴虫が安楽房・住蓮房の念仏法会に参加し、その場で院の許しもなく出家したうえ、この二人が院不在の御所に安楽房を宿泊させたことも知れ、後鳥羽院が激怒したことに発するとされている。[26]これが史実かどうかはともかく、新興の宗教に対する反感は、しばしば教団内における性的逸脱の風聞に発しがちである。松虫鈴虫説話も、その一環をなしていただろう。法然の「七箇条制誡」には親鸞も署名に加わっているが、そこには、

> 念仏門において戒行なしと号し、専ら婬酒食肉を勧め、たまたま律儀を守る者を雑行者と名付けて、弥陀の本願を憑む者は造悪を恐れることなかれということを停止すべき事

という一条がある。[27] これらの輩にとって、専修念仏は一種の謝肉祭《カーニバル》だった。しかし、彼等を単に教義に無知な不逞の輩として退けることはできない。非日常世界に関わる宗教は、多少なりともオルギア（狂宴）的要素を孕むからである。そこでは日常倫理の逆転現象が引き起こされる。踊り念仏はその宗教的オルギアの典型例とも言えるが、そのような非日常への渇望が親鸞の周辺にもなかったはずはない。少なくとも親鸞の信者達にとっては、親鸞のカリスマが、その渇望を支えていたに違いないのである。

親鸞は六〇歳の頃、二〇年に渡って布教していた常陸を去って帰洛した（『注釈版』「年表」、三頁）。その理由は明らかになっていないが、これに常陸門徒が動揺したのは当然だったろう。それを抑えるために善鸞が当地に派遣されたものの、善鸞はそこで個人崇拝を鼓吹した咎で親鸞に義絶された。[28] 事の真相は別としても、これはいかにも起こりうる事件だったように思われる。親鸞の論理からすれば、指導者を失って動揺する信仰は本物とは言えないはずである。例えば、親鸞は『教行信証』「化土身」巻に、『大論（大智度論）』の四依（法・義・智・了義経の四つに依ること）釈を引いている。

> （仏陀が）涅槃に入りなんとせしとき、もろもろの比丘に語りたまはく、「今日より法に依りて人に依らざるべし、義に依りて語に依らざるべし、智に依りて識に依らざるべし、了義経に依りて不了義に依らざるべし……
>
> （『注釈版』、四七四頁）

論理としてはその通りだろう。しかし、信者からすれば親鸞に見捨てられたように思うのも不思議はない。その埋め合わせに、善鸞が個人崇拝を許容する言説をなしたのもやむを得ない仕儀だったのではあるまいか。私は、親鸞が常陸を去ったのは、人々が親鸞という「人に依」っていること、その個人崇拝に危惧を感じたためではなかったかと想像する。つまり、親鸞は自らの教義に従って、自己の身体を信者の前から消し去ることにしたのではなかったかと思う。

その当否はともかく、信仰に個々の身体感覚が介在するのは当然のことである。現実には、真宗の信者達も念仏や和讃、『正信偈』などを称える音声や動作に、また、報恩講のような儀礼に、身体的快感を得ているだろう。念仏に限らず、題目であれ坐禅であれ、信仰には宗教儀礼やそれに伴う身体行動が不可欠である。また、その身体行動の熟達が境地の深まりでもあるはずである。その身体行動によって訓練された感覚なしに宗教は存続できない。その意味で、絶対他力の原理論的最終局面である「横超」においては、その宗教的身体感覚をいかに位置づけるかが新たな課題になったとも言えるだろう。それは「横超」が空間的比喩を失ったことと表裏する事態だったように思われる。

真宗における身体は、「横超」の実践主体ではあっても、基礎的に現世の中に定義されているため、念仏以外の宗教的身体行動は「雑行」もしくは「自力」として退けられることになる。また、身体が煩悩の巣窟であればこそ、絶対他力が要請されるのである。逆に言えば、絶対他力は、現世での旺盛な活力を裏書きしてくれるものでもありえた。それが「世俗内禁欲」として、プロテスタンティズムと同様の社会的機能を果たしたとも言えるだろう。その意味で、真宗の身体観は比較的単純であり且つ健康的なのである。親鸞が九〇歳（満八九歳）の長命を保ったこともそうだが、蓮如が生涯五度の結婚を通じて一三男一四女をもうけ、その末子は蓮如の死の前年八四歳の時にあげた子であったこと[29]は、その身体のありようをよく示すことのように思われる。蓮如の信仰と政治力はその身体の強靭さと別物ではなかっただろう。この意味において、真宗の身体は現世の中で熱く発熱している。

しかし、この発熱を精神的なレベルで放散させることに関して、真宗の身体技法はさほど多くの方法論を提示しえなかった。あるいは、教義上、提示できなかったのである。それは蓮如の『御文章（御文）』が、教義上の展開がほとんどなく、同一事項の反復に終始するかのように思われることと通底する事態である。真宗において、「秘事法門」が簇生したことや異安心問題が多発したことは、その身体技法への渇望に由来すると私は思う。おそらく、それを埋め合わせるものとして、東本願寺や西本願寺の壮大な伽藍が必要とされたのであろう。また、真宗の仏壇、特に東西両本願寺に所属する門徒の仏壇は極めて豪華なことで知られるが、この仏壇の「荘厳《しょうごん》」も、単に経済力の問題だけではなく、それが身体技法の欠を補うものであったからのように思われる。もちろん、それらは後代のものであって、親鸞の思想と直接の関係はない。しかし、そのような結果を招く要素は、神秘体験やカタルシスを直接的な形では言説化しなかった「横超」の中に既に胚胎していたのではなかっただろうか。

今更ながらだが、『教行信証』の正式名は『顕浄土真実教行証文類』、その意は「浄土真実の教・行・証を顕す文類」である。正直なところ、私は『教行信証』を読むと、「文類」の厖大さと、その内に籠もった熱気に息苦しくなってしまう。ここには、教義確立のために「文類」の蒐集に全身全霊を傾けた親鸞の体熱が充満している。私にはそれは陰鬱にすら思われるのだが、「横超」を支える身体は、かくのごとく発熱していなければならないのだろう。そして、親鸞の引く『大智度論』の続きには、こうも言われていたのである。

　義は語にあらざるなり。人指をもつて月を指《おし》ふ、もつてわれを示教す、指を看視して月を視ざるがごとし。人語りていはん、「われ指をもつて月を指ふ、なんぢをしてこれを知らしむ、なんぢなんぞ指を看て、しかうして月を視ざるや」と。これまたかくのごとし。語は義の指とす、語は義にあらざるなり。これをもつてのゆゑに、語に依るべからず。

（『注釈版』、四一四頁）

「語は義にあらず」。とすれば、『教行信証』というテクストもまた義そのものではないだろう。なぜなら、「他力には義のなきをもて義とす」るほかないからである。ただ、そのために親鸞がいかに語を費やしたか、私達が思いを潜めるべきは、そのことではなかろうか。

おわりに

私は当初、「横超」論に絡めて、真宗最大の異安心事件である「三業惑乱」について、本願寺第七世能化職智洞（一七三六―一八〇五）の「三業帰命説」と、その批判者大瀛《だいえい》（一七五九―一八〇四）の『横超直道金剛錍《おうちようじきどうこんごうべい》』三巻三冊（寛政一二年〈一八〇〇〉刊）を取り上げるつもりだった。また、「横超」論とは逆方向にある浄土実在論について、浄土宗の隆円（?―一八五四）『地獄実有説《じごくじつうせつ》』一冊（享和三年〈一八〇三〉刊）に触れる予定だったが、既に紙幅が尽きた。

私はここで、親鸞の思想そのものを主題化したかったわけではない。単に、「横超」の語が私を惹きつけ、また、疎外する理由について考えてみたかったのである。そのようにして、私はテクストへアプローチする。しかし、テクストにおけるカタルシスへの欲望は、親鸞によって厳然と拒否される。不信心者には当然のことである。いかにしてもテクストはテクストでしかないのだから。

かつて木村敏は、精神病理の時間感覚を、統合失調症的「祭りの前（アンテ・フェストゥム）」、テンカン症的「祭りの最中（イントラ・フェストゥム）」、躁うつ病的「祭りの後（ポスト・フェストゥム）」の三つに分類した（『時間と自己』、中公新書、一九八二）。それをもじって言えば、法然は「救済の前（アンテ・サルヴァティオ）」に跪拝し、一遍は「救済の中（イントラ・サルヴァティオ）」に踊り、親鸞は「救済の後（ポスト・サルヴァティオ）」に耐え続ける。私にはそんな気がしてならないのである。

付記　本稿を成すに当たって、「SAT大正新脩大藏經テキストデータベース」（http://21dzk.l.u-tokyo.ac.jp/SAT/index.html#bib1）に多大の恩恵を被った。ここに記して、その学恩に厚く御礼申し上げる。

終章　〈よむ〉をめぐって——不可視の他者へ

デリアよ、どこかの川のほとりで、いつか、このあやふやな会話の続きをしたいものだ。平原に呑まれてしまいそうな都会のなかで、かつて二人がボルヘスとデリアであったのかどうか、そのことをお互い確かめあうことにしよう。

J・L・ボルヘス『創造者』

〈よむ〉。私は、何を、何のために、〈よむ〉のか？

私は人並み程度には「本好き」ではあろう。ましてや大学教員という仕事柄、本を〈よむ〉のはやむを得ない仕儀でもある。そうしなければ、授業ができないし、論文の書きようがない。とはいえ、私はしばしば思うのだが、私は本当に本が好きなのだろうか？　私は、仕事柄、仕方なく本を〈よむ〉だけなのではないだろうか？

この疑念は、ついに私の脳裏を離れない。私は実のところ、〈よむ〉ことを軽蔑しているのではないか？　「さなり」と答えるものが心の中に潜んでいる。しかし、このアンビバレンツは、〈よむ〉ことそのものからやってくるようにも思われる。

＊＊＊

〈よむ〉。それは、まず、数えることであった。

ツクヨミは、イザナギの子、アマテラスの弟、スサノヲの兄である。ツクヨミ、月を〈よむ〉。月の齢《よわい》を数える。朔と言い、三日月と言う。そのほか、上弦、十三夜、小望月、満月、望月、十六夜、立待・居待・寝待・臥待・更待、下弦、つごもり……。月の盈闕は、日々変幻していく。その変幻のひとめぐりがひと月である。月を〈よむ〉ことは、そのめぐりを〈よむ〉ことだ。

ぬばたまの夜渡る月を幾夜経《ふ》とよみつつ妹は我待つらむぞ

〈よむ〉ことは、〈かがなべる〉ことである。「かがめ、ならべる」。指を屈めて、一つ、二つ、三つと数えること。ヤマトタケルは翁に問う。「新墾《にいばり》筑波を出でて幾夜か寝つる」。翁答えて曰く、「かがなべて夜には九夜、日には十日を」。

翁が「夜」を「かがなべて」いることに注意しよう。もちろん、「幾夜か寝つる」という問いに、「夜」を答えるのは自然ではある。しかし、おそらく、「夜」は――月の変幻とともに立ち現れるそれは――数えられても、「日」は数えようがなかったのだ。朝日であれ、夕日であれ、また、曇り空であっても、太陽はいつでも丸いからだ（日時計《サン・ダイヤル》は、太陽を〈よむ〉ものではない。その影の変転を〈よむ〉ものだ）。満ち欠けしない円満なる形は、常に一である。禅坊主が「円相」を好んで描くように。一日一日は、その「ひとつの日輪」で満たされていく。

ならば、〈こよみ〉はどうだろう。〈こよみ〉は「かよみ（日読み）」の転訛とも言われる。これは「日輪」ではないのか？　しかし、それは違うはずだ。東アジアの古い〈こよみ〉は、ほとんどが太陰暦だからだ。元来、月を〈よむ〉のが、〈こよみ〉だったろう。夜によって一日の句切りを数える。まさに「かがなべて夜には九夜、日には十日を」と数えるのである。

夜が来て、一日が終わる。あるいは、夜が終わって、一日が始まる。終わるがゆえに、それは〈かがなべる〉ことができる。つまり、〈かがなべる〉とは、それが終わることだ。そして、終わるとは、それが死ぬことである。月はひと月ずつに死に、また、再生する。ツクヨミは、それを〈かがなべる〉ものだったはずである。

しかし、この原初のツクヨミは、すぐ忘れ去られてしまう。彼はイザナギに夜の国の支配を命ぜられる以外、『記紀』に活躍の場を持たない。あまつさえ、ツクヨミは、『記紀』の中ですら、月夜見《つきよみ》やら月弓《つくゆみ》やら、定かな名前を持たず揺れ動く。あたかも、月が満ち欠けするように。

それも道理である。ツクヨミは、元来、月の神そのものではありえない。なぜなら、月を〈よむ〉のは、月ではないから。ツクヨミは、そもそもの命名からして、月から疎外されている。〈よむ〉ためには、その〈よむ〉対象から身を引き剥がさねばならない。〈よむ〉とは、その分離の謂である。しかし、対象から身を引き剥がすとは、一方で、その対象の近傍にいることである。〈よむ〉とは、その接近の謂である。

分離と接近。その意味で、ツクヨミは、月の神ではなく、月の巫術師《シャーマン》だったはずである。月を〈よむ〉者は、霊能を備えるメディア＝霊媒師でなければならない。まさに月はツクものだからだ。ツクヨミは月に憑かれる。古来、ルナティックとは狂気の謂である。月夜の晩に踊り出すのは、ショジョ寺の狸だけではない。月夜に交通事故が増えるのはよく知られたことだ。

「ピエロ・リュネール（月に憑かれたピエロ）」（シェーンベルク作曲）。

「♪オ　クレール　ドゥ　ラ　リュヌ　モナミ　ピエロ♪（月の光に照らされて、わが友ピエロ君）」（伝ジャン・バティスト・リュリ作詞作曲）。

月に憑かれる者はピエロたらざるをえない。おそらく、ツクヨミがそうであったように。彼は、神への接近と分離のあわい、そのメディア＝中間を行き来する道化師である。踊る巫術師、歌う道化師。〈よむ〉とは、この憑依の、そして、道化の仕業だ。

＊　＊　＊

〈よむ〉。それは、音を数えながら、声に出して唱えることであった。

歌を〈よむ〉。確かに、よまれるものは、歌である。然り而して、歌とは「声に出して読みたい日本語」ではない。そもそも、声に出して〈よむ〉のが歌だからである。

声に出さずに〈よむ〉こと、黙読は、古代の人間にとって、秘儀中の秘儀であった。四世紀、ミラノの聖アンブロシウスは、「目はページをすばやく追い、精神はその意味を鋭く探究しているのだが、舌は停まったままで声を出すことはなかった……彼は決して声を出して読書することがなかったのである」。黙読する人間を初めて見た時の驚きを、アウグスティヌスはこう伝えている（『告白』第六巻）。

その頃（かどうかは知らないが）、スサノヲは、「八雲立つ出雲八重垣妻籠みに八重垣作るその八重垣を」と、妻を得た喜びを、音吐朗々、声に出して歌っていた。と言っても、それは、ベルカントで歌われるわけではない。それは〈よむ〉のだから、強いて言えば、シュプレッヒシュティンメ風の歌だ。ゆえに、紀貫之は言う、「人の世となりて、スサノヲノミコトよりぞ、みそもじあまりひともじはよみける」と（『古今集』仮名序）。歌は「みそもじあまりひともじ」である。ここに、「もじ」がやってくる。「人の世となりて」後に。ルソーのように、あるいは、真淵のように、それを汚染とは言うまい。

歌を〈よむ〉には、声を五七や七五の音数律に調えなければならない。現在でも、我々は指を折って、「ふ・る・い・け・や」と歌や俳句の音数律を〈かがなべる〉。それが可能なのは、日本語は一音節《シラブル》が「ひともじ」だからだ。あるいは、日本語はそう書記されるように編成されてきたからだ。子音には常に母音がつきまとう。面倒見のよすぎる母親のように。「this」は「じす」となり、「that」は「ざっと」になる。これは音声学的事実というより、日本語の表記システムが産み出した事実という言うべきだろう。

それゆえ、歌を〈よむ〉ことにおいては、文字と声が相同する。どちらも〈かがなべる〉ことができるからだ。プラトンは激怒するだろうが、しかし、日本語はそうなのだ。「声と字は同じである」。空海は、『声字実相義《しょうじ》』で、これを壮大な仏教哲学にまで仕上げた。空海が「いろは歌」の作者とされるのももっともである。

歌を〈よむ〉ことは、文字を〈よむ〉ことと同じである。となれば、ここからは一瀉千里、〈よむ〉

は何でもできるようになる。

たとえば、経を〈よむ〉。「カンジーザイボーサーギョージンハンニャーハーラーミータージー……」（『般若心経』）。読経と言い看経《かんきん》と言う。どちらも、お経を声に出して〈よむ〉ことだが、実に「経を看《み》る」も〈よむ〉なのだ。そのため、禅宗では、黙読は「看経」、音読は「諷経《ふぎん》」といって区別する。お経には「転読」もある。『大般若経』はあまりにも膨大なので、サラサラと折本の丁を上から下へ流し落とすだけでも〈よむ〉ことになるのだ。とすれば、ただ本を手許に置いておくだけの「つん読《どく》」も〈よむ〉の一種であることは間違いない。

あるいは、鼻毛を〈よむ〉。通常、鼻毛を〈よむ〉のは女であり、よまれるのは男である。彼を鼻下長と言う。確かに、鼻の下が長くなければ、鼻毛もよみにくかろう。鼻下長の彼は、鼻毛の数を数えられるほど、女の接近を許す。この〈よむ〉は〈かがなべる〉に近いが、彼女は彼の鼻毛の本数に興味を抱いているわけではない。

そのほか、顔色を〈よむ〉、腹を〈よむ〉、先を〈よむ〉等々……、目に映る森羅万象が、〈よむ〉の対象となる。そして、〈よむ〉に文字が介在するようになれば、〈よむ〉は、書かれたものを〈よむ〉こと以外ではなくなってしまう。鼻毛や顔色や腹や先を〈よむ〉のは、そこに〈よむ〉べき対象が存在するからだ。つまりは、そこには何かが書かれてあるのだ。こうして、〈よむ〉は〈かく〉と不可分となり、「読み書き」という双生児が産み出される。

しかし、「読み書き」が不可分になったのは、果たして文字以降のことだろうか。おそらく、そうではない。〈よむ〉が成り立つためには、それに先んじて、あるいは、少なくとも共継起的に、〈かく〉があったはずである。なぜなら、〈かく〉は、〈よむ〉と同様に、あるいは、それ以上に、古い言葉だからだ。

＊　＊　＊

〈よむ〉。それは、〈かく〉を必要とする。

ツクヨミが月を〈よむ〉ことができるのも、月が日々に円満を〈かく〉から以外ではなかったことを思い出そう。〈かく〉は、「欠く」であり「掻く」であり「書く」である（その長大なリストは『角川古語大辞典』を見ればよい）。それらは全て、何物かが欠落すること、あるいは、何物かを欠損させることから派生している。

イザナギとイザナミは、天の浮橋に立ち、天之瓊矛《アマノヌボコ》をもって〈カキサグル〉。海原が生まれ、矛の滴りからオノゴロ島ができあがる。なにかドロドロしたものを棒状のものでカキ回すこと。春になって農人が苗代を〈かく〉ように。「懸く」と「掛く」、「駕籠を舁く」の「舁く」も、起源的に「掻く」と同根だ（『岩波古語辞典』）。それらは、物の一端を何かに引っ掛けて、そこに荷重を懸けることである。つまり、〈かく〉は、ある平面を棒状の物で掻き回したり、その平面の一点に荷重を懸けて一定方向へ引っ張ることである。その結果、畝や溝のような痕跡や欠損が生じる。おおよそ、〈かく〉にかかわる出来事は、このような事態を指し示している。

『吾輩は猫である』の金満家金田は、義利・人情・恥を〈かく〉の三角術を駆使する。その他、頭をカキ、冷汗をカキ、欲をカキ、ふんどしをカキ……、人は様々に〈かく〉。とすれば、歌を〈よむ〉

とき、そこには何がカカレテいるのだろう。

「あしびきのー　やまどりのおのー　しだりおのー……」。歌を〈よむ〉とき、声はこのように引き延ばされる（「宮中歌会始」を観よ）。この「ー」、音引きが、おそらくは、〈かく〉なのだ。あーあーおーおー。その音は空間に尾を引いて流れていく。汗が皮膚の表面を流れていくように、つまり、汗を〈かく〉ように。歌を声に出して〈よむ〉ことは、虚空を声で掻くこと、声を虚空に掛けることだったに違いない。

「あまざかる　鄙に名かかす　越の中……」（大伴家持「立山の賦」）。あまり出来のよい長歌とは言いかねるが、名も〈かく〉ことができる。これは「鄙に名をかける」のだから、原義は「物を高いところに掛ける」の〈かく〉だろう。これを「(名を)つける」の意と説く辞書もある。ともあれ、この名は虚空にぶら下がっている。

この意味において、歌を〈よむ〉とは、それを虚空に〈かく〉ことである。それは言葉の無量のアーカイヴから、言葉を掻き出し＝書き出してくることなのである。〈よむ〉とは、この掻き出し＝書き出しの謂である。

かくして、〈かく〉は、その行為であると同時に、その行為の結果をも示す語となった。カイタがために、そのカカレタ対象は、欠損する。痒いところを掻きむしれば傷になる。それが〈かく〉だ。「スタイル（様式・文体）」の語源「スティロ」が、「尖筆」の意味であることは知られたことだろう。それはそもそも引っ掻く道具である。尖筆はギリシア語のステュロスに淵源するが、元来それは柱の意であった。ストア学派の命名は、ゼノンがストア・ポイキレ（彩色された柱廊）で講義したことに端を発している。

柱を持ち出したのはほかでもない。天之瓊矛をもってカキ終わったイザナギ・イザナミ両神は、次に天之御柱のまわりをめぐって、ミトノマグワイをするからだ。つまり、〈かく〉と柱と性交は、なにかしら結びついている。ストア学派はストイックなわけだが、それらがいずれも、ファルス（象徴的ペニス）をめぐる出来事であることは疑いない。

笑劇《ファルス》はさておき、〈かく〉ことは、掻き回し、掻き取り、引っ掻くことだ。その結果、掻かれたものはその一部分を〈かく〉ことになる。月が欠ける、画竜点睛を欠く。「書く」ことも、その原初は、石を削り粘土板に刻むことであって、石や粘土板の表面を掻き、その一部を欠くことである。日本の書字史は、中国から文字や書字用具を輸入したがために、この削り刻む段階を欠いている。和様が産み出されたのは、それゆえだという説がある（石川九楊説）。実証性はともかくも、たぶんそうに違いない。

疑う者は、たとえば、中国の無準師範《ぶじゅんしはん》の「帰雲」字（重要文化財・MOA美術館蔵）と、大燈国師の「関山」字（国宝・妙心寺蔵）を見比べてみればよい。どちらも素晴らしい墨跡だが、そこには、人品骨柄の違いというより、文字の骨格における彼我の歴史の差異が如実に表れている。大燈がそうだというのではない。しかし、日本の「書く」は、ややもすれば表面を豊麗に流れようとして、「書く」が本質的に「欠く」ことだった歴史、その強靱な刻線の軌跡を忘却しがちなのである。「売り家と唐様で書く三代目」の字も、結局は和様である。

それゆえ、日本の「書く」主体は、己の欠如「欠く」を知らずに済ますことができる。J・ラカンが「日本人ハ精神分析デキマセン」と言ったのは、この「欠くことを欠いた」エクリチュールのありよう、つまり、「〈主体の欠如〉の欠如」ゆえである。

＊　＊　＊

〈よむ〉ためには、それがカケテいなければならない。

カケテいるものは文字である。一説に、「文」は「人＋×」の象形、「×」は「刺青」で、人の胸に刺青を施したもの、すなわち、「文身」の謂であるという（白川静説）。文献上における日本最古の例は『記紀』にある。イスケヨリヒメが、イワレビコの使者オオクメに問うた。「あめつつ　千鳥ましとど　など黥《さ》ける利目《とめ》（鳥みたいに、なぜそんなきつい目つきなの?）」。オオクメが答える、「おとめにただに会はんと　わが黥ける利目（后候補のあなたにお目に掛かりたくて、こんな目つきなのです）」。相聞の旋頭歌。「黥」は、『魏志倭人伝』にいわゆる「男子皆黥面《げいめん》文身」の「黥」である。

オオクメは「わが黥ける利目」と言う。しかし、オオクメの目の縁を隈取った刺青は、イスケヨリヒメには見えても、オオクメ自身に見えるわけがない。言うまでもなく、自分の目の周りの刺青を、自分で見ることはできないからである。文身は、私の身体に刻まれるものでありながら、実は私に所属しない。それは、私に書けていて、また、欠けている。つまり、私にカケテいる。「文」とは、何かに刻まれるほかないが、刻まれた、その何かには関しない。文字の書かれた紙は、自分に何が書かれているか知るよしもない。

一方、「字」は「ウ冠＋子」で、祖先の御霊屋《みたまや》に子を連れて行くこととされる。それは、子供が家族の一員として認定されることだ。「字」が「アザナ」と訓ぜられるのは、ヒトは「アザナ＝通名」を持って初めて、その社会への参加資格を認められるからである。つまり、ヒトは名付けられることによって初めて、人《ニン》・間《ゲン》＝ホモ・メディクスになる。ヒトが、この間隙＝メディアに産み出されるためには、字＝名と、文＝刺青が必要だ。ヒトは生まれて名を持ち、部族のイニシエーションとして刺青を持つ。それは、否応なく、私に書き込まれるものだ。私が私になる以前、既にして私は書き込まれた存在なのだ。そもそも私は、父によって母がカカレタ結果である。私には、父の名《ノム・デュ・ペール》が、その名《ノム》が欠損《ノン》として記されている（J・ラカン）。それは、私にカケテいるのである。原初の書字《エクリチュール》。原初の？

原初が混沌《カオス》であるのは、神話の常である。カオスは、エレボス（幽冥）とニュクス（夜）を産み、ニュクスからアイテール（澄明）とヘーメレー（昼光）が生まれた。ヘシオドスはそう謳う（『神統記』）。しかし、カオスは闇でも光でもない。また、それらを産み出す直接の母体でもない。それは、力動的な場であり、ホワイト・ノイズであり、無際限の白紙《タブラ・ラーサ》である。それは、プラトンの「コーラー」であり（『ティマイオス』）、西田幾多郎の「絶対無」である（「私と汝」）。ナーガルージュナならば、これを「空《シューニャ》」と言うだろう（『中論』）。

そもそも、混沌に手の付け所はない。『荘子』「應帝王」第七に曰く、「儵《しゅく》と忽《こつ》は渾沌《こんとん》に歓待され、その礼として渾沌に目鼻を穿ってやった。毎日一つずつ穿つと、七日目にして渾沌は死んだ」と。眼窩・鼻腔・耳穴がそれぞれ二個、口腔が一個、全部で七個である。この七はそのまま一週間である。つまり、混沌は七曜に分かたれて、死んだ。『創世記』は、神が七日間（六日＋安息日）で世界を作ったと言う。世界が作り出されることと、混沌の死は同義である。切れ目のない分割されえぬものは、印づけられ、数えられて、死ぬ。

原初にある殺害。原・痕跡《アルシ・エクリチュール》。

〈よむ〉ことは、印を〈かがなべる〉ことである。印のないものは数えられない。混沌に穿たれた穿孔は、その最初の印だ。この印こそ、〈よむ〉ことの基礎である。しかし、そのために混沌は殺害されねばならなかった。とすれば、〈よむ〉とは、この印付け＝殺害後の現場に行き会わせることである。しかし、〈よむ〉は、常に既に、その殺害の瞬間に立ち遅れて、そこに到着する。〈よむ〉とは遅延の別名である。遅延する。時間に遅れること。時間に？

江戸小話に曰く、「無筆文盲の両親が娘の年で言い争っていた。見かねた近所の婆々が、コレコレそれなればワシに確かな品がある。婆々、一瓢を携え来たり、コレこの子はこの瓢箪がなった年に生まれたぞや」。「姥が年代記」とは、この謂である。確かに、この瓢箪がなった年に、この子は生まれたに違いない。以来、子は成長し続け、瓢箪は壁にぶらさがり続ける。同じ期間、同じ年の間、ずっと。

壁にぶら下がり続ける瓢箪の時間、〈それ〉は、持続する時間であって、区切りようのない時間だ。カイロス時間とクロノス時間の差異。カイロスは持続し、クロノスは区切る。クロノスは切り刻む、プロクルステースのように。〈それ〉を寝台に寝かせて、己の都合のよい長さに刻んでいく。一、二、三……。それが、クロノロジーであり、クロニクルである。「姥が年代記」とは、年代学《クロノロジー》なき年代記《クロニクル》、つまりは、非・歴史なのだ。

歴史とは、「史《ふみ》を歴《へ》る」ことだ。文《ふみ》を経《へ》ないものは〈よむ〉ことができない。〈よむ〉ことができないものは、〈それ〉として持続するだけだ。混沌のように、あるいは、ぶら下がり続ける瓢箪のように。それが持続であることすらわからぬまま。これをベルクソン流に「純粋持続」と名付けることもできよう。しかし、〈よむ〉とは、この「純粋持続」の存在論的切断《リュプチュール・オントロジーク》なしには起こりえない。

＊　＊　＊

〈よむ〉とは、切り刻まれた〈それ〉の死体に出会うことである。

〈それ〉の死体は、単なる〈もの〉ではない。そこには〈印〉があるからだ。もちろん、〈もの〉でない〈印〉などない（傷痕・掘削痕・墨・顔料・インク・黒鉛・電子痕跡……）。しかし、〈印〉は〈もの〉そのものではない。焼き印を押されようが、チョークで書かれようが、△は△という〈印〉である。〈よむ〉とは、この〈印〉を〈意味〉として受け止めることだ。そこに〈意味〉があるかどうかにかかわらず！

だとすれば、〈それ〉の死体は、〈もの死体＝もの自体《ディング・アン・ジッヒ》〉ではなく、〈意味死体〉である。〈よむ〉とは、この〈意味死体〉への問いかけである。それゆえ、私たちは問いかける。「何を意味したい？」と。すなわち、〈よむ〉とは、この問いの謂である。

かくして、〈意味死体〉は、〈意味したい〉と欲望する。しかし、それは一体誰の欲望なのか？　欲望は必ずや誰かの欲望である。とすれば、それは〈死体〉の、ではなく、〈死者〉の欲望であるほかはないだろう。〈よむ〉とは、すなわち、〈死者の欲望〉に出会うことだ。しかし、どこで出会うのか？
おそらくは、死者の国において。

〈死者の欲望〉に出会うには、死者の国に赴かねばならない。

オルフェウスは、毒蛇に咬まれて死んだエウリディケに会うために冥界に赴く。彼の竪琴の技量に免じて、冥界の王ハデースは彼女を連れ戻すことを許すが、地上への途次、オルフェウスは「見るな」の禁忌を破って、妻を振り返り見る。その時、エウリディケの姿は雲散霧消する。偽アポロドーロスはそう語る（『ビブリオテーケー』）。
より悲惨なのは、イザナギである。その妻イザナミは、火の神カグツチを生んで焼け死んだ。「哭《な》き泣《いさ》ち流涕《かなし》」むイザナギは、イザナミに会おうと黄泉の国に赴く。そして、妻を連れ出したイザナギもまた、「見るな」の禁忌を犯して、妻を振り返る。イザナギがそこに見るのは、「膿《うみ》沸《わ》き虫流《うじたか》る」腐乱した妻の姿だ。

「我が夫となる者はさらにおぞましいものを見るであろう」（クシャナ）

〈死者の欲望〉に出会うとは、この汚穢に直面することだ。彼等は亡き妻のために、カケタ伴侶《ベター・ハーフ》のために、「黄泉に行きたい」と願う。それゆえ、彼等はやみがたく「見るな」の禁忌を犯してしまう。「見たい！」と。そして、この侵犯において、彼等は汚穢に出会わねばならない。しかし、その侵犯こそ、〈意味死体〉の欲望が、私の欲望へ、〈よみたい！〉へと転移する瞬間である。欲望は転移してこそ欲望である。たった一人だけの欲望を欲望とは言わない。こうして、〈死者の欲望〉は〈私の欲望〉へと転移する。

〈よむ〉とは、魅惑《アフェクシオン》するものに導かれて〈よみ〉の国へ赴くことだ。しかし、そこで我々は出会わねばならない。腐乱した死体、おぞましいもの《アブジェクシオン》に。つまり、〈よみにいきたい〉は、〈意味したい〉に出会い、禁忌の侵犯によって、〈よみたい〉へ遷移する。〈よむ〉とは、この欲望に身を委ね、その魅惑と不潔に耐えることだ。アフェクシオンに導かれ、我々はついにアブジェクシオンに出会う。〈よむ〉とは、その誘惑と汚辱の営みである。

私は、何物をも、何物のためにも、〈よむ〉ことはない。この欲望に突き動かされてのみ、〈よむ〉。そして、欲望は反復される。つまり、〈よみがえる〉。

こうして、私は、また出かけていく。〈よみ〉の国へ。オルフェウスのように、あるいは、イザナギのように。アフェクシオン＝アブジェクシオンの場へ。惹かれつつ目を背けながら。誘惑と汚辱に引き裂かれて。

「綺麗は汚い、汚いは綺麗。さあ飛んで行こう。霧の中、汚れた空をかいくぐり……」（『マクベス』）

注

第I部　日本的言語観の基底

第一章　空海・メディアの形而上学者――『声字実相義』

（1）私の国学研究上の問題設定については、拙著『上田秋成論――国学的創造力の圏域』（ぺりかん社、二〇〇七）を参照されたい。

（2）宮坂宥勝「空海の言語哲学」（『密教思想の真理』、人文書院、一九七九、一一四頁）。

（3）時枝誠記『国語学史』、岩波書店、一九四〇、一〇頁。

（4）『弘法大師空海全集』第二巻、筑摩書房、一九八三。以下『空海全集』2のごとく略記。那須正隆『声字実相義の解説』、成田山仏教研究所、一九九〇。

（5）この部分を那須政隆は、「名は体を表わすと言われるように、意味（名）を表わす文字には、必ず実体が伴っている」と解釈し（『声字実相義の解説』、二一二頁）、松本照敬は「名称は、必ずそれが示す物の実体に対応する」と解釈している（『空海全集』2、二六七頁）。しかし、この「招く」は「呼び寄せる・こちらに来させる」の意であろう。すなわち、名が実体を招き寄せるのであって、名は実体に先行している。そうでなければ「声字実相」とは言えまい。

（6）『実相義』は、この五塵の論議の他、冒頭で予告されている「問答」の章を欠く。そのため、未完の著作とも見られている。ただし宗派的には「完本と見るのを正説」とし「形式上は未完であり、内容的には完本」という見解の如くである（『空海全集』2、松本照敬解説、六〇五頁）。

（7）F・D・ソシュールは、言語《ラング》は差異の体系＝価値の体系であって、その関係性そのものはいかなる感覚与件によって表象されても同じである、すなわち、感覚刺激一般も「記号（シーニュ）」であるとしたが、これはある意味で空海の考えに近いところがある。ただ、空海は、感覚与件が言語にとっての全てであるとか、言語は関係的形相的な差異の体系だと言っているのではなくて、むしろ、全く逆に、あらゆる関係性そのものが仏の顕現であり「声字」

だと言っているのである。

（8） 道元「弁道話」（寺田透・水野弥穂子校注『道元』上、岩波書店、一九七〇）。秋月龍珉は、この箇所を「身は正身端座し、口はへの字に結び、意は無心になって」とわかりやすく言い換えている（『道元入門』、講談社、一九七〇、一二四頁）。

（9） 『定本禅林句集索引』、禅文化研究所、一九九一、二九三頁。

（10） 橘俊道・梅谷繁樹編『一遍上人全集』、春秋社、一九八九、二三一頁。この歌は始め一遍が「……南無阿弥陀仏の声ばかりして」と詠み、法燈国師に「未徹在」と一喝されて詠み直し、印可されたという曰くのある歌で、『一遍上人語録』に知られた話だが、この歌の伝に関しては、真作かどうか疑義が提出されている。編者は補注で、この法語を「作為に堕してはいまいか」と言っているが、もっともな指摘である（二七五頁）。ただ、理屈としては至極わかりやすい。この話が一遍論の中で好んで引用されてきたのもそのせいだろう。

（11） 『秘密曼陀羅十住心論』巻第九（『空海全集』1、六一五頁）。

（12） 『吽字義』（『空海全集』2、三二一―三頁）。

（13） G・W・ライプニッツ、清水富雄・竹田篤司訳『モナドロジー』第一四項（下村寅太郎編『スピノザ／ライプニッツ』世界の名著25、中央公論社、一九六九、四四〇頁）。

（14） ライプニッツは「意識に上らない表象は無とみなす」ことを「大きなあやまり」とする（本章注（13）同書、四四〇頁）。

（15） 『モナドロジー』第七項「モナドには、そこを通って何かが出入りできるような窓はない」、本章注（13）同書、四三八頁。

（16） V・E・フランクル、F・クロイツァー、山田邦男・松田美佳訳『宿命を超えて、自己を超えて』、春秋社、一九九七、二一一頁。

（17） E・シュレーディンガー、中村量空訳『精神と物質』、工作舎、一九九七、八八頁。シュレーディンガーは、モナドを多世界解釈として拒否しているが、これは量子論における非決定論的なコペンハーゲン解釈（N・ボーア、W・ハイゼンベルグなど）や、あるいは、その対抗的解釈であるエヴェレットの多世界解釈への忌避によるものであろう。シュレーディンガーは、A・ショーペンハウアーを経由したウパニシャッド哲学への傾倒を語ってもおり、むしろ、その一元論的な立場は神秘主義的であって、仏教にはなじみやすい部分を持っている。事実、シュレーディンガーは因陀羅珠網に極めて類似している「クリスタル」の比喩を好んで用いている（『わが世界観』、ちくま学芸文庫、二〇〇二)。
(18) 以下、引用は、宮沢賢治「インドラの網」(『新修宮沢賢治全集』第一〇巻、筑摩書房、一九七九、一〇一―一〇四頁)。
(19) 『即身成仏義』(『空海全集』2、二四七頁)。
(20) 『趙州録』第七六則(禅の語録11『趙州録』、筑摩書房、一九七二、八三頁)。
(21) 『定本禅林句集索引』、本章注(9)前掲、二六七頁。なお、道元『正法眼蔵』にも「渓声山色」章がある。
(22) 『岩波仏教辞典』「因果」の項。
(23) 『弁顕密二行論』(『空海全集』2、一六五頁)。空海が果性不可説を突破するために張りめぐらした論理構成は複雑であって、本稿では、その細部を肉付けする余裕はない。しかし、結論的に、空海が果性可説としたのは、「真言法の中にのみ即身成仏する」(同書、一八二頁)と言うにおいて明らかである。
(24) 『弁顕密二行論』(『空海全集』2、一七〇―一七一頁)。
(25) 『釈摩訶衍論』、成田山仏教研究所、一九九二、九八―九九頁。
(26) 本章注(25)前掲書、九九頁。
(27) 那須政隆『釈摩訶衍論講義』、成田山仏教研究所、一九九二、一九〇頁。
(28) 本章注(25)前掲書、一〇〇頁。
(29) 本章注(25)前掲書、一〇〇頁。
(30) 『岩波仏教辞典』「釈摩訶衍論」の項。
(31) 『即身成仏義』(『空海全集』2、二二一頁)。
(32) 『吽字義』(『空海全集』2、三三二頁)。
(33) 本章注(32)前掲書、三三三頁。
(33) 森本和夫「『声字実相義』と現代言語論」(『弘法大師と現代』、筑摩書房、一九八四)。
(34) 井筒俊彦「事事無礙・理理無礙」(『井筒俊彦著作集』9東洋哲学、中央公論社、一九九二、一六三頁)。
(35) 以下、ディラックに関する記述は、N・ボーア「ソルヴェイ会議と量子力学の発展」(N・ボーア論文集2『量子力学の誕生』、岩波文庫、二〇〇〇)による。一番関連の深い箇所のみ引用しておく。「ディラックは、すべての負のエネルギー状態が同等の定常状態にたいする排他原理と両立する範囲内で完全に埋め尽されているという、いわゆるディラックの海(Dirac sea)という巧妙なアイデアを導入しました。この描像では、電子の生成は対で行われます。つまりその対の一方の通常の〔負の〕電荷のものはその海から持ち上げられたものであり、他方の逆の〔正の〕電荷のものはその海に残された空孔で表されます」(四〇五頁。傍線引用者)。
(36) 井筒俊彦「文化と言語アラヤ識」(本章注(34)前掲、『著作集』9)。
(37)『南方熊楠・土岐法竜往復書簡』、八坂書房、一九九〇、三三三頁。
(38) W・パウリ、藤田純一訳「ニュートリノの新しい話、古い話」5「パリティの破れ、弱い相互作用の法則」(『物理と認識』、講談社、一九七五、九八頁)。
(39) 鈴木大拙が「般若即非の論理」と名付けたのは、例えば、『金剛般若経』の「もろもろの微塵を、如来は、微塵に非ずと説き、これを微塵と名づけたり。如来は世界は世界に非ずと説き、これを世界と名づけたり」といった論理である(中村元他訳註『金剛般若経・般若心経』、岩波文庫、一九六〇、七三頁)。
(40) ローマ・カトリック教会は、一九五一年にビッグバン説はバイブルと調和するものだと公式見解を述べている(S・W・ホーキング、林一訳『ホーキング、宇宙を語る』、早川書房、一九九五、八〇頁)。なお、特異点とは〈時空の摺曲率が無限大になって、物理学のあらゆる法則が成立しなくなる地点〉のことだが、ホーキングの特異点定理とは、あくまでも〈一般相対性理論を前提とするかぎり特異点が存在せざるを得ない〉ということを証明したのであって、〈特異点が実有的に存在する〉ことを証明したのではない(S・ホーキング、佐藤勝彦訳『ホーキング、未来を語る』、アーティストハウス、二〇〇一、二三〇―二三一頁)。現時点での量子論的宇宙論は、特異点が存在しない無境界宇宙論に展開していることから言えば、むしろ、空海的な宇宙論に適合している。
(41) 法王は列席した科学者達に向って、「ビックバン以後の宇宙の進化を研究するのは大いに結構だが、ビックバンそれ自体を探求してはならない。なぜなら、それは創造の瞬間であり、したがって神の御業なのだから、と語った」そうである(本章注(40)前掲、『ホーキング、宇宙を語る』、一六七頁)。
(42) T・ド・シャルダン、美田稔訳『現象としての人間』、みすず書房、一九六四、二九九―三〇三頁。シャルダンにおける人間の進化論的把握は、「オーストラリア人のような若干のうろこがわれわれの文明にとって大陸のはてになおもくっついているが……」のごとく(傍点原文。同書、二三七頁)、アボリジニに対する差別的な表現をも招いており、現在から見れば、キリスト教＝西洋中心主義の枠内での言説だったと言える。シャルダンの言うオメガ点は、『宇宙讃歌』「瞑想集」第26条に「オメガ点なるキリスト」という表現が何度も繰り返されているように、端的に言って「キリスト」のことである(宇佐見英治・山崎庸一郎訳『神のくに/宇宙讃歌』、『シャルダン著作集』

第一〇巻、みすず書房、一九六八、二四九―二五一頁)。シャルダンのオメガ点は人間悟性の終極点であって、宇宙の滅亡という観点からするものではなく、「オメガ点なるキリスト」へ無限に巻き付いていく螺旋状の人間進化としてイメージされている。これは絶対精神の自己展開とも言えるが、その意味で、シャルダンはヘーゲル的である。

(43)『ホーキング、未来を語る』、本章注(40)前掲書、二三一頁。

第二章〈五十音思想〉素描――『五十音和解』

(1)馬淵和夫『五十音図の話』、大修館書店、一九三六、一七八頁。
(2)山田孝雄『五十音図の歴史』、宝文館、一九三八、一一六頁。また、同様の総括は、二三三―二三五頁にも見られる。
(3)本章注(1)前掲書、一七八頁。
(4)契沖『和字正濫鈔』仮名序(『契沖全集』第一〇巻、岩波書店、一九七三、一一三―四頁)。
(5)賀茂真淵『語意』(『校本賀茂真淵全集』上、弘文堂書房、一九四二、八〇三頁)。
(6)本章注(4)前掲書、一一四頁。
(7)三木幸信・渡辺静哉『国語学史』、風間書房、一九六六、八三頁。
(8)本章注(4)前掲書、一一〇頁。
(9)この間の事情については、拙稿「荷田春満の仮名序研究をめぐって(上)」(『文芸研究』89、二〇〇三・二)に述べた。
(10)本章注(1)前掲書、七六頁。
(11)本章注(4)前掲書、一一五頁。
(12)賀茂真淵『稿本語意』、本章注(5)前掲書、七四三頁。
(13)国文法に西洋文法を取り込む先がけとなった鶴峯戊申は、一方では神代文字存在論者でもあったが、鶴峯戊申の本質は篤胤に同じく博覧強記の雑学者というにとどまるのであって、必ずしも文献学者・国語学者が、その本領ではない。
(14)山口志道『水穂伝』(『言霊秘書　山口志道霊学全集』、八幡書店、一九九二、七頁)。なお、『安房先賢偉人伝』(国書刊行会、一九八一)・『安房先賢遺著全集』(国書刊行会、一九八一)を参照した。荷田訓之の事績は明らかでないが、狩野快庵の『狂歌人名辞書』(臨川書店、一九七七)に出ている。『五十御霊秘伝』『本朝国語考』(いずれも写本)といった著作があるらしいが、荷田家との血縁関係はなく、勝手に荷田および羽倉を名乗ったもののようである。
(15) 本章注(14)同書、六頁。
(16) 本章注(14)同書、二一一二三頁。
(17) 本章注(14)同書、一八四頁。
(18) 大石凝真素美『大日本言霊』(『大石凝真素美全集』第一巻、大石凝真素美全集刊行会、一九八一、一頁)。
(19) 『大石凝真素美全集 解説篇』六—七頁および四八—四九頁(本章注(18)前掲全集・附録)。
(20) 『大石凝真素美先生伝』(本章注(18)前掲全集・第三巻、五—六頁)。
(21) 『愚庵和尚小伝』(『愚庵全集』、政教社出版部、一九三一、四一一—七頁)。
(22) こうした流れについての概観は、ブックスエソテリカ『古神道の本』(学研、一九九四)が要領を得ている。
(23) 『新宗教/教団・人物事典』「大本」の項(弘文堂、一九九六)。
(24) 馬淵和夫『五十音図の話』第四「中世の音図」、本章注(1)前掲書。
(25) 前田勇編『江戸語の辞典』、講談社学術文庫、一九七九。
(26) 『故事俗信/ことわざ辞典』、尚学図書、一九八五。他の俗信としては、烏鳴きのよくない折に唱える歌として知られている。この下の句をもじった歌は、小説類に数多く、鶴屋南北『霊験亀山鉾』の台詞にも使われている。
(27) 『岩波仏教辞典』「閼伽」の項、岩波書店、一九八九。
(28) 賀茂真淵『稿本語意』、本章注(5)前掲書、七四三頁。
(29) 本章注(27)前掲辞典、「観世音菩薩」の項。
(30) 心学の修行が禅の開悟体験に近いものを持っていることは、例えば、布施松翁の『松翁ひとりごと』(『松翁道話』岩波文庫、一九九〇)などの記事に窺うことができる。
(31) 「天津教古文書の批判」(『狩野亨吉遺文集』、岩波書店、一九五八)。
(32) 神道の再評価に関しては様々な視点からの著作があるが、靖国神社公式参拝問題について発言もしている菅野覚明は、『神道の逆襲』(講談社、二〇〇一)で二〇〇一年度サントリー学芸賞を受賞している。これは神道見直しの動きの一例であろう。「古史古伝」に関するものでは、概観としては『古神道の本』(本章注(22)前掲書)があることは既に触れたが、『徹底検証古史古伝と偽書の謎』(別冊歴史読本 七七、新人物往来社、二〇〇四・二)も出ている。この書の座談に参加している長山靖生は『偽史冒険世界——カルト本の百年』(ちくま文庫、二〇〇一)、

『人はなぜ歴史を偽造するのか』（新潮社、一九九八）などで、「古史古伝」の世界について論じている。長山の所属する「と学会」は、ジャーナリスティックな観点からカルト系の面白本をとりあげてきたが、（と学会編『トンデモ本の世界』、宝島社文庫、一九九九）、こうしたやや興味本位の文脈で見られていたカルトの中からオウム真理教の事件が起きたのである。長山自身も『偽史冒険世界』で、その時の驚きと困惑を語っている。思想史的文脈では、長い間、日本のルサンチマンを追究してきた松本健一が『神の罠』（新潮社、一九八九）で大本にコミットした浅野和三郎を論じているほか、『出口王仁三郎』（リブロポート、一九八六）をものしている。一体に神道系の論著は右翼思想として毛嫌いされるのが一般的傾向であったが、それがジャーナリスティックな形で興味を持たれるような時代になってきているように思われる。それだけに、この偽史ブームはある種の危うさを孕んでいるだろう。

第三章　フィクションとしての妙好人――『崑崙実録』

（1）M・マクルーハン、栗原裕・岡本仲聖訳『メディア論』、みすず書房、一九八七。
（2）富士川游『新撰妙好人伝』（大蔵出版、一九七一）や土井順一『妙好人伝の研究』（百華苑、一九八一）は、妙好人を広義に捉えている。
（3）土井、本章注（2）前掲書所収。
（4）『親聞妙好人伝』・『妙好人伝』第一ともに、清九郎の前に二名の記事があるが、土井の著書（本章注（2）前掲書）の頁数で比較すると、それぞれ五：三：一一、六：三：一六である。これは刊本『妙好人伝』初編上でも同様である。朝枝善照『妙好人伝基礎研究』（永田文昌堂、一九八二）は、「『妙好人伝』中の代表作として上巻末に採用か」と言う（三二頁）。
（5）菊藤明道『妙好人伝の研究』（法蔵館、二〇〇三）により、その後の知見を加味して作成した。
（6）『孝信清九郎物語』明和四年板は現在所在不明。初板板元は尾関岩二『大和ノ清九郎伝』（扶桑閣、一九三一）による。
（7）それらは菊藤がまとめている（本章注（5）前掲書）。本文中に触れたもの以外では、花岡大学『妙好人清九郎』（百華苑、一九八一）・平川了大『大和の清九郎』（法蔵館、一九八六）・富士川游『新撰妙好人伝』第五編「大和清九郎」（厚徳書院、一九三七）などがある。
（8）大和清九郎会館（www.mahoroba.ne.jp/~nakamoto/seikuro/sei_kan.htm　2012.09.09 update）。

（9）本章注（5）前掲書により、その後の検索・調査を加味した。

（10）説話文学史的な意味での「孝子伝」は、古代・中世の「孝子伝」および室町以降の「二十四孝」の系譜を言うが（黒田彰『孝子伝の研究』、思文閣出版、二〇〇一）、ここでは、江戸時代の「孝子……伝」「……孝子伝」と名付けられた実録体の文章を指して用いることとする。「実録体孝子伝」と言えばより正確であろう。

（11）石川謙校訂『松翁道話』、岩波書店、一九九〇。

（12）本章注（11）前掲書所収。

（13）鈴木大拙「妙好人」（『鈴木大拙全集』第一〇巻、岩波書店、一九六九）。

（14）依拠したのは、下記の書目類である。『享保以後／江戸出版書目』（臨川書店、一九九三）・『国書総目録』（岩波書店、一九六三—八二）・『古典籍総合目録』（岩波書店、一九九〇）・『日本古典文学大辞典』（岩波書店、一九八三—八五）・『享保以後／大阪出版書籍目録』（大阪図書出版業組合、一九三二）・『狂歌人名辞書』（臨川書店、一九七七）・『享保以後／板元別書籍目録』（清文堂、一九八二）・『狂歌書目集成』（臨川書店、一九七七）。

（15）本章注（14）前掲の『享保以後／江戸出版書目』・『享保以後／大阪出版書籍目録』はともに、『崑崙実録』の板元を「尾崎屋佐兵衛」と記載する。「尾」は「尼」の誤記であろう。なお、江戸板は須原屋茂兵衛の売出である。

（16）『勧孝篇』は無刊記板・尼崎屋板がある（長澤規矩也編『和刻本諸子大成』4、汲古書院、一九七五）。尼崎屋板以後、野村善応が本文に解説を加えた小林重兵衛板（天明五年刊・寛政二年再板）がある（広島大学図書館教科書コレクション〈http://dc.lib.hiroshima-u.ac.jp/text/〉）。

（17）黒川真道編『日本教育文庫』「孝義篇」上下、同文館、一九一〇。

（18）『日本古典文学大辞典』「心学」の項目、本章注（14）前掲。

（19）この当時、西本願寺はいわゆる「三業惑乱」で大揺れに揺れていたから（藤秀璻『三業惑乱』、洗心書房、一九八四・今田三哲『三業惑乱』、洗心書房、二〇〇二）、この出板に宗派の思惑が絡んでいた可能性もあるが、今は詳らかにしえない。

（20）小西輝夫『浄土の人びと』、百華苑、一九七二。

（21）富士川游『新撰妙好人伝』、本章注（2）前掲書。

（22）仰誓・履善『真宗安心法話手鏡』前後編、顕道書院、一八九四。

（23）朝枝善照『続　妙好人伝基礎研究』、永田文昌堂、一九九八。

第Ⅱ部　往生する身体

第一章　忘却の反復――『春雨物語』「二世の縁」

（1）「二世の縁」の引用は『上田秋成全集』第八巻（中央公論社、一九九三）により、送りがな・濁点等を補った。なお、引用の傍点・傍線等は引用者による。
（2）①内藤正敏『ミイラ信仰の研究』（大和書房、一九八五）、②日本ミイラ研究グループ編『日本ミイラの研究』（平凡社、一九九三）、③松本昭『増補日本のミイラ仏』（臨川選書、二〇〇二）等による。
（3）例えば、徳川氏一五代は、平均寿命五一・五歳、平均在職年数一七・六年で、家康から一〇代家治までは、慶長八年（一六〇三）―天明六年（七八六）の一八四年間である（『徳川将軍15代列伝』、新人物往来社、一九九七による）。
（4）円地文子「二世の縁・拾遺」一一八―一二〇頁（『妖・花食い姥』、講談社文芸文庫、一九九七）。
（5）本章注（2）前掲書②・③参照。
（6）待定については、松本昭（本章注（2）前掲書③、二五二―二八一頁）による。
（7）この問題は、拙著『上田秋成論』（ぺりかん社、二〇〇七）で主題的に論じた。
（8）本章注（4）前掲書、一三二―四頁。
（9）この定義の詳細は、本章注（7）前掲拙著を参照されたい。

第二章　ある念仏行者のドキュメント――『待定法師忍行念仏伝』

（1）この科目は、私の学生当時、明治大学文学部文学科日本文学専攻の必修科目で、長らく大野順一先生（一九三〇―二〇一五）が担当されていた。私が受講したのは一九七九年度の講義である。
（2）本書、第Ⅰ部第二章・第三章参照。
（3）この領域については、松岡心平『宴の身体――バサラから世阿弥へ』（岩波書店、一九九一）が示唆に富んでいる。
（4）もちろん、私は浄土思想の教理面を軽視しているのではない。私のわずかな探求においてさえ、近代真宗学を代表する金子大榮や曽我量深の著作には感銘を受けた。特に曽我量深『如来表現の範疇としての三心観』（『曽我量深選集』第五巻、大法輪閣、二〇〇九）は、青天の霹靂とも言うべき衝撃であった。

（5）私がここで取り上げたいのは、信仰における情念の問題である。歴史学分野での待定研究には長谷川匡俊の研究があり、その論考は、①『近世浄土宗の信仰と教化』（渓水社発行・北辰堂発売、一九八八）、②『近世の地方寺院と庶民信仰』（岩田書店、二〇〇七）に収められている。

（6）国文学研究資料館ホームページ参照（http://www.nijl.ac.jp/）。

（7）①関口静雄・宮本花恵「〈資料〉『出羽待定法師忍行念仏伝　上』翻刻と解題」（『学苑』第八五二号、昭和女子大学、二〇一一・一〇）、②同「〈資料〉『出羽待定法師忍行念仏伝　下』翻刻と解題」（『学苑』第八五七号、昭和女子大学、二〇一二・三）。

（8）本章注（7）前掲①、一五頁。

（9）「麗澤堂」を「澤田吉左衛門」としたのは、「古典籍DB」（本章注（6）前掲）の早稲田大学本（千崖文庫本）の書肆記事による。なお、諸種の図書検索でも、「麗澤堂澤田吉左衛門」、「澤田麗澤堂」などの名が出てくる。また、村上勘兵衛については、平楽寺書店のHPを参観した（http://www.heirakuji.co.jp/）。

（10）本章注（7）前掲①、二二頁「凡例」。

（11）本章注（6）前掲データベース検索による。なお、この「めとぎや宗八」の蔵板目録と同じものが、『貞伝上人／東域念仏利益伝』後刷本（架蔵本）に付されている。また、享和三年刊『地獄実有説』の刊記によれば、「めとぎや宗八」の姓名は「神先宗八」である（愛媛大学図書館蔵本デジタルデータ〈http://www.lib.ehime-u.ac.jp/SUZUKA/322/index.html〉）。「めとぎや宗八」が後刷本の板元になったのは文化年間とおぼしいが、『地獄実有説』刊記には「澤田吉左衛門」の名も見え、なおかつ、「澤田吉左衛門」は明治期まで活動している（明治板『地獄実有説』刊記、国立国会図書館「近代デジタルライブラリー」データ）。それかれ勘案すれば、澤田は廃業して板木をめとぎやに売ったのではなくて、めとぎやが澤田から分家独立したのではないかと考えられる。

（12）早稲田大学図書館の「タイトル検索」による（http://wine.wul.waseda.ac.jp/search*jpn/t）。

（13）本章注（6）前掲データベース検索による。

（14）一例を挙げれば、「はじめに」に触れた『孝子善之丞感得伝』は、享保八年（一七二三）が初板だが、天明二年（一七八二）改編があり、また、天明本の複製が明治二九年（一八九六）に西村護法館から出ている。江戸時代の本は意外に長く刊行され続けるものではあるが、特に仏教書は宗教書の性質上、その傾向が特に強いと言える。

（15）長谷川匡俊「奥羽の念仏禅者月泉と忍行念仏行者待定」（「本章注（5）前掲書①所収）に待定の年譜がある。また、関口・宮本（本章注（7）前掲①）参照。
（16）一般的な辞書に「忍行」の立項はない。「忍行」を冠する著作は、「古典籍DB」には、貞享二年成立の『忍行極苦集』という天台系の著作が一点登録されているのみである。これは所蔵者も一件しかない稀本で、著者の了観もこれ以外に著作の登録がない。
（17）掌燈は比較的よく知られている苦行である。例えば、『好色五人女』巻一の五で、尼になったお夏は「……夕に峯の花を手折夏中は毎夜手灯かゝげて」いる（『対訳西鶴全集』第三巻、明治書院、一九九二、二六頁）。
（18）架蔵本の宝洲編『無能和尚行業記』二冊（享保六年〈一七二一〉刊、澤田吉左衛門板）は、「師卅二歳。宝永三年（一七〇七）四月十七日」としているが、『浄土宗全書』第一八巻（山喜房仏書林、一九七一）所収本では「師卅一歳。正徳三年（一七一三）四月十七日」となっている。無能の誕生を天和三年（一六八三）とすれば、「正徳三年」が正しかろう。つまり、解説には触れられてはいないが、『浄土宗全書』本は校訂本ということである。なお、解説を欠くが、『浄土宗全書』本文は法然の八百年大遠忌記念事業として全巻デジタルデータ化されている（http://jodo.or.jp/onki800/kinen/presentation/zenshodigital.html）。以下、断りのない限り、『浄土宗全書』の引用は、同データベースによる。
（19）本章注（15）前掲、長谷川論文および関口・宮本論文。
（20）長谷川（本章注（15）前掲論文）が、この「肉段」が収められた各所の寺院を調査し、表にまとめている。
（21）M・フーコー、田村淑訳『狂気の歴史』、新潮社、一九七五。
（22）本章注（3）参照。
（23）長谷川匡俊「無能と『近代奥羽念仏験記』」（本章注（15）前掲書所収）。
（24）月泉については、本章注（15）前掲、長谷川論文参照。
（25）宝洲は『無能和尚行業記』の編者であり、また青森で活躍した貞伝上人の伝記『東域念仏利益伝』（元文二年〈一七三七〉刊）も編んでいる。後刷本「めとぎ屋宗八」の蔵板目録には、宝洲和尚作『待定上人利益伝』二冊の名が見えるが、この書名は各種データベース検索で一件もヒットしない。蔵板というからには刊行されたかと思われるが、改編本であろうか。
（26）本章注（7）前掲、宮本解題、六八頁。

(27) 曇鸞『浄土論註』「此無上菩提心即是願作佛心。願作佛心即是度衆生心。度衆生心即攝取衆生生有佛國土心是故願生彼安樂淨土者心。但聞彼國土受樂無間。爲樂故願生。亦當不得往生也」(『大正蔵』T1819_.40.0842a17–22)。以下、『大正蔵』の引用は「SAT大正新脩大藏經テキストデータベース」(http://21dzk.l.u-tokyo.ac.jp/SAT/index.html#bib1)による。

(28) 親鸞『教行信証』「信巻」「……横超といふは、これすなはち願力回向の信楽、これを願作仏心といふ。願作仏心すなはちこれ横の大菩提心なり。これを横超の金剛心となづくるなり。横竪の菩提心、そのことばひとつにしてそのこゝろことなりといへども、入真を正要とす、真心を根本とす、邪雑をあやまりとす、疑情を失とするなり」とある(岩波文庫、一七〇頁)。親鸞における「横超」は極めて独自な概念であって、ここに詳細を論ずることはできないが、それは自力聖道門における「竪出・竪超」、すなわち、垂直の「上下」関係に対する「平行」的概念である。なお、本書第Ⅳ部第二章「「横超」論」参照。

(29) 漢文は『大正蔵』T2682_.84.0048c06–07。訓読は石田瑞麿校注『源信』(『日本思想体系』第六巻、岩波書店、一九七〇、九一頁)。

(30) 卍山については、鏡島元隆著・訳『卍山・面山』(『日本の禅語録』第一八巻、講談社、一九七八)を参照した。

(31) この問題は広すぎるが、藤吉慈海『禅と浄土教』(講談社学術文庫、一九八九)がその概略を扱っている。なお、中国明代の中本明峰に由来する念仏禅の日本における受容については、今枝愛真『禅宗の歴史』(至文堂、一九六二)の記事が簡にして要を得ている。

(32) 「己心」は『華厳経』系統の語のようだが、私の力では「己心浄土」「己心弥陀」の原拠を見いだしえなかった。専門の仏教研究者に論があると思われるが、私が検索しえたのは、『渓嵐拾葉集』に引かれる『天台安養疏』の「一。西方浄土ヲ己心ノ土ト爲ス事……唯心ノ浄土己心ノ彌陀ノ義深可思之」(『大正蔵』T2410_.76.0553b15–b20)という一例である。大雑把すぎる言い方だが、これは天台系の浄土論、すなわち、専修念仏以前の捉え方である。また、瑞峰の言葉に示されているように、この流れは禅系統の浄土肯定論の基礎的前提である。

(33) 『黒谷上人語灯録』(『大正蔵』T2611_.83.0234a11–a17)。及び、『拾遺和語灯録』(『浄土宗全書』0000_.09,600a17–b21)。

(34) 法然『和語灯録』(『浄土宗全書』0000_.09,504b25–b32)。

(35) 『法然上人絵伝』上巻、岩波文庫、二〇〇二、三二七頁。底本は、浄土宗総本山知恩院蔵『法然上人行状絵図』

四八巻本）。
（36）同書三二九―三〇頁。
（37）私が『待定伝』を月泉の脚色過多と感じるのは、そこに待定の言葉として記されている教義に関わる知識的教説が、真に待定のものであったならば、待定は苦行を行うことは不可能だったと考えるからである。

第Ⅲ部　記述される信仰

第一章　地獄極楽見聞記・注釈――宝洲評注『孝感冥祥録』

（1）第Ⅱ部第二章。
（2）『孝子善之丞感得伝』の翻刻は、『近世民間異聞怪談集成』（高田衛監修『江戸怪異綺想文芸大系』第五巻、国書刊行会、二〇〇三）がある。『感得伝』の受容については、渡浩一「日本の冥界遍歴物語と地獄・極楽図――福島県伊達郡桑折町観音寺蔵『孝子善之丞幽冥感見之曼荼羅』をめぐって」（明治大学人文科学研究所紀要、第五四冊、二〇〇四・三）が詳しい。
（3）第Ⅰ部第三章。
（4）第Ⅳ部第一章。
（5）国文学研究資料館ホームページ参照（http://www.nijl.ac.jp/）。
（6）宝洲は『無能伝』に「享保二年の春、たまたま刺吏の請に応じて……此国に下り」（上一ウ）と自ら記している。
（7）厭求には『厭求上人行状記』（『浄土宗全書』第一八巻　浄土宗全書刊行会、一九七一）で知られる真蓮社廣誉心阿がいるが、同名異人である。
（8）『日本小説年表』「写本軍記実録書目」、ゆまに書房、一九七七、一三三頁下段。「孝威」はおそらく「孝感」の誤りであろう。
（9）寅載『浄土十念章』（『浄土伝燈輯要』、山喜房仏書林、一九七五）の宝洲識語に、「享保壬寅之春三月上浣／奥之相馬崇徳山仁教寺埜衲鶴宝洲敬識」とあるので（二六九頁）、宝洲は享保七年（一七二二）の三月には、まだ相馬にいたことが確認できる。

(10) 神田喜一郎「忍澂上人と慧琳音義」(『神田喜一郎全集』第二巻、同朋舎出版、一九八三)。

(11) 大島泰信「浄土宗史」(『浄土宗全書』第二〇巻、山喜仏書林、一九七六)。

(12) 早稲田大学図書館本デジタルデータによった(http://wine.wul.waseda.ac.jp/search*jpn/t)。

(13) 「古典籍DB」(本章注(5))では、「石川県歴博大鋸」本一冊が「仏教不明本」として登録されており、著者「伝阿」、刊年「元文5」とある。まず『愛執録』の零本とみて間違いあるまい。

(14) 『岩波仏教辞典』「永観」の項、岩波書店、一九八九。

(15) 原文は下記の通り。本文は『浄土宗全書』デジタルデータ(http://www.jozensearch.jp/pc/)によった。
①補助善導之義者此有七家一感師二智榮三信仲四覺親(天竺人)五源信六永觀七珍海(0000_,09,328b32-b34)
②六永觀者依善導道綽意作往生十因於念佛一門開出十因永廢諸行是豈非但念佛行哉七珍海者作決定往生集建立十門明往生法其中亦依善導二修之文此傍雖述諸行正用念佛往生也(0000_,09,329a17-a21)
③三論宗先達律師永觀乃作十因勸勵念佛往生珍海又作決定往生集以演念佛往生之道(0000_,09,439b23-b25)

(16) ①『浄土宗全書』(本章注(15)前掲データ)、000_,09,538a06-a08。②同、0000_,09,540a13-a15。

(17) 架蔵の原本による。『浄土宗全書』第一五巻(本章注(15)参照)に翻刻があるが、宝洲注は採録されていない。

(18) 『安楽集』T1958_.47.0016a17-a27。以下、『大正蔵』の引用は「SAT大正新脩大藏經テキストデータベース」(http://21dzk.l.u-tokyo.ac.jp/SAT/index.html#bib1)による。

(19) 『薬師本願経』T0450_.14.0406b09-b12。

(20) 本井牧子「『預修十王経』の諸本」(『京都大学國文学論叢』第一一巻、二〇〇四・三。http://hdl.handle.net/2433/137328)。

(21) 「揵陟」は『佛説太子瑞應本起經』(0185)0474a26-0474b10の一例。

(22) 「犍陟」は『佛本行經』(0193)0068c11-0068c11・0068c20-0068c20・0070a20-0070a20の三例。

(23) 前者は『一切經音義』(2128)0527c17-0527c17、後者は同書0679a08-0679a08。

(24) 『岩波仏教辞典』「般舟三昧経」の項、本章注(14)前掲。

(25) 忍澂の行実については、珂然『獅谷白蓮社忍澂和尚行業記』(享保一二年〈一七二七〉成立)がある(『浄土宗全書』第一八巻、浄土宗全書刊行会、一九七一)。

(26) 寅載については、大島泰信「浄土宗史」(本章注(11)前掲、六六八頁)に簡略な記事がある。

（27）上田英世『古典総合研究所』（http://www.genji.co.jp/）のデータベース検索による。対象テクストは、新日本古典文学大系本『源氏物語』1—5（岩波書店、一九九三—一九九七）。

（28）本章注（27）前掲データベース検索。

（29）この語は、白楽天の「我に本願あり、願はくは今生世俗文字の業、狂言綺語の過ちを以て、転じて将来世世讃仏乗の因、転法輪の縁となさんことを」（『白氏文集』11）に由来し、日本でも中世以降、広く文芸擁護の思想的支えとなった（『岩波仏教辞典』「狂言綺語」の項、本章注（14）前掲）。

（30）『法然・一遍』（『日本思想体系』第十巻、岩波書店、一九七一、一三四頁）。

（31）元曉『起信論疏』（1844）に、「明有奢摩他乃得見佛者。是明過去修習念佛三昧相續。乃於今世得見佛身。非謂今世要於定心乃能見佛以散亂心亦見佛故」（0221b13—0221b16）とあり、法蔵『大乗起信論義記』（1846）に、「見佛者。是過去修習念佛三昧。乃於此世得見佛身。非謂今世要依定心方能見佛。以散心中亦見佛故。彼攝論中約過去定習爲因。非約現世」（0281c12—0281c16）とある（傍点引用者）。

（32）良忠は浄土宗第三祖で、諡号は記主禅師。良忠『往生要集義記』（『浄土宗全書』第一五巻デジタルデータ、本章注（15）前掲）の本文は、「唯除別縁者雖散心依佛加別縁得見佛如韋提拜三尊於空中月蓋感聖容於門閫又香象起信論疏下云見佛者是過去修習念佛三昧乃於此世得見佛身非謂今世要依定心方能見佛以散心中亦見佛故」（0000_15,353a01—04）。下線部から見て、良忠は『起信論義記』本文によったのであろう。なお、本章注（31）参照。

（33）本章注（31）の『起信論義記』本文と本章注（32）下線部を比較すれば明白である。

（34）「散乱心」は『起信論疏』に、「散心」は『大乗起信論義記』に用いられている（本章注（31）参照）。

（35）『浄土宗全書』全二〇巻データベース（本章注（15）前掲）の検索では、「散心」二二五例・「散乱心」三〇例で、ほぼ七・五倍の使用頻度。『大蔵経』データベース（本章注（18）前掲）の検索では、「散心」一二八四例・「散乱心」四二三例で、約三倍の使用頻度である。

（36）「散心」が特に浄土教系の用語となったのは、『観無量寿経』が説く「十六観法」のうち、一三種の「定善」と三種の「散善」に由来するらしい（『岩波仏教辞典』「定心・散心」の項、本章注（14）前掲）。『観無量寿経』自体には「定心」「散心」の用例はないが（『大蔵経』データベース、本章注（18）前掲）、この「散善」を生み出すのが「散心」と解せられたようである。

（37）金子寛哉「『貞伝上人東域念仏利益伝』について」（『大正大學研究紀要』「佛教學部・文學部」六一、一九七五・

一一)。同「発表要旨『貞伝上人について』」(『宗教研究』二二六号、一九七六・三)。
(38) 神田喜一郎「忍澂上人と慧琳音義」(『神田喜一郎全集』第二巻、同朋舎出版、一九八三)。
(39) 大島泰信「浄土宗史」(『浄土宗全書』第二〇巻、山喜仏書林、一九七、六六八頁)。なお、寅載については『南勢雑記』(三重県郷土史研究会、一九七五)所収の梅香寺関連文献がある。なお、第Ⅳ部第一章参照。
(40) 珂然『獅谷白蓮社忍澂和尚行業記』、本章注(25)前掲。
(41) 安永七年「川柳評万句合」一〇月二五日開(『黄表紙・川柳・狂歌』、『日本古典文学全集』、小学館、一九八三、四〇九頁)。

第二章　捨聖《すてひじり》と学僧の境界線――『無能和尚行業記』

(1) 千本英史「『近代奥羽念仏験記』と『補忘記』」は、宝洲を「無能の高足」と言っている(『唱導文学研究』第二集、三弥井書店、一九九九)。
(2) 史学分野での無能研究としては、長谷川匡俊に以下の三著がある。①『近世浄土宗の信仰と教化』(渓水社発行・北辰堂発売、一九八八)、②『近世の念仏聖無能と民衆』(吉川弘文館、二〇〇三)、③『近世の地方寺院と庶民信仰』(岩田書店、二〇〇七)。
(3) 引用は架蔵本によった。『無能伝』の活字翻刻としては、①『浄土宗全書』第一八巻所収本(山喜房仏書林、一九七一)、②鈴木聖雄『解読　無能和尚行業記併びに行業遺事』(私家版、二〇〇三)がある。
(4) 宝洲の経歴については、本書第Ⅳ部第一章参照。
(5) 本章注(3)②前掲書、一七〇頁。
(6) 「国立感染症研究センター」(http://www.nih.go.jp/niid/ja/)内「病源微生物検出情報(IASR)」掲載「日本におけるマラリア」(IASR Vol.18 No.11 November 1997　http://idsc.nih.go.jp/iasr/18/213/tpc213-j.html)に依拠した。
(7) 長谷川匡俊『近世浄土宗の信仰と教化』(本章注(2)②前掲書、一五頁)。
(8) 義山の経歴については、珂然『義山和尚行業記並要解』(『浄土宗全書』第一八巻、山喜房仏書林、一九七一)が詳しい。
(9) 国文学研究資料館(http://www.nijl.ac.jp/)「日本古典籍総合目録データベース」の検索による。

(10) 本章注（8）前掲書。
(11) 本文には「義誉観徹」とあるが、序の印面は「浄誉之印」となっている。詳細は未調査である。
(12) 後刷本は何種類かあり、その一本を架蔵するが、これらは跋文を欠いている。記事は『米国議会日本古典籍目録』（八木書店、二〇〇三、七八頁）によった。それには「0607 無量寿経合讃 跋：享保10年（1725）前住人信沙門単阿刊記：華頂山蔵版、京／沢田吉左衛門、豊田熊太郎」とある（詳細は略した）。
(13) 本章注（4）前掲同章参照。
(14) 本章注（9）前掲データベース検索による。
(15) 本章注（4）前掲同章参照。
(16) 姜鶯燕／平松隆円「法然六五〇年の御忌――『華頂山大法會圖録全』『勅會御式略圖全』の翻刻」（『日本研究』第四五集、二〇一二・三）によれば、『華頂山大法会図録』万延二年版（一八六一）の刊記（一七ウ）に、「寶暦十一年辛巳正月／文化八年辛未正月／萬延二年辛酉正月改正／惣本山御用御書物所／皇都書林 知恩院古門前 澤田吉左衛門」とある（三一四頁）。沢田文栄堂の活動がいつまで続いたかは未詳だが、私が検索しえた限りでは、その最下限は立国会図書館「近代デジタルライブラリー」（http://kindai.ndl.go.jp/）所収の鷲沢法梁『真宗和語宝典』巻1・2であった。書誌に「編出版者 沢田文栄堂 出版年月日 明四四・四」とあるから、明治四四年（一九一一）四月まで存続していたことは確実である。
(17) 長谷川匡俊『近世浄土宗の信仰と教化』本章注（2）②前掲書、一四七―八頁。
(18) 鈴木聖雄『解読 無能和尚行業記併びに行業遺事』本章注（3）②前掲書、一五九頁。
(19) 長谷川は、『勧心詠歌集』に「あるとしの冬、厭求法師相馬より小嶋の庵室へきたり、しばらく逗留して帰りける」とあることを指摘している（本章注（2）前掲書、一四七頁）。活字本『勧心詠歌』（鷲尾順敬編『国文東方仏教叢書』第一輯第八巻、一九二六）には、この詞書きは見えない。
(20) 引用は架蔵本に拠った。『冥祥録』については、第Ⅲ部第一章参照。なお、改変本『孝子善之丞感得伝』の翻刻は、『近世民間異聞怪談集成』（高田衛監修『江戸怪異綺想文芸大系』第五巻、国書刊行会、二〇〇三）がある。
(21) 長谷川は『近世の念仏聖無能と民衆』（本章注（2）②前掲書）の一四七頁および索引で、何によったものか、厭求を「厳誉厭求」と表記している。『冥祥録』には「欣誉」とある。「厳」も「欣」も、読みは「ゴン」ではあるが、やや解せない。なお、長谷川は索引に宝洲の別号を「好誉玄鶴」としているが、宝洲の阿号は「鶴阿」である。

（22）長谷川『近世の念仏聖無能と民衆』（本章注（2）前掲書、一〇三―四頁）。
（23）後小路薫「近世勧化本の極楽譚――善之丞の地獄極楽巡りの背景」（『国文学　解釈と鑑賞』第五五巻八号、一九九〇・八）。
（24）W・J・オング、林正寛訳『声の文化と文字の文化』、藤原書店、一九九一。
（25）架蔵の刊年不明後刷本による。初板は天保四年（一八三三）刊。
（26）首藤善樹「勝軍地蔵信仰の成立と展開」（『龍谷大学大学院紀要』一、一九八〇・三）第四節「『蓮華三昧経』の成立」によれば、「『本覚讃』の偈頌が、『蓮華三昧経』（甲Ⅰ）と称されるに至り、さらにその偈頌に、後世に密教的な『法華経』解釈の長行が付会され、『妙法蓮華三昧秘密三摩耶経』と名付けられて、『大日本続蔵経』に収められ、これも『蓮華三昧経』（甲Ⅱ）と略称されている。現在、一般に行われている『蓮華三昧経』はこの甲Ⅱ本」である。そして、乙本系統では乙Ⅰ本はほとんど僅かな引用しか残されておらず、「『与願金剛地蔵菩薩秘記』は、もっとも多く『蓮華三昧経』（乙Ⅱ）を引用所載している」と言う（八―九頁）。
（27）『蓮華三昧経』（甲Ⅰ）こと『妙法蓮華三昧秘密三摩耶経』は『大日本続蔵経』（Vol.02,No.204）に収められている。本文検索は、「中華電子佛典協會（CBETA）」（http://www.cbeta.org）のデータベースに依拠した。
（28）首藤（本章注（26）前掲論文）は、「『与願金剛地蔵菩薩秘記』は『蓮華三昧経』（乙）を主材料として著されたものであり、「西園寺公経の猶子天台座主某が『蓮華三昧経』（乙）の付属を受け、すなわち『与願金剛地蔵菩薩秘記』を撰したことになる。おそらくは仮託であろうが……」と言う（九頁）。
（29）引用は、牧野和夫「〈翻刻〉『輿願金剛地蔵菩薩秘記』――実践女子大学図書館山岸文庫蔵」（『實践國文學』第四五号、一九九四・三）による。
（30）『地蔵菩薩儀軌』T1158_20.0652a―0652b03。引用は「SAT大正新脩大蔵経テキストデータベース 2012 版」（http://21dzk.l.u-tokyo.ac.jp/SAT/index.html#bib1）による。
（31）岩波古典文学大系『沙石集』、岩波書店、一九六六、一〇八頁。
（32）本章注（31）同書「拾遺」、四六九頁。
（33）宝洲の典拠癖については、本書第Ⅲ部第一章参照。
（34）本書第Ⅲ部第一章の引用書目一覧参照。
（35）金子寛哉「『貞伝上人東域念仏利益伝』について」（『大正大學研究紀要』「佛教學部・文學部」六一、一九七五・

一一、一九六頁)。

(36) 本章注 (35) 前掲論文、一九四頁。

(37) 本書第Ⅲ部第一章参照。

第Ⅳ部　テクストと超越

第一章　宝洲槃譚——江戸中期浄土僧の足跡

(1) 大島泰信「浄土宗史」(『浄土宗全書』第二〇巻、山喜仏書林、一九七六、六六八頁)。

(2) 金子寛哉「『貞伝上人東域念仏利益伝』について」(『大正大學研究紀要』「佛教學部・文學部」六一、一九七五・一二)。なお、本論考には、宝洲の没年・西暦・参考文献引用頁数などに誤植が散見し、注意を要する。なお、金子は発表要旨「貞伝上人について」(『宗教研究』二二六号、一九七六・三)でも、宝洲の没年を誤ったままである。

(3) 宝洲が晩年を過ごした京都法然院の創設者忍澂は、その熱意と才を認められて一一歳で増上寺で得度し入寺している。珂然の『獅谷白蓮社忍澂和尚行業記』一頁下段に「明暦元年。師年十一。乃礼上人。落髪得戒」とある(『浄土宗全書』第一八巻、山喜房仏書林、一九七一)。

(4) 村上博了『増上寺史』(大本山増上寺、一九七四、一一六頁)によれば、「(必修九部を)各部履修するには一部三ケ年を要した、従って入学着帳から卒業までは少くとも二十七ケ年以上を必要としたのである。進級を部転といい、春秋二期講釈テストによっていた。着帳修学五年で五重相伝をうける。住山二十年を経て「附法」を相承した。五重相伝をうけてから附法道場に、はいるまでを権上人といい、伝授後を、香衣上人と称したのである。学籍によって「一番輪」「縁輪席」「扇問席」とすすみ、扇間席上座から一文字席入りとなる。そうして月行事、学頭へとすすむ」と言う。

(5) 村上博了『増上寺史』、本章注 (4) 前掲書、一一三頁。

(6) 『面上傍人瓣』『浄土伝燈輯要』、山喜房仏書林、一九七五、七〇三頁。

(7) 『面上傍人瓣裏書』、本章注 (6) 同書、七一〇頁。

(8) 冏鑑は享保一七年 (一七三二) 一二月五日に八〇歳で没しているので宝永七年当時 (一七一〇) は五八歳、ほぼ年代は合うようである（村上博了『増上寺史』「代々祥月忌」、本章注（4）前掲書、七五頁）。

（9）寅載の簡単な伝は大島泰信「浄土宗史」（本章注（1）前掲書、六六八頁）にある。また、摂門『蓮華谿清勝記』「十三　梅香寺歴世法系」一五五頁に、「……享保六丑九、二八化……縁山一字席、経蔵司」とある（『南勢雑記』、三重県郷土資料刊行会、一九七五）。なお、同書の「十　新著聞集中載公伝出」は、『新著聞集』「崇行篇二二右」として寅載記事を載せ、そのあとに、「梅香寺寅載（同二六左）」として、あたかも『新著聞集』記事のごとき長文記事を付している。ところが、これは『新著聞集』には見えず、誤りがあるようである。この記事は寅載の事跡として誤りも多く、後世書かれたものとおぼしい。あるいは、筆者摂門自身が書いたものかもしれない。

（10）「蓮渓」と「蓮華渓」が同義であることはほぼ自明だが、念のために言えば、『獅谷白蓮社忍澂和尚行業記』下巻三五頁上段に「（寅載ハ）嘗テ武州増上教寺ニ蔵鑰ヲ司ル。其後、勢之蓮華渓ニ退隠ス」とある（『浄土宗全書』第二〇巻、山喜坊仏書林、一九七一）。ちなみに、この書に載る寅載伝は他にない記事も含んでいて有用である。また、『蓮華谿清勝記』「一　新標勝妙二十」（本章注（9）前掲書、一二七頁）に「六　蓮華渓　門より内左右周廻八丁余山峯の下数十間の間を名ずく」とある。

（11）大島泰信「浄土宗史」、本章注（1）前掲書、六六八頁。なお、寅載の記事は道契『続日本高僧伝』（慶応三年〈一八六七〉成立）にあり、『略伝集』（『浄土宗全書』第一八巻、山喜仏書林、一九七一）の「寅載」の項は（四七五頁）、ここから記事を採録しているが、やはり宝永年中に梅香寺に移住したと記している。

（12）『日本人名大辞典』「竜尚舎」の項、講談社、二〇〇一。『日本古典文学大辞典』第三巻「神国決疑編」の項、岩波書店、一九八四。

（13）『蓮華谿清勝記』「七　観音山蓮華渓梅香寺縁起」、本章注（9）前掲書、一四七頁。

（14）『蓮華谿清勝記』「九　龍氏送寅載公之序詩」、本章注（9）前掲書、一四九―一五〇頁。

（15）『蓮華谿清勝記』「十三　梅香寺歴世法系」、本章注（9）前掲書、一五四頁。命日は、村上博了『増上寺史』「代々祥月忌」、本章注（4）前掲書、七二頁。なお、広誉が梅香寺に隠棲したのは、『蓮華谿清勝記』「八　広誉大和尚略伝」（本章注（9）前掲書、一五四頁）によれば、天和三年（一六八三）三月六日である。

（16）『新著聞集』二八〇―一頁（旧版『日本随筆大成』第Ⅱ期第三巻、吉川弘文館、一九二八）。

（17）『日本人名大辞典』「湛澄」の項、本章注（12）前掲書。大島泰信「浄土宗史」、本章注（1）前掲書、一九六頁。成田俊治「湛澄の略伝とその著述について」（『浄土宗典籍研究』、山喜房仏書林、一九七五・八）。

（18）精査したわけではないが、当時の仏教関係書には、村上勘兵衛と澤田吉左衛門の合板が多かったように見受けられる。一例に過ぎないが、『待定伝』の書誌に関して本書第Ⅱ部第二章に触れている。
（19）慈光は未詳だが、「古典籍DB」では慈光名の著作として三〇作ほど登録されている。そのうち浄土門と思われる『浄業問辨』二巻二冊（宝暦三年刊〈一七五三〉）・『蓮門扣鳴章』二巻二冊（宝暦一〇年刊〈一七六〇〉）の著を持つ慈光が、おそらく、この人であろう。
（20）国文学研究資料館HP（http://www.nijl.ac.jp/）参照。「古典籍DB」によれば、刊年に「正徳2」と記載ある「経師平兵衛」板や、後代の板元である「めとぎや宗八」の「向松堂蔵板書目」を付した板があるらしい。
（21）『蓮華谿清勝記』「十二　称誉記寺縁略出」、本章注（9）前掲書、一五三—四頁。称誉の没年については、同書「十三梅香寺歴世法系」一五六頁に、「十　廓純　讃蓮社称誉　享保十九子、正、廿化」とある。
（22）本書第Ⅲ部第二章。
（23）本書第Ⅲ部第一章。
（24）『浄土十念章』、本章注（6）前掲『浄土伝燈輯要』、二六九頁。
（25）『日本人名大辞典』「忍澂」の項、本章注（12）前掲書。なお、珂然『獅谷白蓮社忍澂和尚行業記』（本章注（3）前掲書）が詳しい。
（26）松永知海「忍澂上人の蓮社号について」（『仏教論叢』四九号、浄土宗教学院、二〇〇五・三）。
（27）書名にも明らかだが、珂然は「白蓮社」を忍澂の蓮社号としている。『獅谷白蓮社忍澂和尚行業記』冒頭「師諱忍澂。字信阿。白蓮社。宣誉」、本章注（3）前掲書、一頁。
（28）「古典籍DB」検索によれば（本章注（20）前掲URL）、本書は「著者　宝洲　成立年　享保一〇」、所蔵は「梅香寺」とある。根拠となっている『神都沿革史料目録』は未確認である。
（29）「古典籍DB」検索による（本章注（20）前掲URL）。梅香寺所蔵写本「寅載和尚関係文献」一冊の内容については、「崇徳山興仁寺本末常住儀・神宮山蓮華寺再建縁起・寅載和尚行業記・蓮華寺縁起・神宮山蓮華寺格式を収む」とある。このうち、成立年の記載があるのが、本文に引用した二種である。
（30）なお、「伊勢志摩きらり千選」ウェブサイトに紹介がある（http://www.kirari1000.com/）。
（31）大神宮法楽寺の歴史については、小島鉦作『伊勢神宮史の研究』（吉川弘文館、一九八五）に記述がある。ただし、寅載など江戸時代の蓮花寺についてはほとんど触れられていない。

(32)『日本人名大辞典』「寅載」の項、本章注（12）前掲。
(33)本書第Ⅲ部第一章にわずかだが触れてある。
(34)『獅谷白蓮社忍澂和尚行業記』三五頁に「上人（寅載）書ヲ畳テ、懇ニ請ヒテ輟（や）マズ。師（忍澂）ソノ篤誠ニ感ジテ、遂ニ吉水遺響諺論一巻ヲ述ブ」とある（本章注（3）前掲書）。
(35)松永知海「近世における『高麗版大蔵経』の受容——忍澂上人の『高麗蔵』と『黄檗蔵』との対校とその影響」（『日本仏教と高麗版大蔵経』、佛教大学宗教文化ミュージアム、二〇一〇・一〇）。
(36)本章注（35）前掲論文。および、神田喜一郎「忍澂上人と慧琳音義」二九〇—二九一頁（『神田喜一郎全集』第二巻、同朋舎出版、一九八三）。
(37)本章注（36）前掲、神田論文二九〇—二九一頁。
(38)本章注（35）前掲論文、五頁。なお、松永知海「日本近世の大蔵経出版について」（『常照』五一号、仏教大学図書館、二〇〇二・三、http://www.bukkyo-u.ac.jp/）参照。
(39)本章注（26）前掲論文。
(40)関口靜雄・宮本花恵「〈資料〉『出羽待定法師忍行念仏伝　上』翻刻と解題」（『学苑』第八五二号、昭和女子大学、二〇一一・一〇、二九頁）。なお、同資料の下は「〈資料〉『出羽待定法師忍行念仏伝　下』翻刻と解題」（『学苑』第八五七号、昭和女子大学、二〇一二・三）。
(41)本書第Ⅱ部第二章。
(42)本章注（20）ＵＲＬ参照。
(43)石田誠齋『鉄眼と宝洲』、石田文庫、一九二二。
(44)本章注（36）前掲、神田論文、二九一頁。なお、神田の言う内藤湖南が顕彰したとは、湖南の「敬首和尚の典籍概見」（『内藤湖南全集』第十二巻、筑摩書房、一九七〇）のことである。また、湖南も指摘するように、敬首の略伝は『略伝集』（本章注（11）前掲書、四八四—四八七頁）にある。
(45)「古典籍ＤＢ」の検索による（本章注（20）ＵＲＬ参照）。
(46)この点については、本書第Ⅲ部第一章参照。
(47)本章注（36）前掲論文。

(1) 月村敏行「この日まで　横超忌の決定のことなど」(『現代詩手帖』第五六巻第五号、思潮社、二〇一三・五)。
(2) 『岩波仏教辞典』「横超・竪超」の項(岩波書店、一九九八)。なお、以下の仏教関連人物・語句等は、特に断りのない限り本書による。
(3) 本書序章参照。
(4) 「SAT大正新脩大藏經テキストデータベース」(http://21dzk.l.u-tokyo.ac.jp/SAT/index.html#bib1)。また、各経論の概略は、『大蔵経全解説大事典』(雄山閣出版、一九九八)によった。
(5) 「SAT」検索に拠る。善導以前の例としては、『薬師如来念誦儀軌』の「免離九横超越衆苦」がヒットする。ただ、これは「九横ヲ免離シテ衆苦ヲ超越ス」と読むべきもので、「横超」とは無関係である。
(6) 「浄土宗全書検索システム」(http://www.jozensearch.jp/pc/)。
(7) 『浄土真宗聖典(注釈版)』、本願寺出版社、一九八八。なお、「天親章」に「横超の大誓願を光闡す」の語がある(二〇五頁)。
(8) 『親鸞聖人正明伝』(佐々木月樵編『親鸞伝叢書』、平楽寺書店、一九二九、二四頁)。
(9) 『涅槃玄義発源機要』の「竪出」は下記の三例である。「竪出九界者。此約自行破九顕仏界名竪出。然但破事九不破性九。横収一切者。横遍彼彼九界也。無辺底故常者。横収故無辺竪出故無底」。
(10) 「横出一枝」は、唐の盧士衡(生没未詳)の古詩「霊溪老松歌」(『全唐詩』第七三七巻)に「横出一枝戛楼閣、直上一枝掃寥廓」(横出ノ一枝ハ楼閣ヲ戛《う》チ、直上ノ一枝ハ寥廓ヲ掃ク)とあるのが早い例のようである(「中國哲學書電子化計劃」〈http://ctext.org/zh〉検索による)。
(11) 存覚は、『嘆徳文』に「択瑛法師の釈義について、横竪二出の名を模すといへども、宗家大師(善導)の祖意を探りて、巧に横竪二超の差を立つ」と言っている(『注釈版』、一〇七八頁)。
(12) 普度研究史の概略については、張欣「『蓮宗宝鑑』における唯心念仏思想」(『印度學仏教學研究』第五四巻第一号、二〇一〇・三)を参照した。
(13) 「SAT」検索による。
(14) 例を挙げるには多すぎるが、例えば、既に引用した『廬山蓮宗寶鑑』には、「竪出三界声聞性　煩悩塵勞急断除

入定四禅頻観錬　永超凡世不還帰（三界ヲ竪出スルハ声聞ノ性ナリ　煩悩塵労ハ急断シテ除ク　四禅ニ入定シテ頻リニ観錬シ　永ク凡世ヲ超テ還帰セズ）」とある。この「不還帰」が「解脱」であり、二度と六道を輪廻せぬこと、すなわち、「不生不滅」である。

(15) 周知のように、親鸞は「承元の法難」（一二〇七―一一）で、法然と共に僧籍を剥奪され、俗名を与えられた。『教行信証』「化身土」巻に「僧儀を改めて姓名を賜うて遠流に処す。予はその一つなり。しかればすでに僧にあらず俗にあらず。このゆゑに禿の字をもつて姓とす）」とあり（『注釈版』、四七二頁）、『歎異抄』にも同様の記事がある。

(16) 禅研究者が、しばしば禅は神秘主義ではないことを強調するのも、逆にそういう理解が蔓延していることを示している。例えば、上田閑照『非神秘主義――禅とエックハルト』（岩波現代文庫、二〇〇八）は、禅に非神秘主義的自由を見ている。

(17) 例えば、井筒俊彦『神秘哲学』二冊（人文書院、一九七八）は、ギリシア哲学における神秘主義について論じている。私が言いたいのは、そういう目に見えないものへの感覚一般のことであり、それは柳田国男の心意現象論にも通じているはずである。

(18) 念仏を称える数より信が重要と説くのが一念義であり、数多く称えるべきとするのが多念義である（『岩波仏教辞典』「多念」の項）。親鸞は『一念多念文意』や『唯心鈔文意』の中で、これを論じている。

(19) M・ヴェーバー、大塚久雄訳『プロテスタンティズムの倫理と資本主義の精神』、岩波文庫、一九八九。

(20) R・N・ベラー、池田昭訳『徳川時代の宗教』、岩波文庫、一九九六。

(21) 「和語灯録」（『浄土宗全書』第九巻、四七三頁）。引用は「浄土宗全書検索システム」（http://www.jozensearch.jp/pc/）データによる。

(22) この例は、竹村牧男『日本仏教　思想の歩み』（講談社学術文庫、二〇一五、二二九頁）の指摘による。

(23) 「秘事法門」は、善鸞が義絶されたことに端を発するとされ、以後、指導者を帰依の対象とする「知識帰命」、自己と仏の同一を強調して仏を拝まぬ「不拝《おがまず》秘事」、信心により仏と同体になるとして来世往生を否定する「一益法門」、弥陀が成仏したとき衆生の往生も定まったとして信心を疎かにする「十劫秘事」などが生まれた（『岩波仏教辞典』「秘事法門」の項による）。

(24) この点に関しては、松岡心平『宴の身体――バサラから世阿弥へ』（岩波書店、一九九一）、同『中世芸能講義』（講談社学術文庫、二〇一五）が示唆に富む。

（25） J・E・ハリソン、佐々木理訳『古代芸術と祭式』、ちくま学芸文庫、一九九七。折口の論考は数多いが、例えば、『日本芸能史六講』（『折口信夫全集』第二一巻、中央公論社、一九九六）。
（26） 松虫鈴虫伝説の文献としては、室町末期写本『松虫鈴虫讃嘆文』（『室町時代物語大成』第一二巻、角川書店、一九八四）、江戸期後期写本「住蓮山安楽寺略縁起」（早稲田大学図書館デジタルデータ、図書番号イ04 00600 0159、「縁起部類」5所収）がある。なお、近代になってからは野田憲雄『住蓮山安楽寺鹿ヶ谷因縁談』（沢田文栄堂、初版一八九七）が知られている（架蔵本は、第八版一九一三）。
（27） 『法然・一遍』（『日本思想体系』、岩波書店、一九七一、一三四頁）。
（28） いわゆる「善鸞義絶状」は、『親鸞聖人御消息』第九通（『注釈版』、七五四頁）に収められている。この書状の真偽には議論があるようである。
（29） 『蓮如上人の生涯と教え』「蓮如上人の妻と子女」（宗大谷派宗務所出版部、一九九四、二〇二頁）。

あとがき

二〇一五年の夏、青土社から研究室宛に封書が届いた。「青土社のDMは珍しいな、江戸文学関係の本でも出したのかしらん」と思って開封したところ、DMではなくて、本を出しませんかという提案だった。私は意表を突かれてひどく驚いた。青土社に限らず、出版社からそんなオファーが私にあるとは全く予想もしていなかったからである。

私はこれまで論文めかしき文章を細々と書いてはきたが、それを誰かが読むことを期待していなかったし、さらに言えば、あまり読まれたくもなかった。私はただ自分の興味関心に従って、わがまま論文を書いてきたので、他者にそれが見つかったり、善悪いずれの評価であれ、それにコメントされたりするという事態そのものが、とても居心地が悪いのである。

これまで私はそれをうまく切り抜けてきたのだが、さすがに初めての自著『上田秋成論』を出したときには見つかってしまい、わずかながらも書評が出た。評者の善意をありがたくは思ったが、しかし、やはりという思いを禁じ得なかった。私が考えようとしていた問題とはほとんど何の関係もなかったからである。驕ったことを言うように聞こえるかもしれないが、私は私の言説が他者に理解してもらうほど意味のあるものだとは思っていないだけの話である。

ならば、私はなぜ論文など書くのか？　その問いの堂々巡りが、当初この本を「不可視の他者」と名付けようかと思いつかせた。あまりにも漠然としているので、この案は取り止めたが、内実はそういうことなのである。つまり、私は見えない誰かに向かって書いている、あるいは、見えない誰かによって書かされている。もちろん、私は私の考えが理解してもらえるように努力はする。そもそも同業者に理解されないような論文は論文ではない。しかし、理解されること自体は、書くことの目的ではありえない。その意味で、私はただ見えない他者に向かって書くだけなのである。なぜ？　楽しいから。

私はそれが文学行為というものだと思っているし、論文を書くことが私の文学だからである。それだけが私の取り分なのである。人は文章を書くことに色々意味ありげな理屈を付けもしよう。人を楽しませたい、役に立ちたい、評価されたい等々。しかし、それは結局、体のいい自己欺瞞に過ぎない。正宗白鳥なら「自己慰安」と言うだろう。人はそれを書いている時、結局は孤独であるほかはない。そのとき、人はただ単に書くよりほかなすすべはない。結果は偶然の産物である。つまり、人生がそうであるように。この言い方が不快なら、私の人生が、と限定してもよいけれど。

そんな私にとって、全てのテクストは「戯作」としてしか立ち現れてこない。しかし、そうは言っても、私は文学研究者として大学に職を得ている身である。私の考えでは、研究者というものは研究をして賃金なり収入なりを得ている職業人のことである。そして、職業的研究者が研究もしくは研究しているふりをするためには、とりあえず学会発表をしたり論文を発表したりして、研究成果を上げている真似をしなければならない。また、研究・教育機関である大学に職を得ている者は、研究者としての立場を保持できなければ、教育者として教壇に立つ資格などない。

私は学生時代から大学教員をそういう目で見てきたので、事の勢い上、私は大学教員である自分自身の最低限の職業倫理として、中身はともかく論文を発表することだけは守らねばならないと心に決めてきた。私はそれで最低限の社会的責任を果たしているつもりなので、その一事を以て勘弁してもらいたいのである。実のところ、私の論文なるものは、私の一人遊びでしかない文章を意味ありげに仕立て上げているに過ぎない。それが世間にバレるのは好ましいことではない。即ち、私は単なる自信喪失の臆病者なのである。傲慢な弱気と言われても仕方がないと思っている。

そんな私に声を掛けてくださった青土社の赤羽健さんには重々御礼を申し上げなければならない。赤羽さんの勧めがなければ、私はこのような本を出すことはなかっただろう。また、第Ⅳ部第二章「「横超」論」を書くことも金輪際なかっただろう。わずかながらでも親鸞に関わる論考を自分が書くなどとは思いも寄らなかった。私は学部生時代に大野順一先生の「法然・親鸞・一遍」講義を受講し、大学院時代には、停年退職した指導教授の水野稔に代わって、その指導を仰ぐことになった。大野先生は昨年亡くなられたが、この論考はささやかな御恩報じのつもりで書いた。そのチャンスをくださった赤羽さんと青土社には改めて御礼申し上げたい。

「どのような共同体にも所属しないということにおいて、人は哲学者となる」とタンカを切ったのは、ウィトゲンシュタインだった。それを読んだ時、私は「フン」と思った。ケンブリッジ大学の教員として給料をもらい、英語文化圏に属する著作をものしていて、どのような共同体にも所属していないわけがないではないか。しかし、もちろん、私はその言葉に感銘したのである。

現世では人はなんらかの共同体に属さざるをえない。とりわけ現代の人間は、「業界人」であるほかないのだろう。私が大学教員として生活しているように。しかし、どのような共同体にも所属しない「私」もいるのではないか。いや、いなければならないのではないか。私はそう感じる。そして、もっとそう感じたい。おそらく、そのことが私を不可視の他者に向かわせるのである。

かつて花田清輝は、「何者にもなるまいとする激しい情熱」において「芸術家」を定義したと記憶する。多くの若者がそうであるように、青年時代の私も「何者にもなるまい」と望んだ。それから四〇年ほどになるが、結果的に私は中途半端な業界人になっただけのようである。自ら省みて滑稽至極と言うほかはないような気がしている。

内村　和至

二〇一六年一一月二八日　上冬晦日

初出一覧

序　章　原題「文芸メディアの冒険――アルゴナウティカの行方」『文芸研究』一二三号、明治大学文芸研究会、二〇一四・〇三

第Ⅰ部　日本的言語観の基底

第一章　原題「空海・メディアの形而上学者――国学史の文脈から」『明大人文科学研究所紀要』五三集、二〇〇五・〇三

第二章　原題「〈五十音思想〉素描――『五十音和解』をめぐって」『文芸研究』九五号、明治大学文芸研究会、二〇〇五・〇三

第三章　原題「メディアの中の人間像――大和清九郎伝の成立」『文芸と言語メディア』、蒼丘書林、二〇〇五・〇三

第Ⅱ部　往生する身体

第一章　原題「「二世の縁」論――忘却の反復をめぐって」『国語と国文学』八五巻五号、二〇〇八・〇四

第二章　原題「『待定法師忍行念仏伝』の世界――異形の念仏行者」『文芸研究』一二二号、明治大学文芸研究会、二〇一四・〇二

第Ⅲ部　記述される信仰

第一章　原題「宝洲評注『孝感冥祥録』について」『文芸研究』一二五号、明治大学文芸研究会、二〇一五・〇二

第二章　原題「宝洲と無能――『無能和尚行業記』をめぐって」『文芸研究』一二八号、明治大学文芸研究会、二〇一六・〇二

第Ⅳ部　テクストと超越

第一章　原題「宝洲槃譚の事跡について」『文芸研究』一二七号、明治大学文芸研究会、二〇一五・一〇

第二章　「「横超」論――カタルシスなき身体」書き下ろし

終　章　原題「〈読む〉をめぐって」文芸メディア専攻編『〈よむ〉の未来へ、』、明治大学大学院文学研究科、二〇一二・〇三

人名索引

書名索引

さ行

た行

や行

ら行

わ行

著者　内村和至（うちむら・かつし）

明治大学文学部教授。専門は日本近世思想・文学。
著書に『上田秋成論——国学的想像力の圏域』（ぺりかん社、2007 年）。共編著に『江戸文芸とともに——水野稔遺文集』（ぺりかん社、2002 年）、『文芸と言語メディア』（蒼丘書林、2005 年）。

異形の念仏行者
もうひとつの日本精神史

2016 年 12 月 20 日　第 1 刷印刷
2016 年 12 月 30 日　第 1 刷発行

著者——内村和至

発行人——清水一人
発行所——青土社
〒 101-0051　東京都千代田区神田神保町 1-29　市瀬ビル
［電話］03-3291-9831（編集）　03-3294-7829（営業）
［振替］00190-7-192955

印刷・製本——シナノ印刷

装幀——鈴木一誌

ISBN978-4-7917-6957-5　C0010